Donald E. R. Watt

Die Konzilien in Schottland bis zur Reformation

KONZILIENGESCHICHTE

Herausgegeben von
WALTER BRANDMÜLLER

Reihe A: Darstellungen

DONALD E. R. WATT

Die Konzilien in Schottland bis zur Reformation

MEDIEVAL CHURCH COUNCILS IN SCOTLAND

2001

FERDINAND SCHÖNINGH
PADERBORN · MÜNCHEN · WIEN · ZÜRICH

Deutsche Fassung von Dr. Ansgar Frenken

Die Deutsche Bibliothek – CIP-Einheitsaufnahme

Watt, Donald E. R.:
Die Konzilien in Schottland bis zur Reformation / Donald E. R. Watt.
Dt. Fassung von Ansgar Frenken. – Paderborn; München; Wien; Zürich;
Schöningh, 2001
(Konziliengeschichte: Reihe A, Darstellungen)
Einheitssacht.: Medieval church councils in Scotland <dt>.
ISBN 3-506-74676-6

Gedruckt auf umweltfreundlichem, chlorfrei gebleichtem
und alterungsbeständigem Papier ♾ ISO 9706

Internet: www.schoeningh.de

Printed in Germany. Herstellung: Ferdinand Schöningh, Paderborn

ISBN 3-506-74676-6

Inhalt

Preface

This book was commissioned some twenty years ago by Professor Walter Brandmüller (then of the University of Augsburg) as contribution to the massive *Konziliengeschichte* series of which he is the general editor. More than fifty authors have been contracted to produce volumes covering the history of councils at various levels of the organised Christian church from the beginning to the early twentieth century. Since 1980 a flow of twenty-six volumes has been published in the German language, covering both general councils drawing members from many provinces of the church, and also a wide variety of more local councils confined to the one country or part of a country. Valuable comparative studies are now becoming practicable.

This volume is devoted to church councils in the small independent country of Scotland in the later Middle Ages. It possessed a unique ecclesiastical organisation from the time when political unity was achieved in the early eleventh century to the year 1472, for though it conformed to the pattern of the Western church under Rome with a system of bishops and dioceses, it was only in the changing circumstances of 1472 that one bishopric (St. Andrews) was elevated above the rest with a metropolitan archbishop for the whole Scottish church. Some two-and-a-half centuries earlier in 1225 the Scottish bishops as a group had sought papal authorisation under the universal canon law to act in council so as to tackle common problems; and it was with papal encouragement that the Scottish provincial council was then established, and was instrumental thenceforward in helping the Scottish bishops to keep abreast with each other's problems, and with developments in the church as a whole.

Study of the sources for the history of this council, of its organisation and achievements, was given a fundamental boost as long ago as 1866 when Joseph Robertson published in Edinburgh two seminal volumes of *Concilia Scotiae* in the Bannatyne Club series. His work reached a wider readership in 1907 when David Patrick published English translations of Robertson's Latin text. But since then, scholarly interest in an institution which held the Scottish church together for centuries (as its Protestant successor the General Assembly of the Church of Scotland has done since 1560) has lapsed. It has needed Brandmüller's initiative to make possible this study of how the church in one small country on the periphery of medieval Western Christendom managed its affairs. It is being published in Edinburgh in Scotland as nearly as possible simultaneously in the English language as *Medieval Church Councils in Scotland.* This German-language translation has been made from the English text.

Donald Watt
St. Andrews, Scotland
February 2000

Quellen- und Literaturverzeichnis

Acta Facultatis Artium Universitatis Sanctiandree 1413-1588, ed. A. I. DUNLOP, Edinburgh-London 1964.

Acts of the Parliaments of Scotland (The), Edinburgh 1814-75.

ANDERSON, A. O. (Ed.), Scottish Annals from English Chroniclers 500 to 1286, London 1908.

ANDERSON, J. Maitland, The beginnings of St Andrews University 1410-1418, in: SHR 8 (1911) 225-248, 333-360.

Annals of the Reigns of Malcolm and William, Kings of Scotland, ed. A. C. LAWRIE, Glasgow 1910.

BAGLIANI, A. P., Cardinali di Curia I-II, Padua 1972.

BALFOUR-MELVILLE, E. W. M., James I – King of Scots, London 1936.

BARRELL, A.D.M., The background to *Cum universi*. Scoto-papal relations, 1159-1192, in: The Innes Review 46 (1995) 116-138.

BARROW, G. W. S., Robert Bruce and the Community of the Realm, Edinburgh 31988.

---, The Kingdom of the Scots, London 1973.

Bede's Ecclesiastical History of the English People, ed. B. COLGRAVE – R. A. B. MYNORS, Oxford 1969.

BETHELL, D., Two letters of Pape Paschal II, in: SHR 49 (1970) 33-45.

BOETHIUS, Hector, Scotorum Historiae, Paris 21574.

BRANDMÜLLER, W., Das Konzil von Pavia-Siena (1423-1424) I-II, Münster 1968-74.

BRETT, M., The English Church under Henry I, Oxford 1975.

BURNS, J. H., Scottish Churchmen and the Council of Basle, Glasgow 1962.

Calendar of Documents relating to Scotland, ed. J. BAIN a.o., Edinburgh 1881-1986.

Calendar of Entries in the Papal Registers relating to Great Britain and Ireland: Papal Letters, ed. W. H. BLISS a.o., London 1893ff.

Calendar of Papal Letters to Scotland of Benedict XIII of Avignon 1394-1419, ed. F. MCGURK, Edinburgh 1976 (= SHS 1976).

Calendar of Papal Letters to Scotland of Clement VII of Avignon, ed. C. BURNS, Edinburgh 1976 (= SHS 1976).

Charters of the Abbey of Coupar Angus I-II, ed. D. E. EASSON, Edinburgh 1947 (= SHS 40/41).

CHENEY, C. R., English Synodalia in the Thirteenth Century, Oxford 1941/1968.

---, Medieval Texts and Studies, Oxford, 1973.

---, Manx Synodal Statutes, A. D. 1230 (?) – 1351, IN: Cambridge Medieval Studies 7 (1984) 63-89, 8 (1984) 51-63.

Chronicle of Melrose (The), ed. A. O. ANDERSON a.o., London 1936.

Chronicles of Scotland compiled by Hector Boece, translated into Scots by John Bellenden [1531] I-II, Edinburgh-London (Scottish Text Society) 1938-41.

Chronicon de Lanercost, 1201-1346, ed. J. STEVENSON, Glasgow (Maitland Club) 1839.

Concilia Scotiae: Ecclesiae Scoticanae Statuta tam provincialia quam synodalia quae supersunt, 1225-1559: Statuta Ecclesiae Scoticanae I-II, ed. J. ROBERTSON, Edinburgh (Bannatyne Club) 1866.
Conciliorum oecumenicorum decreta, ed. J. ALBERIGO et alii, Bologna [3]1973.
Copiale Prioratus Sanctiandree, ed. J. H. BAXTER, Oxford 1930.
Councils and Synods I/1-2, ed. D. WHITELOCK a.o., Oxford 1981; II/1-2, ed. F. M. POWICKE – C. R. CHENEY, Oxford 1964.
COWAN, I. B. – D. E. EASSON (Ed.), Medieval Religious Houses Scotland, London [2]1976.
DELARUELLE, E. – E.-R. LABANDE – P. OURLIAC, L'église au temps du Grand Schisme et de la crise conciliaire 1378-1449, Paris 1962-64.
DENIFLE, E. – E. CHATELAIN et alii (ed.), Auctarium Chartularii Universitatis Parisiensis I-VI, Paris 1894-1964.
---, (ed.), Chartularium Universitatis Parisiensis, Paris 1889-97.
DONALDSON, G., Scottish Church History, Edinburgh 1985.
DOWDEN, J., The Bishops of Scotland, Glasgow 1912.
DUMVILLE, D. N., Councils and Synods of the Gaelic Early and Central Middle Ages, Cambridge 1997.
DUNCAN, A. A. M., The early parliaments of Scotland, in: SHR 45 (1966) 36-58.
---, Scotland: The Making of the Kingdom, Edinburgh 1975.
---, (Ed.), Formulary E: Scottish Letters and Brieves 1286-1424, Glasgow 1976.
DUNLOP, A. I., The Life and Times of James Kennedy Bishop of St Andrews, Edinburgh-London 1950.
Early Sources of Scottish History 500 to 1286, ed. A. O. ANDERSON, Edinburgh 1922.
Exchequer Rolls of Scotland, ed. J. STUART a.o., Edinburgh 1878-1908.
EUBEL, C., Hierarchia Catholica Medii Aevi ... I-II, Münster [2]1913/14 (ND Padua 1960).
FERGUSON, P. C., Medieval Papal Representatives in Scotland: Legates, Nuncios and Judges-Delegate 1125-1286, Edinburgh (Stair Society) 1997.
FINKE, H. u.a. (Hg.), Acta Concilii Constanciensis I-IV, Münster 1896-1928 (ND 1976-82).
FOREVILLE, R., Latran I, II, III et Latran IV, Paris 1965 (dt. Ausgabe: Lateran I-IV, Mainz 1970).
FRIEDBERG, Ae. (ed.), Corpus Iuris Canonici, Leipzig 1874-81 (ND Graz 1959).
FRYDE, E. B. a.o. (Ed.), Handbook of British Chronology, London [3]1986.
GRAHAM, R., Letters of Cardinal Ottoboni, in: EHR 15 (1900) 87-120.
HADDAN, A. W. – W. STUBBS, Councils and Ecclesiastical Documents relating to Great Britain and Ireland, Oxford 1869-78.
HANNAY, R. K., A letter to Scotland from the Council of Basel, in: SHR 20 (1923) 49-57.
HEFELE, C. J. – H. LECLERCQ, Histoire des Conciles I-X, Paris 1907-38.
HOLSTEIN, H., Lyon II -> WOLTER – HOLSTEIN, Lyon I et Lyon II.
Hugh the Chantor (Hugo Cantor), History of the Church of York, ed. C. JOHNSON, Edinburgh 1961.
HUNTER MARSHALL, D. W., On a supposed provincial council of the Scottish church at Dundee in February 1310, in: SHR 23 (1926) 280-293.
Johannis de Fordun Chronica Gentis Scotorum, ed. W. F. SKENE, Edinburgh 1871/72.

KELLY, J. N. D., The Oxford Dictionary of Popes, Oxford 1986 (dt. Ausgabe: Reclams Lexikon der Päpste, Stuttgart 1988).

KEMP, E. W., Counsel and Consent, London 1961.

LECLER, J., Vienne, Paris 1964 (dt. Ausgabe: Mainz 1965).

LE NEVE, J., Fasti Ecclesiae Anglicanae 1066-1300. II: Monastic Cathedrals, London 1971.

Liber Cartarum Prioratus Sancti Andree in Scotia, ed. T. THOMSON, Edinburgh (Bannatyne Club) 1841.

Liber Censuum de l'Église Romaine I-III (Le), ed. L. DUCHESNE et alii, Paris 1889-1952.

Liber Ecclesie de Scon: munimenta vetustiora Monasterii Sancte Trinitatis et Sancti Michaelis de Scon, Edinburgh (Bannatyne Club) 1843 [= Scone Liber].

Liber Pluscardensis, ed. F. J. H. SKENE, Edinburgh 1877-80.

Liber S. Marie de Calchou: Registrum cartarum Abbacie Tironensis de Kelso I-II, ed. C. INNES, Edinburgh (Bannatyne Club) 1846.

Liber S. Thome de Aberbrothoc. Registrorum Abbacie de Aberbrothoc (1178-1536) I-II, ed. C. INNES – P. CHALMERS, Edinburgh (Bannatyne Club) 1848-56.

LUNT, W. E., The first levy of papal annates, in: American Historical Review 18 (1912/13) 48-64.

---, Financial Relations of the Papacy with England to 1327: Studies in Anglo-Papal Relations during the Middle Ages I, Cambridge/Mass. 1939.

MACFARLANE, L. J., The primacy of the Scottish church 1472-1521, in: The Innes Review 20 (1969) 111-129.

NICHOLSON, R., Scotland: The Later Middle Ages, Edinburgh 1974.

Original Chronicle of Andrew of Wyntoun I-VI (The), ed. F. J. AMOURS, Edinburgh-London (Scottish Text Society) 1903-14.

PATRICK, D. (Ed.), Statutes of the Scottish Church 1225-1559, Edinburgh 1907 [= SHS 54, 1907].

PONTAL, O., Les Statuts Synodaux, Turnhout 1975.

Pontificia Hibernica, ed. M. P. SHEEHY, Dublin 1962-65.

Regesta Regum Scottorum I-II, ed. G. W. S. BARROW a.o., Edinburgh 1960/1971.

Regestum Clementis papae V, I-VIII, Romæ 1885-92.

Register of John de Halton, bishop of Carlisle, A. D. 1292-1324 (The), ed. W. N. THOMPSON, London (The Canterbury and York Society) 1906-1913.

Registres de Grégoire X et Jean XXI (Les), ed. J. GUIRAUD, Paris 1892-1960.

Registrum de Dunfermelyn: Liber Cartarum Abbatie Benedictine S.S. Trinitatis et B. Margarite Regine de Dunfermelyn, ed. C. INNES, Edinburgh (Bannatyne Club) 1842 [= Dunfermline Registrum].

Registrum Episcopatus Aberdonensis, Edinburgh (Spalding and Maitland Clubs) 1845 [= Aberdeen Registrum].

Registrum Episcopatus Brechinensis I-II, ed. C. INNES, Edinburgh (Bannatyne Club) 1856 [= Brechin Registrum].

Registrum Episcopatus Glasguensis I-II, ed. C. INNES, Edinburgh (Bannatyne and Maitland Clubs) 1843 [= Glasgow Registrum].

Registrum Episcopatus Moraviensis (1400-1623), ed. C. INNES, Edinburgh (Bannatyne Club) 1837 [= Moray Registrum].

Registrum Magni Sigilli Regum Scotorum, ed. J. M. THOMSON a.o., Edinburgh 1882-1914.

ROTHWELL, H. (Ed.), English Historical Documents 1189-1216, London 1975.
Rotuli Scotiae I-II, London 1814-1819.
RYMER, T. (Ed.), Foedera, Conventiones, Litterae et Cuiuscunque Generis Acta Publica, (Erstdruck: London 1704-1735) London 1816-69 (= Record Commission edition).
Scotichronicon by Walter Bower in Latin and English, ed. D. E. R. WATT, Aberdeen 1987-98.
Scottish Chronicle known as the Chronicle of Holyrood (A), ed. M. O. ANDERSON, Edinburgh 1938 [= SHS III,30].
Series Episcoporum Ecclesiae Catholicae Occidentalis ab initio usque ad annum MCXCVIII, VI: Britannia, Scotia et Hibernia, Scandinavia 1: Ecclesia Scoticana, ed. D. E. R. WATT, Stuttgart 1991.
SOMERVILLE, R., Scotia Pontificia, Oxford 1982.
St Andrews Formulare 1514-1546, ed. G. DONALDSON – C. MACRAE, Edinburgh (Stair Society) 1942-44.
STONES, E. L. G. (Ed.), Anglo-Scottish Relations 1174-1328: Some Selected Documents, Edinburgh 1965.
TANNER, N. P. (Ed.), Decrees of the Ecumenical Councils, London-Washington DC 1990.
THEINER, A., Vetera Monumenta Hibernorum et Scotorum Historiam Illustrantia, Roma 1864.
TREXLER, R. C., Synodal Law in Florence and Fiesole 1306-1518, Città del Vaticano 1971 [= StT 268].
VALOIS, N., La France et le Grand Schisme d'Occident I-IV, Paris 1896-1902.
VOLLRATH, H., Die Synoden Englands bis 1066, Paderborn u.a. 1985 (= Konziliengeschichte Reihe A, hg. v. W. BRANDMÜLLER).
WATT, D. E. R., A Biographical Dictionary of Scottish Graduates to A.D. 1410, Oxford 1977.
---, Fasti Ecclesiae Scoticanae Medii Aevi ad annum 1638, St. Andrews ^{2}1969.
---, The minority of Alexander III of Scotland, in: Transactions of the Royal Historical Society 5,21 (1971).
WILLIAMSON, D. M., The Legate Otto in Scotland and Ireland 1237-40, in: SHR 28 (1949) 12-30.
---, Some aspects of the legation of Cardinal Otto in England 1237-41, in: EHR 64 (1949) 145-173.
WINNING, T., Church councils in sixteenth-century Scotland, in: The Innes Review 10 (1959) 311-337.
WOLTER, H. – H. HOLSTEIN, Lyon I et Lyon II, Paris 1966 (dt. Ausgabe: Mainz 1972).

Abkürzungen

Arbroath Liber	Liber S. Thome de Aberbrothoc, ed. C. Innes – P. Chalmers
ALKG	Archiv für Literatur- und Kirchen-Geschichte des Mittelalters
AMW	Annals of the Reigns of Malcolm and William, Kings of Scotland, ed. A. C. Lawrie
AN	Archives Nationales, Paris
APS	The Acts of the Parliaments of Scotland
AUP	Auctarium Chartularii Universitatis Parisiensis, ed. H. Denifle – E. Chatelain
Bellenden, Chronicles	Chronicles of Scotland compiled by Hector Boece, translated into Scots by John Bellenden
C&S	Councils and Synods (I/1-2, ed. D. Whitelock a.o.; II/1-2, ed. F. M. Powicke – C. R. Cheney)
CDS	Calendar of Documents relating to Scotland, ed. J. Bain
CIC	Corpus Iuris Canonici, ed. Ae. Friedberg
Chron.Bower	Scotichronicon by Walter Bower, ed. D. E. R. Watt
Chron.Fordun	Johannis de Fordun Chronica Gentis Scotorum, ed. W. F. Skene
Chron.Holyrood	A Scottish Chronicle known as the Chronicle of Holyrood, ed. M. O. Anderson
Chron.Lanercost	Chronicon de Lanercost, ed. J. Stevenson
Chron.Melrose	The Chronicle of Melrose, ed. A. O. Anderson
Chron.Pluscarden	Liber Pluscardensis, ed. F. J. H. Skene
Chron.Wyntoun	The Original Chronicle of Andrew of Wyntoun, ed. F. J. Amours
COD	Conciliorum oecumenicorum decreta
Coupar Angus Chrs.	Charters of the Abbey of Coupar Angus, ed. D. E. Easson
CPL	Calender of Entries in the Papal Registers relating to Great Britain and Ireland: Papal Letters, ed. W. H. Bliss
CPL Benedict XIII	Calendar of Papal Letters to Scotland of Benedict XIII of Avignon 1394-1419, ed. F. McGurk
CPL Clement VII	Calendar of Papal Letters to Scotland of Clement VII of Avignon, ed. C. Burns
CUP	Chartularium Universitatis Parisiensis, ed. H. Denifle – E. Chatelain
DDC	Dictionnaire de Droit Canonique
EHR	English Historical Review
ER	The Exchequer Rolls of Scotland, ed. J. Stuart
ES	Early Sources of Scottish History 500 to 1286, ed. A. O. Anderson

Formulary E	Formulary E: Scottish Letters and Brieves 1286-1424, ed. A. A. M. Duncan
H&S	A.W. Haddan – W. Stubbs, Councils and Ecclesiastical Documents
HBC	Handbook of British Chronology, ed. E. B. Fryde
Kelso Liber	Liber S. Marie de Calchou, ed. C. Innes
MRHS	Medieval Religious Houses Scotland, ed. I. B. Cowan – D. E. Easson
RMS	Registrum Magni Sigilli Regum Scotorum, ed. J. M. Thomson
RRS	Regesta Regum Scottorum, ed. G. W. S. Barrow
SAEC	Scottish Annals from English Chroniclers 500 to 1286, ed. A. O. Anderson
Scot.Pont.	R. Somerville, Scotia Pontificia
SES	Concilia Scotiae: Ecclesiae Scoticanae Statuta tam Provincialia quam Synodalia quae Supersunt, 1225-1559: Statuta Ecclesiae Scoticanae, ed. J. Robertson
SHR	Scottish Historical Review
SHS	Scottish History Society, Edinburgh
SHS.Misc.	Miscellany of The Scottish History Society
St Andrews Acta	Acta Facultatis Artium Universitatis Sanctiandree 1413-1588, ed. A. I. Dunlop
St Andrews Copiale	Copiale Prioratus Sanctiandree, ed. J. H. Baxter
St Andrews Formulare	St Andrews Formulare 1514-1546, ed. G. Donaldson – C. Macrae
St Andrews Liber	Liber Cartarum Prioratus Sancti Andree, ed. T. Thomson

1. Kapitel

Früheste Zeugnisse konziliaren Geschehens in Schottland bis ca. 1100

Versammlungen von Bischöfen und höheren Amtsträgern der katholischen Kirche – gewöhnlich Konzilien oder auch Synoden genannt – die sich mit Lehre und Disziplin befassten, können bis in die Anfänge der jungen Kirche von Jerusalem bald nach Christi Tod zurückverfolgt werden. Seine volle Entfaltung erreichte das synodale Geschehen indes erst mit der Abhaltung von Konzilien auf Reichsebene, auf Provinzialebene wie auch auf mehr lokaler Ebene seit den Tagen der Bekehrung Kaiser Konstantins zum Christentum im frühen 4. Jahrhundert[1].

Obgleich schon verschiedene Teile jenes Gebietes, welches dem heutigen Schottland entspricht, ungefähr ein Jahrhundert nach Konstantin missioniert und christianisiert wurden, haben indes nur wenige Zeugnisse die Zeit überdauert, mit deren Hilfe die konziliaren Aktivitäten bis ins späte 11. Jahrhundert nachgezeichnet werden können[2]. Dieser Umstand bringt es daher auch mit sich, dass die frühe schottische Konziliengeschichte notwendigerweise recht dürftig ausfällt, besonders wenn man diese mit jener des Kontinents[3] bzw. des angelsächsischen England vergleicht[4]. Dies gilt aber selbst im Vergleich zu Irland[5], welches ebenso wie Schottland bei seiner Christianisierung außerhalb der Grenzen des Römischen Reiches lag. Erst im frühen 11. Jahrhundert bildete sich schließlich so etwas wie eine einzige, das heutige schottische Mutterland umfassende, königliche Herrschaft mit einer zentralen Verwaltung heraus, wobei man allerdings die im Westen und Norden des schottischen Festlands gelegenen Inseln ausklammern muss, da diese damals zum Königreich Norwegen gehörten. Nach und nach trat an die Stelle der älteren und kleineren Königreiche,

---

1 J. A. Fischer – A. Lumpe, Die Synoden von den Anfängen bis zum Vorabend des Nicaenums (= Konziliengeschichte Reihe A, hg. v. W. Brandmüller) Paderborn u.a. 1997; H. J. Sieben, Die Konzilsgeschichte der Alten Kirche (= Konzilsgeschichte Reihe B, hg. v. W. Brandmüller) Paderborn 1970.

2 Umfassende neuere Studien dazu sind: SES; H&S II/1; Patrick, Statutes.

3 Hefele – Leclercq.

4 H&S I und III; Vollrath, Synoden Englands.

5 Dumville, Councils.

deren ein jedes auf seine spezifisch eigene Art und Weise den Klerus für staatliche Aufgaben in Anspruch genommen haben dürfte[6], eine zentrale Verwaltung. Vorher waren unter jenen vier Volksgruppen, die nördlich der alten Grenzlinie der Hadrianischen Mauer, die sich zwischen Solway und Tyne erstreckte, die Macht unter sich teilten, politische Auseinandersetzungen an der Tagesordnung. Dabei handelte es sich um die Briten von Strathclyde/Cumbria, die Angeln von Lothian/Northumbria, die Pikten von Pictavia nördlich des Forth und die Schotten von Argyll, deren Rivalitäten wahrscheinlich eine, die Grenzen der jeweiligen Königreiche überschreitende, kirchliche Zusammenarbeit weitgehend verhindert haben dürfte. Offensichtlich gab es zwar ein gewisses System bischöflicher Oberaufsicht, wenn auch die Nachfolge auf bestimmten Bischofsstühlen nicht immer regulär von statten ging[7]. Das Fehlen einer politischer Einheit wird jedoch dazu geführt haben, dass es unter den wenigen Bischöfen, die damals zur selben Zeit auf den verschiedenen Bischofsstühlen saßen, noch zu keiner synodal ausgerichteten Kooperation gekommen ist.

Anders scheint dies dagegen der Fall in Irland gewesen zu sein. Seit den Tagen des hl. Patrick im 5. Jahrhundert dürften dort Konzilien abgehalten worden sein, die sukzessive Kanonessammlungen (*acta* bzw. *canones*) beschlossen haben, die auf den nachfolgenden Synoden bestätigt und erweitert wurden und schließlich im 7. Jahrhundert ihre abschließende Kodifikation in der *Collectio canonum Hibernensis* fanden[8]. Tatsache ist indes, dass es für die darauffolgenden 400 Jahre für Irland ebensowenig Zeugnisse über Konzilienversammlungen gibt, wie dies für Schottland der Fall ist[9]. Allerdings konnte die irische Kirche ihre Gebräuche, die ihr einen ganz einzigartigen Charakter verliehen, dauerhaft bewahren. Wenn man bedenkt, wie sehr die schottische Kirche eine Frucht der Missionstätigkeit des hl. Kolumban um die Mitte des 6. Jahrhunderts war, der von Irland kommend nach Iona und weiter darüber hinaus zog, so sollte man eigentlich erwarten, dass einige dieser irischen Gebräuche im schottischen Missionsgebiet einen Niederschlag gefunden hätten; vielleicht erwartet man sogar auch gewisse Zeugnisse dafür, dass diese Gebräuche durch Konzilien eine formelle Bestätigung gefunden hätten. Dies ist jedoch nicht der Fall. Eine größere Aufmerksamkeit fanden die herausste-

---

[6] Für einen allgemeinen Überblick zur politischen Entwicklung siehe DUNCAN, Scotland.

[7] Vgl. DONALDSON; Church History, Kapitel 2: „Bishops' sees before the reign of David I". – Dieses Buch bietet außerordentlich viele Zeugnisse für die bischöfliche Kontinuität.

[8] DUMVILLE, Councils 2f. Vgl. Life of St Columba by Adomnán of Iona, ed. R. SHARPE, Harmondsworth 1995, 347 Anm. 341 bezüglich der Diskussion über irische Synoden.

[9] DUMVILLE, Councils 32f., 53f.

chendsten Beispiele irischer Eigenheiten, die Art und Weise der Berechnung des Ostertermins sowie des Tonsurschnitts, erst in einem anderen Zusammenhang, als nämlich die schottischen Oberhirten angelsächsischem Druck nachgaben und 664 in Whitby/Northumberland[10] – in Iona erfolgte diese Übereinkunft erst 716[11] – darin übereinkamen, diese Besonderheiten zugunsten gesamtkirchlicher Regelungen aufzugeben. Diesmal verläuft also die Einflussnahme in umgekehrte Richtung, von Schottland nach Irland. Die weitgehend eigenständige Entwicklung der Kirche in Schottland wird auch durch ein weiteres Beispiel illustriert. Auf einer Art Konzil, das in Birr in der Grafschaft Offaly 697 abgehalten wurde, sicherte Adomnan, der Abt von Iona, die Einhaltung eines Gesetzes zum Schutz der Zivilbevölkerung in Kriegszeiten („Law of the Innocents") zu. Beigefügt sind dieser Erklärung die Namen von 91 Gewährsmännern, unter ihnen ein Bischof von Iona, ein weiterer von Rosemarkie, außerdem ein König der Pikten und ein König der Schotten[12]. Diese Beispiele sind indes außerordentliche Vorkommnisse. Die Könige des schottischen Kernlandes – das Gebiet wurde bis in die Mitte des 9. Jahrhunderts *Alba* und dann später *Scotia* bzw. ‚Schottland'[13] genannt – scheinen ihre kirchlichen Angelegenheiten ohne größere Rücksicht auf die Entwicklung des Kirchenrechts und kirchlicher Praxis andernorts geregelt zu haben.

Wenn es schon wenige Zeugnisse für eine Verbindung zwischen dem schottischen Klerus und den irischen Synoden gibt, so gibt es noch weit weniger Hinweise über eine Teilnahme von Schotten an den allgemeinen Konzilien der Gesamtkirche. Als einzig mögliches Beispiel könnte in diesem Zusammenhang ein in Rom unter Papst Gregor II. 721 abgehaltenes Konzil in Frage kommen, dessen Teilnehmerliste zwei Bischöfe anführt, deren Titel den einen als einen Schotten, den anderen als einen Pikten erscheinen bzw. identifizieren lassen[14]. Ihre Sprengel waren möglicherweise Strathclyde und Abernethy in der Grafschaft Perth[15]. Es wurde allerdings auch vermutet, dass die beiden Bischöfe aus Irland oder sogar aus „Gaeldom" (Wales) kamen[16]. Im übrigen sind bis zum 12. Jahrhundert keine weiteren allgemeinen Konzilien bekannt, an denen schottische Bischöfe

---

[10] Bede, History 295-309 [III, 25].

[11] Bede, History 553-555 [V, 22].

[12] K. MEYER, Cáin Adamnáin, in: Anecdota Oxoniensia. Mediaeval and Modern Series XII, Oxford 1905; M. NÍ DHONNCHADHA, The guarantor list of Cáin Adomnáin, 697, in: Peritia 1 (1982) 191, 214.

[13] DUNCAN, Scotland 90.

[14] H&S II/1, 7, 116; vgl. HEFELE-LECLERCQ III/1, 597f.

[15] Series Episcoporum VI/1, 39, 54; vgl. DONALDSON, Church History 14 Anm. 27.

[16] DUMVILLE, Councils 25f.

teilgenommen haben. Überhaupt waren schon seit dem Beginn der schottischen Missionierung Kontakte nach Rom sehr selten. Man weiß lediglich von Bischof Cellach II. von St. Andrews, der, was äußerst ungewöhnlich war, zwischen 966 und 971 nach Rom reiste, um dort in seinem Amt bestätigt zu werden[17]. Auch von König Macbeth wird berichtet, er habe 1050 eine Reise nach Rom unternommen[18]. Kontakte zur angelsächsischen Kirche sind nach Whitby (664) gleichfalls nur selten erwähnt: nur einmal wird ein gewisser, sonst nicht weiter identifizierbarer Beornelmus im Jahr 978 als Bischof aus *Scotia* erwähnt, womit damals sicherlich das Schottland nördlich des Flusses Forth gemeint war. Er soll zusammen mit Dunstan, dem damaligen Erzbischof von Canterbury, an einem Konzil in Calne in Wiltshire teilgenommen haben[19].

Vor dem Hintergrund dieser dürftigen Quellenlage hat Thomas Innes 1735 eine Liste von sieben frühen, vom König einberufenen schottischen Konzilien für die „Concilia"-Sammlung des David Wilkins (London 1737) zusammengestellt, in der Annahme, dass diese Versammlungen sowohl über kirchliche als auch weltliche Angelegenheiten verhandelt haben[20]. Die umfassende Kompetenz dieser unter königlichem Vorsitz abgehaltenen Versammlungen würde im übrigen die zur gleichen Zeit bestehende Praxis im gälischen Irland[21] und im angelsächsischen England widerspiegeln, wo es nicht üblich war, zwischen religiöser und weltlicher Sphäre zu trennen: „The relationship of church and state was a working partnership and one as yet not theorised over: it was undefined, unsuspicious, friendly"[22]. Daraus folgt, dass es bei den spärlichen Zeugnissen zur allgemeinen Rechtsetzung, auf die Innes die Aufmerksamkeit lenkte, nur wenige Anhaltspunkte gibt, die Licht auf die Geschichte der kirchlichen Versammlungen als solche werfen könnte.

Die Gesetzessammlungen, die Hector Boece im frühen 16. Jahrhundert mit König Kenneth mac Alpin um die Mitte des 9. und mit König

17 Series Episcoporum VI/1, 78f.

18 ES I 588.

19 Series Episcoporum VI/1, 79 [Nr. 35]; zur Synode von Calne vgl. VOLLRATH, Synoden Englands 289.

20 Diese Liste einschließlich der Kommentare von Innes ist am Besten zugänglich in dem Nachdruck: T. INNES, The Civil and Ecclesiastical History of Scotland, Aberdeen 1853, XXXIX-LII, bes. XL-XLI. Eine etwas knappere Liste kann man einsehen in: T. INNES, A Critical Essay on the Ancient Inhabitants of the Northern Parts of Britain or Scotland, ND Edinburgh 1879, 320-325.

21 Vgl. den Kommentar bei DUMVILLE, Councils 21: „In so far as we can see conciliar events of the mediaeval Gaelic world, they came in the same variety of forms apparant elsewhere: wholly ecclesiastical gatherings; ecclesiastical meetings presided over by royalty; and meetings with a substantial lay element".

22 M. DEANESLY, The Pre-Conquest Church in England, London 1961, 213.

Macbeth um die Mitte des 11. Jahrhunderts in Verbindung brachte[23], behandeln allerdings kirchliche Themen. Aber wenn Boece hier auch zuverlässigen Quellen gefolgt sein mag, die heute, in der Fassung, wie er sie erwähnte, verloren gegangen sind[24], so sind die Datierung und der Kontext solcher Zeugnisse zu unsicher, als dass sie eine gesicherte Grundlage für historische Schlussfolgerungen bieten können. Außerdem ist keineswegs klar, ob Boece glaubte, dass kirchliche Versammlungen irgendetwas mit der Entwicklung einer derartigen Gesetzgebung zu tun gehabt haben. Zwei weitere Gesetzessammlungen kirchlichen und weltlichen Inhalts werden von Innes, der sie lediglich von Boece übernahm, ohne sich in weitere Details einzulassen, den Jahren 878 und 1020 zugeordnet[25]; doch weiß man über sie noch weniger. Bei der Erwähnung der *Chronicle of the Kings of Scotland* aus dem 10. Jahrhundert lenkt Innes indes die Aufmerksamkeit seiner Leser auf eine Begebenheit, die sich 906 ereignet hat, als König Konstantin II. und Bischof Cellach I. von St. Andrews in Scone in der Nähe von Perth zusammentrafen, um einige lokale Bräuche und Gewohnheiten der schottischen Kirche zu bestätigen[26]. Ob dazu allerdings eigens eine Kirchenversammlung einberufen wurde, ist unbekannt. Diese Beispiele sind im Übrigen ein deutlicher Beweis, dass die Leitung solcher Angelegenheiten beim König lag. Es gibt keinerlei Hinweis darauf, dass ein miteinander diskutierender Klerus in kirchlichen Versammlungen geistsprühend und auf hohem intellektuellen Niveau um die eigenen Standpunkte mit Kenntnis und Verständnis rang, so wie es vergleichbar zwischen den *Romani* (Internationalisten) und den *Hibernenses* (Vertretern der einheimischen Linie) im Irland des 7. Jahrhunderts geschah[27]. Die Kirche in den verschiedenen Landesteilen Schottlands scheint auf dem damaligen Stand ihrer Entwicklung kein autonomes, von der allgemeinen Landesverwaltung zu trennendes Dasein geführt zu haben.

---

[23] BOETHIUS, Historiae fol. 200v-201v, 250v-251r. BELLENDEN, Chronicles II 51-53, 152f.; H&S II/1, 122-124.

[24] Laut Dr. Nicola Royan, der sich jüngst mit Boece' Werk beschäftigt hat, ist dies jedenfalls wahrscheinlicher als die unter Forschern weit verbreitete Ansicht, die dieses Material schlichtweg für „falsch" erklärt (ebd., SES I, S. XVIII Anm. 1).

[25] BOETHIUS, Historiae fol. 208v–209r, 245v; BELLENDEN, Chronicles II 69f., 140.

[26] ES I 445. INNES zitiert dieselbe Quelle (ebd. I 291) für ein angebliches Konzil in Forteviot in der Nähe von Perth im Jahr 860, jedoch wird in diesem Text kein Konzil erwähnt. Bezüglich einer Diskussion über mögliche Übersetzungen dieser Quelle vgl. M. O. ANDERSON, Dalriada and the creation of the kingdom of the Scots, in: D. WHITELOCK a.o. (Ed.), Ireland in Early Medieval Europe, Cambridge 1982, 127. Was Bischof Cellach anbelangt, vgl. Series Episcoporum VI/1, 77f.

[27] DUMVILLE, Councils 27.

Dieser Hintergrund erklärt auch die auf den ersten Blick anomal erscheinenden Aktivitäten der hl. Margaret, der angelsächsischen Frau König Malcolms III. Canmore von ca. 1070 bis zu ihrem Tod 1093 (und dem siebten Konzil nach Innes' Liste). Jedenfalls spielte diese Frau eine führende Rolle auf den Konzilien des Landes, in das sie selbst als Fremde und als Flüchtling vor den Normannen, die 1066 England eroberten und seitdem beherrschten, kam. Durch das in zwei Versionen überlieferte *Leben der hl. Margaret* – heute datiert man die Entstehung der ersten in die Jahre 1093-1095, die der zweiten setzt man zwischen 1104 und 1107 an[28] – vermutlich verfasst von dem Benediktinermönch Turgot, der Prior von Durham und seit 1087 ein enger Vertrauter der Königin war, erhalten wir jetzt zum ersten Mal einen detaillierten Einblick in das Denken und Handeln am schottischen Hof, und zwar in einem Maß, wie er den Historikern der schottischen Geschichte für frühere Epochen nicht zur Verfügung steht. Prinzessin Margaret, eine Großnichte König Edwards des Bekenners, dürfte Malcolm wohl kennengelernt haben, als dieser 1059 den Hof des heiligen Königs besuchte[29]. Beide besaßen somit einige Erfahrung, was die Regelung kirchlicher Angelegenheiten außerhalb Schottlands betraf. Nachdem nun Margaret Malcolms zweite Frau geworden war, bildeten beide ein ausgezeichnetes Team; nicht zuletzt auch deshalb, weil Malcolm, wenn auch des Lesens und Schreibens unkundig (*illitteratus*), als Vermittler zwischen der gälisch sprechenden Bevölkerung seines Heimatlandes und seiner englischen Ehefrau fungieren konnte[30]. Eine auffallende Neuerung dürfte laut Turgot die Tatsache gewesen sein, dass Malcolm seiner Frau eine gewisse Führungsrolle bei der Einberufung der häufig stattfindenden Kirchenversammlungen (*crebra concilia statuit*) zugestand, wobei Margaret sich in eigener Person höchst intensiv darum bemühte hat, bestehende Gebräuche und Gewohnheiten der schottischen Kirche zu ändern, um diese stärker in Einklang mit der Gesamtkirche (*universalis Ecclesia*) zu bringen[31]. Eine direkte Folge der dadurch aufge-

---

[28] D. BAKER, „A Nursery of Saints". St. Margaret of Scotland reconsidered, in: DERS. (Ed.), Medieval Woman, Oxford 1978, 119-141, bes. 129-132. Bezüglich der lateinischen Texte von zwei unterschiedlichen Manuskripten über das Leben der Heiligen vgl. Pinkerton's Lives of the Scottish Saints, ed. W. M. METCALFE, Paisley 1889, II 135-196, 199-209; sowie Symeonis Dunelmensis Opera et Collectanea, ed. J. HODGSON HINDE, Durham (Surtees Society) 1868, I 234-254 (Anhang III). Was das hierfür relevante Material anbelangt, vgl. den Text der HINDE-Ausgabe in: H&S II/1, 156-159; bezüglich der Übersetzungen vgl. W. M. METCALFE (Ed.), Ancient Lives of Scottish Saints, Paisley 1895, 295-321, und ES II 59-88.

[29] SAEC 86.

[30] Life of Margaret, Kap. 6 und 8 (ES II 68, 70).

[31] Life of Margaret, Kap. 8 (H&S II/1, 156; ES II 70).

kommenen Kontroversen war die Entstehung zweier einander widerstreitender Positionen, die ihre jeweils eigenen Auffassungen zur Begründung und zum Verständnis der unterschiedlichen Standpunkte entwickelten. Vergleichbare Auseinandersetzungen hatte es in Schottland seit den Zeiten des Konzils zu Whitby im 7. Jahrhundert nicht mehr gegeben.

Margaret hatte auch anglo-normannische Mönche und Priester mitgebracht, die ihr helfen sollten, einen Prozess in Gang zu bringen, durch welchen sie die Iro-Schotten allmählich isolieren und mehr und mehr ihre Auffassungen und Anschauungen durchsetzen konnte[32]. Damit wurde ein Muster zugrundegelegt, das 150 Jahre später Konsequenzen zeitigen sollte, als die Leitung der schottischen Kirche sich dazu entschloss, nach dem Vorbild der englischen Bischöfe in Salisbury und Lincoln Statuten für die schottische Kirche zu entwerfen[33].

Besonders hebt Turgot das Zeugnis jener drei letzten Tage einer nicht datierten Synode hervor[34], vielleicht weil sie in den letzten Lebensjahren der hl. Margaret abgehalten wurde und er selbst zugegen war, so dass er die Argumente beider Seiten kannte und aufzeichnen konnte[35]. Allerdings macht er uns keine näheren Angaben zu den Teilnehmern dieses Konzils, das wahrscheinlich zu einem Zeitpunkt stattfand, als Fothad II. Bischof von St. Andrews war[36]. Er war damals wohl der einzige, der im Rang eines Bischofs und zugleich in den Diensten des schottischen Königreichs stand. Daneben waren Personen anwesend, die durchaus in der Lage waren, auf der Grundlage des kanonischen Rechts sowie der Heiligen Schrift zu argumentieren. Jedoch hatten die Themen, die Turgot erwähnt, nichts mit den großen Themen jener Zeit zu tun, die dem damaligen Papst Gregor VII. († 1085) besonders wichtig waren, wie etwa die Simonie, die Priesterehe oder die *libertas ecclesiæ*, welche von der weltlichen Macht zu respektieren sei. In der Tat benennt Turgot lediglich fünf Themen aus einer ganzen Reihe von Missbräuchen, über die das Konzil verhandelt hat. Diese standen in keiner näheren Verbindung zueinander und scheinen auch nicht unbedingt die gewesen zu sein, die es vordringlich zu reformieren galt. Allerdings stehen sie insoweit in einem Zusammenhang, als sie auf einen bereits begonnenen Prozess eines schrittweise zu realisierenden Reformvorhabens verweisen, bei der ein schottischer Brauch nach dem anderen untersucht wurde. Aus unserer Quelle erfahren wir,

---

32 Vgl. BETHELL, Two letters 33-45, bes. 43.

33 Siehe unten S. 63f., 60.

34 Life of Margaret, Kap. 8 (ES II 70-74).

35 Das von Innes vorgeschlagene Datum 1074 dürfte zu früh angesetzt sein.

36 Series Episcoporum VI/1, 80.

dass Margaret keinerlei Niederlagen und Rückschläge hinzunehmen hatte, wobei Turgot als entscheidendes Argument für die Stärke ihrer Position die stete Rückendeckung durch den Standpunkt der universalen Kirche anführt.

Die fünf genannten Themen waren:

1. Das Fasten der vorösterlichen Bußzeit soll bereits am Aschermittwochstag beginnen und damit genau vierzig Tage dauern. Bislang war dagegen eine nur sechsunddreißigtägige Fastenzeit üblich, die erst mit Beginn der auf den Aschermittwoch folgenden Woche einsetzte.
2. Nicht richtig ist es, sich der Kommunion am Ostertag zu enthalten, nur weil man sich für unwürdig hielte.
3. Gewisse nicht näher definierte barbarische Riten im Rahmen der Zelebration der hl. Messe gehören abgeschafft.
4. Sonntagsarbeit wird verurteilt.
5. Ebenfalls zu verurteilen ist das Eingehen einer Ehe mit der eigenen Stiefmutter oder mit der Witwe des Bruders.

Darüber hinaus behauptet Turgot, dass Margaret auf diesem Konzil auch die Verurteilung vieler anderer Bräuche durchsetzen konnte, die den Glaubensregeln und den Statuten der kirchlichen Disziplin entgegenstanden (*contra fidei regulam et ecclesiasticarum observationum instituta*[37]). Ihr selbst werden die notwendige Kenntnis und die nötige Geschicklichkeit zugeschrieben, um im richtigen Moment und aus den jeweils triftigen Gründen zu begründen, warum im Namen der Universalkirche kirchliche Bräuche in Schottland geändert werden müssten. Man darf jedoch annehmen, dass sie nicht allein stand. Es gab noch genügend andere Leute von Gewicht und Bedeutung, darunter vermutlich Turgot selbst, die ihr bei der Bewältigung dieser Aufgabe beistanden. Zweifelsohne gab es 1093, nach dem Tod dieser so einflussreichen Frau und ihres Gatten, einen Rückschlag; doch war der Stein ins Rollen gekommen. Und gewiss war dies das bleibende Ergebnis ihrer Initiativen. Man weiß heute, dass ungefähr zwanzig Jahre später – zwischen 1112 und 1114 – Themen, wie sie nach Turgots Bericht von Margaret behandelt worden waren, durch König Alexander I. und wiederum durch Turgot, der inzwischen Bischof von St. Andrews war, Papst Paschalis II. zur Entscheidung vorgelegt wurden[38]. Schottland war sich jetzt offenbar der Vorteile bewusst, die die Kontaktaufnahme mit dem Papsttum als jener Autorität einbrachte, die das letzte Wort zu sagen hatte, wenn Probleme zwischen dem universalen

[37] H&S II/1, 158, Nr. 6.

[38] BETHELL, Two letters, passim.

kirchlichen Recht und der existierenden Praxis gelöst werden sollten. Noch war der König an diesem Prozess beteiligt, auch konnte man noch nicht von unabhängigen Kirchenversammlungen sprechen, an denen etwa eine genügend große Anzahl von ausgebildeten Klerikern teilnahm, die in der Lage gewesen wären, den göttlichen Willen für die schottische Kirche verantwortlich zu interpretieren. Aber nachdem dieses Land, das so weit vom Zentrum der westlichen Kirche entfernt lag, erst einmal Beziehungen mit Rom aufgenommen hatte, war es nur noch eine Frage der Zeit, wann die von Schottland ausgehende Initiative durch positive Aktionen seitens des Papsttums beantwortet werden würde. Dadurch trat Schottland in die Reihe der übrigen Nationalkirchen, die durch jahrelange Beziehungen zu Rom sich daran gewöhnt hatten, den päpstlichen Führungsanspruch im Namen der Rechtgläubigkeit und Zweckmäßigkeit zu akzeptieren. Die Theorie, dass der Papst der Vikar Christi auf Erden sei, wurde nunmehr als ein durchaus praktischer Vorteil betrachtet, und auch Schottland war nunmehr bereit, diese anzunehmen.

2. Kapitel

Die Legatenkonzilien von 1125 bis 1192

In den zwanziger Jahren des 12. Jahrhunderts stellte es sich für Schottland als ein notwendiges Erfordernis heraus, formale Kirchenversammlungen im Einklang mit den entsprechenden römischen Vorstellungen abzuhalten. Dies war nicht zuletzt das Resultat seiner teils freiwilligen, teils unfreiwilligen Einbeziehung in Angelegenheiten und Entwicklungen, die außerhalb des Landes lagen. Wie in anderen Teilen Europas wurde die traditionelle Freiheit der einzelnen „National"kirchen, weitgehend eigene Wege beschreiten zu können, auch hier zunehmend beschränkt, indem entsprechend den Prinzipien und der Praxis der „gregorianischen" Reform die Ortskirchen zunächst dazu gebracht wurden, ihren Beziehungen zu Rom eine feste und dauerhafte Form zu geben. Was die Bräuche und Einrichtungen der einzelnen Ortskirchen betraf, wurden die Vorgaben nun maßgeblich durch den Papst formuliert, der dann auch die Umsetzung und Einhaltung dieser Vorgaben durchzusetzen suchte. Von römischer Seite wurde daher alles unternommen, die Beziehungen zwischen der Zentrale und den Ortskirchen mehr und mehr auszubauen und zu festigen. So machte Schottland im Lauf des 12. Jahrhunderts erstmals Bekanntschaft mit päpstlichen Legaten, von denen eine ganze Reihe das Land besuchen sollten. Ebenso waren die Legatenkonzilien, die nun stattfanden, eine gänzlich neue Erscheinung für die schottische Kirche[1].

Das erste dieser Konzilien wurde 1125 einberufen, als Papst Honorius II. seinen Legaten Johannes von Crema, Kardinalpriester von St. Chrysogonus, nach Schottland entsandte. Der Papst wies den neuen König des Landes David I. an, Johannes mit allen Ehren zu empfangen und alle Bischöfe seines Reiches zusammenzurufen, um an einem Konzil teilzunehmen, welches dieser einberufen sollte[2]. Der eigentliche Grund, zu dessen Erörterung der Legat entsandt wurde, war den Schotten um das Jahr 1072 quasi von außen aufgedrückt worden, ohne dass sie dies zunächst recht registriert hatten. Im

1 Bezüglich eines detaillierteren Einblicks in die Besuche päpstlicher Legaten und Nuntien in Schottland, als er hier geboten wird, vgl. FERGUSON, Papal Representatives, Kapitel 2 und 3.

2 H&S II/1, 211; Scot.Pont. 28, Nr. 11; SAEC 158f. – Vgl. FERGUSON, Papal Representatives 31-34.

April und Mai jenes Jahres war angesichts der Bischofsernennungen in den Erzbistümern Canterbury und York, den ersten, die Wilhelm der Eroberer seit seiner Eroberung Englands im Jahr 1066 vorgenommen hatte, in Winchester und Windsor – bei Anwesenheit des Königs und des päpstlichen Legaten – eine Übereinkunft erzielt worden, die einen über zwei Jahre sich hinziehenden Streit um deren jeweiligen Rechte beilegen sollte. Der Erzbischof von York wurde nun der Jurisdiktion des Erzbischofs von Canterbury in dessen Eigenschaft als Primas ‚von ganz Britannien' unterstellt, jedoch wurden York metropolitane Rechte und damit die Jurisdiktion über das Bistum Durham und alle Gebiete nördlich des Flusses Humber bis zu den äußersten Grenzen Schottlands (*usque ad extremos Scotiae fines*) zuerkannt[3]. Dabei handelte es sich aber nur um eine vorläufige Festschreibung der jeweiligen Rechte dieser beiden Erzbischöfe, so dass deren Streitigkeiten noch bis in die Mitte des 14. Jahrhunderts anhielten[4]. Für Schottland sollten diese Auseinandersetzungen indes von enormer und fortdauernder Bedeutung sein. Schon der Gebrauch des Wortes ‚Britannien' im Jahr 1072, als noch keinerlei politische oder kirchliche Größe dieser Art existierte, ist ein Hinweis dafür, dass die anglo-normannischen Streitigkeiten jener Zeit in ganz spezifischer Weise auf den Anweisungen fußten, die Papst Gregor I. 601 dem ersten Erzbischof von Canterbury, Augustin, erteilte hatte, wie sie in den Schriften des Beda überliefert werden[5]. Diese Instruktionen basierten ihrerseits auf einer nicht mehr zeitgemäßen Information über die zum Römischen Imperium gehörige Provinz *Britannia*. Danach bestand der Plan, die Insel zwischen zwei Erzbischöfen mit Metropolitangewalt aufzuteilen. Jedem von ihnen sollten zwölf Suffraganbischöfe unterstellt sein. Dadurch hoffte Papst Gregor, die Insel erneut zu evangelisieren. Allerdings erwähnte Gregor mit keinem Wort die christliche Kirche, die 601 bereits außerhalb der nördlichen Grenzen der alten römischen Provinz *Britannia* existierte und zwar in jenen Regionen, die um das Jahr 1072 herum unter der Autorität des Königs von Schottland vereint wurden und der damaligen *Scotia* entsprachen. Der Papst wusste vermutlich wenig über diese Kirche und den lebhaften, von Iona ausgehenden Anstößen zur Mission, die sich durchaus mit den missionarischen Aktivitäten des Augustin als einem Quell religiöser Inspiration für mehr als ein halbes Jahrhundert messen konnte, bis dann schließlich deren weiterer Expansion auf der Synode von Whitby 664 ein Ende gesetzt wurde[6]. Indes ist in den Jahrhunderten zwischen 601 und 1072

[3] C&S I/2, 601-604; SES I, S. XXV.
[4] Vgl. beispielsweise J. C. Dickinson, The Later Middle Ages, London 1979, 66-68.
[5] Bede, History 104- 107 (I, 29).
[6] Bede, History 294-309 (III, 25).

kein einziger Versuch bekannt, der darauf abzielte, die schottische Kirche der englischen unterzuordnen. Jetzt wollte man allerdings einen für die beiden soeben neu besetzten Erzbischofsstühle von Canterbury und York akzeptablen Kompromiss erreichen, der die neuartige Vorstellung zugrunde lag, dass Canterbury nunmehr eine gewisse primatiale Autorität genoss, während man York gleichzeitig dadurch zu entschädigen gedachte, dass man diesem Erzbischofssitz unmittelbare metropolitane Rechte über die Kirche von *Scotia* zuerkannte. Diese Absicht fand auch Rückendeckung bei König Wilhelm I. und Papst Alexander II. – vertreten durch den Legaten. König Malcolm III. von Schottland und seine Bischöfe waren dazu allerdings nicht gefragt worden. Allerdings unterstellte sich Malcolm im August 1072 dem englischen König Wilhelm bei Abernethy, in der Nähe von Perth in Schottland, und wurde dessen Vasall[7]. Dies lässt es immerhin möglich erscheinen, dass er diese kirchliche Übereinkunft, wenn auch widerwillig, zu akzeptieren gezwungen war. Denn nach Yorker Überlieferung musste sich Bischof Fothad von St. Andrews auf Geheiß seines Königs nach York begeben, um dort sein Gehorsamsversprechen abzulegen[8].

Es ist durchaus möglich, dass in den Anfängen der „gregorianischen" Reform die genaue Bestimmung der Ämter eines Primas und eines Metropoliten noch nicht richtig eingeschätzt wurde[9]. Es gibt jedenfalls keinen Hinweis dafür, dass schottische Bischöfe zu Konzilien geladen wurden, die in Canterbury oder York einberufen wurden[10]. Jedoch versuchte York nach 1072 immer öfter Gehorsamsversprechen – was auch immer das bedeutete – von ihnen abzuverlangen, zu einer Zeit, als neben den Bischöfen von Durham auch andere ihre Weihe aus den Händen des Erzbischofs zu erhalten suchten. Die Erzbischöfe des späten 11. und frühen 12. Jahrhunderts blickten in der Tat mit Erfolg über die Grenzen von *Scotia* hinaus. So konnten sie eine Reihe von Bischöfen auf den Orkney-Inseln, z.B. 1073, 1100/08 und 1109/14[11], und auf den westlichen Inseln (1103/08, 1109/14, 1134 – ca. 1138, 1152 und 1154) weihen[12]. Im letzteren Fall könnte eine weitere Bischofsweihe in York sogar noch zwischen ca.

[7] SAEC 95.

[8] Hugo Cantor, History 31; SES I, S. XXV.

[9] Vgl. DDC 7 (1965) 214; 6 (1957) 875-877.

[10] C&S I/2, passim.

[11] B. E. CRAWFORD, Bishops of Orkney in the eleventh and twelfth centuries: bibliography and bibliographical lists, in: The Innes Review 47 (1996) 1-3, bes. 8-10.

[12] D. E. R. WATT, Bishops in the Isles before 1203: bibliography and bibliographical lists, in: The Innes Review 45 (1994) 99-119, bes. 110, 107, 115-117.

1217 und 1226 stattgefunden haben[13], trotz der Tatsache, dass die Orkneys und die westlichen Inseln zu den Diözesen gehörten, die aufgrund päpstlicher Entscheidung 1154 der Metropolitanjurisdiktion des Erzbischofs von Nidaros (Trondheim) in Norwegen unterstellt worden waren[14]. Auch besteht kein Zweifel daran, dass beide Gebiete damals politisch zum Königreich Norwegen gehörten, wenn es auch durchaus sein mag, dass die Teilnehmer an der Versammlung von Westminster/Windsor 1072 eher vage darüber informiert waren, wo nun genau die ‚äußersten Grenzen Schottlands' lagen, und dass sie daher annahmen, dass das Gebiet, das den heutigen schottischen Nord- und Westinseln entspricht, für die forcierte Ausweitung des Yorker Jurisdiktionsbezirks offen stehen müsste, falls dies irgendwie einzurichten sei.

Innerhalb der Grenzen des Königreichs Schottland konnte York indes weit weniger Fortschritte erzielen. Als nämlich der Prior von Durham, Turgot, 1107 durch den neuen König Alexander I. und mit Zustimmung König Heinrichs I. von England zum Bischof von St. Andrews gewählt wurde, gab es zunächst eine zwei Jahre dauernde Kontroverse, bevor Turgot im August 1109 in York geweiht wurde, vermutlich ohne die dortige Metropolitangewalt anerkennen zu müssen[15]. Dies war bereits ein erstes Anzeichen für die künftig zu erwartenden Schwierigkeiten. König Alexanders I. Bruder David erreichte es, dass mit Michael zwischen 1109 und 1114 ein „Briton" in York zum Bischof von Glasgow geweiht wurde[16], d.h. eine Person, die aus Cumbria oder Strathclyde stammte, einem Gebiet, das sich im Norden von Glasgow bis südlich von Carlisle erstreckt. David stellte überdies sicher, dass Michaels Nachfolger John durch Papst Paschalis II. zwischen 1114 und 1118 geweiht wurde, mithin zu einem Zeitpunkt, als der Bischofsstuhl von York vakant war[17]. Schließlich wandte sich König Alexander I. 1115 wegen eines neuen Bischofs für St. Andrews an Canterbury, womit Yorks Recht, solche Bischöfe zu weihen, zurückgewiesen wurde. Als im Gegenzug der Mönch Eadmer 1120 von Canterbury nach Schottland entsandt wurde, ging Alexander noch einen Schritt weiter. Er weigerte sich nämlich, ihm zu gestatten, sein Bischofsamt dort anzutreten, wenn er weiterhin auf seinem Wunsch beharre, Canterbury Gehorsam zu geloben, um so von dort die Weihe zu erhalten. Das Ergebnis war, dass Eadmer nach Canterbury zurückkehren

[13] WATT, Fasti 200.
[14] Diplomatarium Norvegicum VIII, Kristiania 1871-74, Nr. 1.
[15] Series Episcoporum VI/1, 81.
[16] Series Episcoporum VI/1, 54.
[17] Series Episcoporum VI/1, 55.

musste, ohne sein Bischofsamt jemals angetreten zu haben[18]. Alexander und sein Bruder David beharrten nachdrücklich auf ihrer Position. Damit reagierten sie nicht zuletzt auf die damals forcierten Anstrengungen des damaligen neuen Erzbischofs von York, Thurstan, der das mögliche Eindringen Canterburys in die Angelegenheiten seiner Kirchenprovinz abzuwenden trachtete und darauf bestand, dass alle Bischöfe des Königreiches Schottland die Machtbefugnisse seines Erzbistums anerkennen sollten. Für dieses Vorhaben besorgte er sich auch päpstliche Unterstützung, was dazu führte, dass auf die schottischen Bischöfe ein alles andere als willkommener Druck ausgeübt wurde. Bereits um die Jahre 1100/01 hatte Papst Paschalis II. ganz allgemein die Metropolitanansprüche Yorks über die schottischen Bischöfe unterstützt[19]. Zwischen 1119 und 1122 erließ nun Calixt II. eine Reihe von Instruktionen an die schottischen Bischöfe, besonders an den Bischof von Glasgow, mit der Maßgabe, dass sich die Betroffenen daran zu halten hätten[20]. Doch wurden diese Instruktionen nicht befolgt.

Im April 1125 folgte in Schottland mit David I. ein neuer König auf den Thron; zur gleichen Zeit wurde in Rom Honorius II., ein enger Berater seines Vorgängers Calixt, zum Papst gewählt[21]. Dieser hielt es nun für angebracht, mit Kardinal Johannes von Crema einen päpstlichen Legaten nach Schottland zu entsenden[22]. Möglicherweise war er der erste päpstliche Legat, der überhaupt nach Schottland reiste; zumindest ist er der erste, von dem wir wissen. Kurz vor seinem Tode hatte es König Alexander noch einrichten können, dass Robert, der Prior von Scone, auf den vakanten Bischofssitz von St. Andrews gewählt wurde[23]. Die Frage seiner Weihe berührte jedoch unweigerlich die Ansprüche Yorks und ließ die Diskussion darüber wieder aufflammen. Daher wurde Johannes von Crema beauftragt, in dieser Angelegenheit zu verhandeln und anschließend Bericht nach Rom zu erstatten, damit dort eine endgültige Entscheidung getroffen werden konnte[24]. Daneben hatte der Legat aber auch etliche Aufgaben in der Normandie und in England zu erledigen. Sein Besuch bei König David in Roxburgh ist gut belegt; wahrscheinlich fand er in den Monaten Juli und August 1125 statt[25]. Ebenso gut bezeugt ist, dass er seine Aufgaben als päpstlicher Legat wahrnahm (*officio legationis peracto*).

---

18 Series Episcoporum VI/1, 82.

19 Scot.Pont. 19, Nr. 1.

20 Scot.Pont. 22-28, Nrr. 4-10; vgl. Series Episcoporum VI/1, 36.

21 Kelly, Dictionary 166.

22 Siehe oben S. 11.

23 Series Episcoporum VI/1, 83.

24 Scot.Pont. 28, Nr. 11; SES I, S. XXVI-XXVII; SAEC 158f.

25 Chron.Melrose 32, SES I, S. XXVII; H&S II/1, 211; C&S I/2, 730-732.

Daraus jedoch zu entnehmen, dass er ein formales Legatenkonzil in Roxburgh abhielt, ist nicht zulässig. Im übrigen steht dies im Gegensatz zu der gesicherten Nachricht, dass Johannes ein solches Konzil in Westminster für die Dauer von drei oder vier Tagen – beginnend mit dem 8. September 1125 – abhielt[26]. Daher kann mit großer Sicherheit wohl davon ausgegangen werden, dass Johannes von Crema nicht in der Lage gewesen ist, ein solches Konzil auftragsgemäß durchzuführen[27]. Auch hat die schottische Kirche zu diesem Zeitpunkt keine Legatenkanones erhalten, auch nicht jene, die auf dem kurz zuvor abgehaltenen Lateranense I im März 1123 beschlossen worden waren, wie dies etwa für die englische Kirche in Westminster der Fall gewesen ist. Es scheint jedenfalls so, dass die schottischen Könige die römische Einmischung und Parteinahme zugunsten Yorks mit unverhohlener Feindschaft betrachtet haben[28]. Alexander war indessen nicht im Stande, Bischof John von Glasgow davor zu bewahren, 1122 nach York gehen zu müssen, um sich dort für die Trotzhaltung gegenüber dem Erzbischof zu verantworten[29]. Bischof John wurde nun als Davids Gesandter an die Kurie geschickt, wo er sich in der Weihnachtszeit des Jahres 1125 aufhielt. Mit Nachdruck bestand er darauf, dass Schottland nicht zum Königreich England gehöre. Auch versuchte er zu erreichen, dass St. Andrews in einen Metropolitansitz umgewandelt würde[30]. Es besteht kein Zweifel, dass diese Punkte bereits mit dem Legaten bei dessen Besuch in Roxburgh, der im gleichen Jahr stattgefunden hatte, diskutiert worden waren. York setzte nun seinerseits Rom dadurch unter Druck, dass es Auseinandersetzungen mit allen schottischen Bischöfen androhte[31]. Die Beziehungen kühlten ab, bis endlich ein Kompromiss zwischen König Heinrich und König David, die miteinander verschwägert waren, erzielt wurde. Dies geschah an Weihnachten 1126 in Windsor und London[32] und führte schließlich doch noch zur Weihe Roberts als Bischof von St. Andrews durch den Yorker Erzbischof Thurstan in Roxburgh am 17. Juli 1127 oder kurz zuvor, wobei König David offensichtlich persönlich anwesend war. Dabei verzichteten York und St. Andrews auf die Durchsetzung ihrer jeweiligen zum damaligen Zeitpunkt vertretenen Ansprüche[33].

---

[26] C&S I/2, 733-741.

[27] Vgl. DUNCAN, Scotland 259; vgl. SES I, S. XXVI.

[28] So argumentiert BRETT, English Church 23.

[29] SAEC 149f., 154.

[30] Hugo Cantor, History 126.

[31] Scot.Pont. 29, Nr. 13.

[32] Hugo Cantor, History 129.

[33] Series Episcoporum VI/1, 83; H&S II/1, 214f. Dies scheint darauf hinzuweisen, dass diese Regelung nicht die Position des Bischofs John von Glasgow berücksichtigte, gegen

Man darf wohl auch davon ausgehen, dass es Teil der Abmachung zwischen David und Thurstan war, Verhandlungen für die Errichtung einer neuen Diözese innerhalb des Königreichs Schottland in die Wege zu leiten. Sie sollte an den alten Bischofssitz von Candida Casa oder Whithorn in Galloway anknüpfen, wo es im 8. Jahrhundert angelsächsische Bischöfe gegeben hatte[34]. Dieser wiederbelebte Bischofssitz umfasste den größeren Teil der nur eingeschränkt abhängigen Grafschaft Galloway, und dessen erster Bischof wurde am 9. Dezember 1128 vom Papst angewiesen, sich nach York zu begeben, um dort die Weihe zu erhalten. Das tat dieser offensichtlich durchaus bereitwillig, und auch seine Nachfolger pflegten für die folgenden 200 Jahre dasselbe zu tun[35]. Dieser für York zu verbuchende Erfolg darf sicherlich als Beweis für eine generelle Übereinkunft bezüglich der Loslösung dieser Region des Königreiches Schottland von der schottischen Kirche und als eine, wenn auch nur geringe Akzeptanz der Rechte Yorks in jener Gegend gewertet werden. Wahrscheinlich hatte aber der wiedererstandene, doch äußerst ausgedehnte Sprengel von Glasgow genug damit zu tun, eine effektive Kontrolle über die entlegeneren Teile der Grafschaft westlich des Flusses Urr herzustellen, so dass dieser Verlust zu verschmerzen war. Die Tatsache jedoch, dass Glasgow die Kontrolle über das Gebiet der Grafschaft behielt, welches zwischen den Flüssen Urr und Nith gelegen war, ist ein Beweis dafür, dass wohl vorher bei Verhandlungen ein Kompromiss geschlossen worden war.

Es war gewiss Teil des Preises, den David 1126 bereitwillig zahlte, um Yorks Ansprüchen auf St. Andrews Einhalt zu gebieten. Ein anderer Teil des Preises, den er wahrscheinlich ebenso gewillt war einzulösen, war die Zustimmung zur dauerhaften Abtrennung des südlich der Grenze des Solway gelegenen *Cumbria* von der aufstrebenden Diözese Glasgow, und zwar durch Umwandlung in die neue Diözese von Carlisle, für die Erzbischof Thurstan 1133 einen Bischof weihte[36]. Bereits 1092 war dieses Gebiet durch den englischen König Wilhelm II. politisch von Schottland losgelöst und dem anglonormannischen Königreich eingegliedert worden. Diese Auseinandersetzung auf politischer Ebene war sozusagen ein Pendant zu jenem Kampf, den der Bischof von Glasgow gegen York führte um die Region, die jetzt seinem Verantwortungsbereich entzogen wurde und die offensichtlich England politisch bereits auf Dauer angegliedert

dessen immer noch andauernden Widerstand, Gehorsam zu leisten, York weiterhin päpstliche Mandate einholte (Scot.Pont. 30f., Nrr. 15, 17).

34 Series Episcoporum VI/1, 19-24.

35 Scot.Pont. 29f., Nr. 14; Watt, Fasti 128-130.

36 SAEC 168f.; HBC 235.

war. Und wiederum dürfte dies mit der Zustimmung König Davids geschehen sein. Es mag indes wohl einige Jahre gedauert haben, bis dies in die Wege geleitet wurde. Es spricht jedenfalls nichts dagegen, dass dies alles zu dem Kompromiss gehört haben könnte, der 1126/27 geschlossen wurde[37]. Immerhin ist es beachtenswert, dass König David 1136, als er im Zuge des nach dem Tode Heinrichs I. in England 1135 ausgebrochenen Bürgerkriegs zwar die günstige Gelegenheit nutzte, das englische Cumberland (*Cumbria*) erneut zu besetzen und es Schottland für die folgenden 21 Jahre einzuverleiben, umgekehrt aber nicht den geringsten Versuch machte, dieses einst zur Diözese Glasgow gehörende Gebiet jener wieder zuzuschlagen[38]. Er dürfte die Errichtung der Diözese Carlisle zunächst gewiss begrüsst haben.

Der nächste päpstliche Legat, der auf Johannes von Crema folgte und mit der Kompetenz ausgestattet war, soweit nötig sowohl den schottischen als auch den englischen Klerus zu Synoden einzuberufen, war Wilhelm von Corbeil, Erzbischof von Canterbury von 1123 bis 1136. Die entsprechenden Vollmachten hatte er von Papst Honorius II. am 25. Januar 1126 erhalten[39]. Obgleich er mindestens zwei Legatensynoden in England abhielt, gibt es keinen Hinweis darauf, dass er jemals versucht haben könnte, seine Machtbefugnisse auch über die schottische Kirche auszuüben[40]. Selbst wenn er dies vorgehabt hätte, wären seinen Möglichkeiten infolge des päpstlichen Schisma (1130-38) sehr begrenzt gewesen. England hatte sich nämlich nach anfänglichem Zögern hinter Innozenz II. gestellt[41], während es hingegen durchaus möglich scheint, dass David I. und die schottischen Bischöfe schon von Beginn an Anaklet II. favorisierten. Ganz sicher geschah dies nach 1135, als Innozenz Stephan gegen die Witwe Heinrichs I. Mathilde unterstützte, auf deren Seite David stand[42]. Durch den Tod Anaklets im Januar 1138 wurde das Schisma jedoch beendet. Innozenz machte dies durch die Entsendung des französischen Cluniazensermönches Alberich, den er noch zuvor – im April 1138 – zum Kardinal von Ostia kreierte, als Legaten nach England und Schottland

---

37 Vgl. Diskussionen bei BRETT, English Church 25-27; BARROW, Kingdom 142-144.

38 Vgl. BARROW, Kingdom 147f.

39 Scot.Pont. 28, Nr. 12; C&S I/2, 742f. Vgl. auch FERGUSON, Papal Representatives 34f.

40 C&S I/2, 743-754, 757-761; vgl. SES I, S. XXVII. Er behielt sein Legatenmandat bis zu seinem Tod im Jahr 1136 (vgl. H&S II/1, 29), doch scheint es von Februar 1130 (Tod von Papst Honorius) bis Februar oder März 1132 ausgesetzt gewesen zu sein (FERGUSON, Papal Representatives 35).

41 C&S I/2, 754-757.

42 BARROW, Kingdom 176; BRETT, English Church 26. Der Bischof von Glasgow wurde wohl 1136 von Papst Innozenz des Schismas beschuldigt (H&S II/1, 29).

sichtbar[43]. Dieser erschien kurz nach der Schlacht von Standard am 22. August 1138 in Nordengland. Einer Bitte Mathildes um Unterstützung folgend war David zuvor mit seinem Heer nach England eingedrungen, dort aber durch die von Erzbischof Thurstan von York aufgestellten Truppen, die auf Seiten Stephans standen, vernichtend geschlagen worden. Chroniken, die fast zur gleichen Zeit in der Abtei Hexham in Northumberland geschrieben worden sind, erzählen vom Besuch des Kardinals dort und später in Carlisle. *Cumbria* wurde damals gerade von den Schotten besetzt gehalten und Alberich traf in Carlisle mit König David samt den Bischöfen, Äbten, Prioren und Grafen seines Landes zusammen. Drei Tage lang, vom 26. bis zum 28. September 1138, dauerte das Zusammentreffen. Dabei habe Alberich, so der Chronist Richard von Hexham, mit den Schotten über die Angelegenheiten seines Gesandtschaftsauftrages verhandelt (*tractavit*)[44]. Als all dies dann zwanzig bis dreißig Jahre später von Johannes von Hexham zu Papier gebracht wurde, wird Alberichs Rolle in äußerst treffender Weise beschrieben: „he corrected what required correction and issued legislation (*statuit*) where it was needed“[45]. Es scheint unter diesen Umständen allerdings eher wahrscheinlich, dass es sich um eine längere Verhandlungsperiode gehandelt hat, wie es ja auch der Fall war bei der Gesandtschaft von 1125. Andernfalls ergäbe sich auch ein Widerspruch zu dem regulären Legatenkonzil von Westminster, welches Alberich für die englische Kirche im Dezember 1138 abgehalten hatte. Von diesem Konzil ist uns auch eine Liste von Reformkanones überliefert[46]. Offensichtlich scheinen der schottische König und die Kirche von Schottland für eine derartige Legatenaktion noch nicht reif gewesen zu sein, denn es gibt keinerlei formale *acta* oder *canones*, die von Alberichs Besuch überliefert sind.

Die Liste der Verhandlungspunkte, von denen man weiß, dass sie in Carlisle diskutiert wurden, lautet wie folgt:

1. Es war bekannt, dass die Schotten bislang Papst Anaklet favorisiert hatten. Jetzt aber erkannten sie Papst Innozenz und seinen Legaten als rechtmäßig an.

2. Johannes von Hexham, der allerdings erst mehrere Jahre nach dem Ereignis seinen Bericht verfasst hat, bezeugt, dass König David dazu gebracht werden konnte, Bischof Adelulf von Carlisle wieder in sein Ver-

---

[43] Vgl. C&S I/2, 766-779, was die englischen Aspekte seiner Mission anbelangt; vgl. Scot.Pont. 31f., Nrr. 19-20; vgl. ebenso FERGUSON, Papal Representatives 36f.

[44] H&S II/1, 31f.; SES I, S. XXVII-XXIX; SAEC 210-212.

[45] H&S II/1, 32; SES I, S. XXIX; SAEC 211; C&S I/2, 767f.

[46] C&S I/2, 774-779.

trauen aufzunehmen. Anzunehmen ist, dass die beiden seit der Besetzung von *Cumbria* durch David nach dem Tod Heinrichs I. miteinander im Streit lagen, obwohl Adelulf in der Tat gleichzeitig Bischof und Prior des Augustinerklosters Nostell in Yorkshire war, aus welchem einst Bischof Robert von St. Andrews um 1120 nach Schottland gekommen war[47].

3. Bischof John von Glasgow, der weiterhin von Papst Innozenz II. verfolgt worden war[48], wurde aus dem Kloster Thiron in Frankreich, in das er sich hatte zurückziehen müssen, auf seinen Bischofsstuhl zurückgerufen und übernahm dort erneut sein Amt. In zeitgenössischen Quellen wird das so beschrieben, als sei dies ein gemeinsamer Akt des Königs und des päpstlichen Legaten gewesen. In späteren Quellen heißt es dagegen, dass dies lediglich eine durch die päpstliche Autorität abgesegnete Aktion des Legaten gewesen sei. Dadurch habe der Legat eine deutliche Korrektur der päpstlichen Politik der beiden letzten Jahrzehnte vorgenommen, die stets zugunsten Yorks und gegen Glasgow Partei ergriffen hatte.

4. Der Legat bat den König, Frieden mit König Stephan zu schließen; aber alles, was er erreichte, war ein bis zum 11. November 1138 dauernder Waffenstillstand, währenddessen die Belagerung von Wark Castle, das auf der zu Northumberland gehörenden Seite des Flusses Tweed lag, fortgesetzt wurde.

5. Der Legat ließ sich von des Königs Getreuen in Galloway[49] versprechen, dass sie zum selben Zeitpunkt im November alle Frauen, die sie in England und insbesondere in Lancashire[50] gefangengenommen hatten, freilassen und die Zivilbevölkerung in Zukunft schonen würden.

Von einer Reform der schottischen Kirche und deren Klerus, wie dies etwa auf dem Legatenkonzil in England ein eigener Verhandlungsgegenstand gewesen war, ist nichts zu vernehmen. Alberichs Aufgabe war es wohl mehr, als Schlichter einzugreifen. Der Chronist beendet seinen Bericht, indem er schreibt, dass Alberich König Stephan über das, was in Carlisle geschehen war, Bericht erstattete. Obwohl immerhin zehn englische Vertreter zum Zweiten Laterankonzil im April 1139 entsandt wurden[51], ist von Schotten, die ebenfalls daran teilgenommen hätten, nichts bekannt. Es gibt auch keine Hinweise, die auf ihre Teilnahme an dem von

---

[47] LE NEVE, Fasti II 19; BARROW, Kingdom 170-172.

[48] H&S II/1, 28-30.

[49] Die Chronisten von Hexham nennen die Leute aus dieser Gegend ‚Pikten', um sie von den ‚Schotten' von „Scotia" d.h. aus der Gegend nördlich des Flusses Forth, zu unterscheiden (vgl. G. W. S. BARROW, Feudal Britain, London 1956, 116 Anm. 2).

[50] SAEC 187.

[51] C&S I/2, 779-781.

Papst Eugen III. im März 1148 zu Reims einberufene Konzil hindeuten[52]. Die schottische Kirche war immer noch darauf eingestellt, die päpstliche Autorität nur dann zu akzeptieren, wenn es ihr gerade gelegen kam.

Die frühen fünfziger Jahre des 11. Jahrhunderts waren eine Zeit, in der neue Metropolitansitze gegründet wurden und zwar sowohl in Irland, wo die zwei schon vorher existierenden Erzbistümer bis zum März 1152 um zwei weitere vermehrt wurden, als auch in Norwegen, wo man in den Jahren 1153/54 das Erzbistum Nidaros von Lund abgetrennt hatte. Als Kardinal Johannes Paparo im September 1151 in der besagten Angelegenheit auf seinem Weg nach Irland wie auch später auf dem Rückweg nach Ostern 1152 durch Nordengland reiste, kam auch die Frage nach einer Erhebung St. Andrews zum Erzbischofssitz erneut auf. Paparo war damit einverstanden, in dieser Angelegenheit beim Papst vorstellig zu werden[53]. Die Diözese Orkney und die der Inseln des Königreichs Norwegen sollten dabei den schottischen Bistümer, die St. Andrews unterstehen würden, zugezählt werden. Doch nur wenig später wurden dann diese beiden Bischofssitze als Suffraganbistümer von Nidaros bestätigt, das Projekt St. Andrews damit wieder fallengelassen. Diese Begebenheit ist allerdings – trotz fehlenden Erfolgs – ein Beweis der fortgesetzten und entschiedenen Bemühungen Schottlands, sich von allen Verstrickungen mit York oder Canterbury frei zu halten. Indes dürfte das St. Andrews-Projekt zu diesem Zeitpunkt sehr wahrscheinlich eine Reaktion auf die damals wieder aufgenommene päpstliche Unterstützung Yorks durch die Bullen von Juni 1151 gewesen sein[54]. Möglicherweise gab es auch eine Bedrohung von Seiten Canterburys, dessen Erzbischof Theobald (1139-1161) seit 1150 das Amt eines päpstlichen Legaten für England – und unter Papst Anastasius IV. (1153/54) eventuell auch für Schottland – innehatte. Allerdings ist nicht bekannt, dass er versucht hat, in Schottland in irgendeiner Weise in Aktion zu treten[55]. Die Gehorsamspflicht der schottischen Bischöfe gegenüber York wurde noch einmal von Papst Hadrian IV., dem Engländer auf dem Papstthron (1155-1159), unterstrichen[56]. Nachdem jedoch Bischof Robert von St. Andrews 1159 früh verstarb[57], schickte Kö-

[52] N. M. HARING, Notes on the council and the consistory of Rheims (1148), in: Medieval Studies 28 (1966) 39-59.

[53] M. CHIBNALL, John of Salisbury's Memoirs of the Papal Court, Edinburgh, 1956, 72; vgl. auch SAEC 227.

[54] Scot.Pont. 38f., Nrr. 29-30.

[55] LE NEVE, Fasti II 4 und Anm. 7; C&S I/2, 820.

[56] Scot.Pont. 40-42; 47f.; Nrr. 34, 40.

[57] Series Episcoporum VI/1, 84.

nig Malcolm IV. eine Gesandtschaft, zu der auch Bischof Wilhelm von Moray gehörte, an den römischen Hof, um über einige Angelegenheiten bezüglich St. Andrews zu verhandeln. Die Antwort kam am 27. November 1159 durch den neuen Papst Alexander III.[58] Zwar werden in dem erhaltenen Zeugnis die Vorschläge des Königs nicht weiter behandelt, aber man nimmt allgemein an, dass sie die Erhebung des Bischofssitzes von St. Andrews auf den Status einer Metropolie betrafen[59]. Alexander jedenfalls lehnte die Vorschläge des Königs kategorisch ab. Dennoch ernannte er den Bischof von Moray nach einem komplizierten Verfahren zum päpstlichen Legaten im gesamten schottischen Königreich, solange bis er oder ein anderer dem König genehmer Kandidat Bischof von St. Andrews würde. Dieser sollte im Anschluss dann auch das Amt des Legaten bekleiden. Tatsächlich wurde Abt Arnold von Kelso als Bischof auserkoren und am 20. November 1160 in St. Andrews im Namen des Papstes durch den Bischof von Moray geweiht und zum Legaten erhoben[60]. Obwohl es scheint, dass Bischof Wilhelm, der mit den üblichen Kompetenzen eines Legaten, nämlich bei Missständen korrigierend eingreifen und Gesetze erlassen zu können, nach Schottland zurückkehrte, so bedurfte die im Raum stehende Frage einer Erhebung von St. Andrews nach wie vor und mit großer Dringlichkeit einer Lösung. Zweifelsohne spiegelte aber diese erstmalige Übertragung der Legatengewalt an einen in Schottland residierenden Bischof die Schwierigkeiten wider, denen sich Papst Alexander damals in Rom durch das ausgebrochene Schisma ausgesetzt sah. Infolgedessen war er bestrebt, sich jede nur mögliche Unterstützung zu sichern, die er bekommen konnte[61]. Der Bischof von Moray blieb Legat bis 1161[62]; danach übernahm der neue Bischof von St. Andrews dieses Amt – genauso wie es im November 1159 vereinbart worden war[63]. Als Legat konsekrierte er einen neuen Bischof für die Diözese Ross[64]. Doch weder von Wilhelm noch von Arnold ist bekannt, dass sie als Legaten irgendeine weitere Funktion in Schottland ausgeübt hätten als die der Bischofsweihe auf päpstliches Geheiß. Kirchenversammlungen wurden keine abgehalten. Die Einrichtung eines Legaten scheint ein zeitlich befristetes Mittel gewesen zu sein, um York in die Enge zu treiben. So fand

---

58 SES I, S. XXX; SAEC. 240f.; Scot.Pont. 49f., Nr. 43.

59 Vgl. RRS I 11, 14; siehe jedoch für Zweifel bezüglich des Zweckes dieser Gesandtschaft Scot.Pont. 47f., Nr. 40 sowie FERGUSON, Papal Representatives 41.

60 Chron.Melrose 36.

61 KELLY, Dictionary 176f.

62 RRS I Nrr. 175, 180, 182; vgl. auch Chron.Holyrood 135f.

63 Beispielsweise RRS I Nr. 226.

64 Chron.Melrose 36.

denn auch Arnolds Legationsauftrag ein Ende und zwar wahrscheinlich um das Jahr 1161, ganz sicher aber kurz vor seinem Tod am 13. September 1162[65]. Das wiederum war sicher das Ergebnis des Drucks, der von York auf die Kurie Papst Alexanders ausgeübt wurde. Dieser befahl daher am 21. September 1162 den schottischen Bischöfen erneut, sich der Metropolitangewalt Yorks zu unterstellen[66].

Die Schotten waren aber nicht bereit, diesen – von ihrem Standpunkt aus gesehen – Rückschritt zu akzeptieren. Als Anfang 1163 mit Richard ein neuer Bischof von St. Andrews gewählt worden war[67] und sich vermutlich neuerlich Bedenken einstellten, wie man es denn schaffen könne, ihn weihen zu lassen, ohne dabei York Gehorsam zu leisten, da begab sich Bischof Gregor von Dunkeld an die Kurie Papst Alexanders, die sich damals in Frankreich aufhielt. Gregor war der erste schottische Bischof, von dem man mit Sicherheit weiß, dass er an einem päpstlichen Konzil teilgenommen hat und zwar an jenem Konzil, das im Mai 1163 in Tours abgehalten wurde. Dort wurde ihm bezeichnenderweise das Recht zugesprochen, unter einer Gruppe von exemten Bischöfen seinen Platz einzunehmen, während der Bischof von Durham neben dem Erzbischof von York als einer von dessen Suffraganen Platz nehmen musste[68]. Der König und die schottischen Bischöfe werden wohl aus den Vorteilen, die durch aktive Lobbyarbeit an der päpstlichen Kurie gegen Yorks anhaltende Expansionsansprüche erzielt werden konnten, ihre Lehre gezogen haben. Es gab nun eine Reihe von Präzendenzfällen, auf die sich beide Seiten berufen konnten. Und sie waren in der Tat auch notwendig, um eine Klärung auf rechtlicher Ebene wie in der Praxis herbeizuführen[69].

York war indes nicht bereit, seine Ansprüche aufzugeben. Während der Auseinandersetzungen zwischen König Heinrich II. und Erzbischof Thomas Becket von Canterbury wurde Erzbischof Roger de Pont L'Évêque von York, im Frühling 1164 zum Legaten ernannt, allerdings nicht für England, sondern gewissermaßen für Schottland[70]. Die näheren Umstän-

---

65 Chron.Melrose 36; Chron.Holyrood 140f.; Scot.Pont. 51, Nr. 45.

66 Scot.Pont. 51f., Nr. 46.

67 Series Episcoporum VI/1, 86.

68 T. A. REUTER, A list of bishops attending the Council of Tours (1163), in: AHC 8 (1976) 122-125; R. SOMERVILLE, Pope Alexander III and the Council of Tours 1163, Berkeley/Calif. 1977, 27-29, 34f., 37. Der Text folgt hier jedoch der Interpretation von G. W. S. BARROW in: SHR 58 (1979) 196. Vielleicht war auch Abt Geoffrey von Dunfermline zugegen (SOMERVILLE [wie oben] 29-31; vgl. RRS I 17). Vgl. auch Scot.Pont. 54f., Nrr. 48-49.

69 Die schottischen Klöster erhielten inzwischen üblicherweise von aufeinander folgenden Päpsten Bullen zum Schutz und zur Bestätigung ihres Besitzes und ihrer Privilegien (z.B. Scot.Pont. Nrr. 31, 32, 35, 37, 41, 47, 49, 50-53).

70 Materials for the History of Thomas Becket [= Rolls Series 67] 1875-1885, V 85-88; C&S I/2, 894; Scot.Pont. 71f., Nr. 68; vgl. Chron.Fordun. I (app. II) 405; vgl. FERGUSON, Papal

de seiner Ernennung sind nicht bekannt, aber man weiß zum Beispiel, dass er zu einem nicht bekannten Zeitpunkt vor Mitte September 1164 nach Burg Norham auf der englischen Seite des Flusses Tweed kam und dort versuchte, seine Amtsgewalt über den ganzen schottischen Klerus auszuüben. Offenbar verlangte er, dass sie alle auf einem Konzil unter seinem Vorsitz erscheinen sollten, auch wenn dies in den Quellen nicht ausdrücklich vermerkt ist. Es gab aber noch eine andere Art klerikaler Zusammenkunft innerhalb der schottischen Grenzen. *De consensu cleri* führte der Archidiakon Ingram von Glasgow eine Delegation nach Norham, um Rogers Forderungen abzulehnen und in dieser Sache an die römische Kurie zu appellieren. Bald darauf – wahrscheinlich am 13. September – wurde Ingram auf den Bischofsstuhl von Glasgow erhoben. Dadurch, dass er sich mit der vollen Unterstützung König Malcolms IV. nach Sens in Frankreich an die Kurie von Papst Alexander begeben hatte, erhielt er dort am 28. Oktober 1164 die Bischofsweihe trotz der starken Einwände, die von Seiten der Gesandten aus York vorgebracht wurden[71]. Yorks Verdruss wurde dadurch komplettiert, dass der Papst die schottischen Bischöfe durch ein Spezialdekret autorisierte, Richard zum Bischof von St. Andrews zu weihen. Diese Zeremonie fand am 28. März 1165 statt[72]. Es schien so, als habe Schottland nun in Papst Alexander III. einen starken Verteidiger gegen die von York erhobenen Ansprüche gefunden[73].

Politische Entwicklungen konnten durchaus ihre Auswirkungen auf kirchliche Beziehungen haben. Infolge der Gefangennahme König Wilhelms am 13. Juli 1174 durch die Engländer bei Alnwick kam es zum Vertrag von Falaise/Valognes, der auf den 8. Dezember 1174 datiert wird. Darin wird vom schottischen Klerus ein Treueid gegenüber König Heinrich II. und die Anerkennung der Tatsache verlangt, dass „the church of England shall also have the right in the church of Scotland which it lawfully should“[74]. Doch fast zur selben Zeit ließ sich Abt Jocelin von Mel-

---

Representatives 43-52, 59-61; besonders 47f. wird dort argumentiert, dass die Gesandtschaft lediglich für die Provinz York galt, was für Roger das Einbeziehen ganz Schottlands bedeutete.

71 Chron.Melrose 37, vgl. Chron.Holyrood 145-147; Chron.Bower IV 291; Scot.Pont. 57f., Nr. 54; Series Episcoporum VI/1, 59f.

72 Series Episcoporum VI/1, 86; Scot.Pont. 60f., Nr. 57.

73 Es ist allerdings bemerkenswert, dass Erzbischof Roger noch 1166 bei Johannes von Salisbury als päpstlicher Legat für Schottland galt (Scot.Pont. 72). Es scheint, dass er dieses Amt während des ganzen Pontifikates von Alexander III. behielt; wahrscheinlich vor allem deshalb, weil er dadurch der Legatengewalt des Erzbischofs von Canterbury entzogen wurde, und nicht so sehr in Zusammenhang mit Yorks traditionellen Ansprüchen über die schottische Kirche.

74 STONES, Anglo-Scottish Relations 2.

rose durch Papst Alexander III. am 16. Dezember 1174 ein Mandat für seine Weihe zum Bischof von Glasgow zusichern, die dann in Clairvaux in Frankreich in angemessener Form vorgenommen wurde[75]. Auch hatte der Papst schon am 5. April 1170, am 27. Februar 1172 (oder 1173) und am 25. März 1173 entsprechende Bullen zum Schutz für das Bistum Glasgow erlassen[76]. Nun wurde auch dem neuen Bischof Schutz zugesichert und zwar am 15. März 1174 (oder 1175) und am 30. April 1175. Durch diese letzte Bulle wurde das Bistum Glasgow Rom direkt unterstellt, wodurch es für alle anderen Machtansprüche exempt war. Glasgow wurde als „our special daughter with no intermediary“ bezeichnet[77]. Mit dieser Rückendeckung durch den Papst konnten die Schotten Heinrich II. entschlossen entgegentreten. Es dürfte wohl Fakt sein, dass im August 1175 sechs schottische Bischöfe, darunter Jocelin von Glasgow, in York dem englischen König gemäß dem Vertrag von Dezember 1174 den Treueid leisten mussten, aber sie brauchten ihm nicht zu huldigen, wie dies umgekehrt König Wilhelm tun musste. Auch ließen sie sich eine vorläufige Verschiebung der Frage zusichern, ob sie sich der Kirche von England zu unterwerfen hätten[78]. Noch bevor der Zeitpunkt sich damit auseinanderzusetzen gekommen war, kam Hugo Pierleone, Kardinaldiakon von S. Angelo, auf einer Gesandtschaftsreise, die von Oktober 1175 bis Juli 1176 dauerte, nach England. Sein Auftrag lautete, besonders solche Themen zu behandeln, die seit den Auseinandersetzungen zwischen Heinrich und Thomas Becket noch der Entscheidung harrten[79]. Allerdings fehlt sein Name auf der Liste derer, die an dem durch den König einberufenen Konzil in Northhampton Ende Januar 1175 oder 1176 teilnahmen[80], auf dem die erwähnten sechs schottischen Bischöfe den Befehl erhielten, sich der Kirche von England zu unterwerfen. Diese traten jedoch den Forderungen des Erzbischofs von York entschlossen entgegen; vor allem betonte Bischof Jocelin das erst jüngst erhaltene Privileg, das seinem Bistum den Status einer „special daughter“ (der römischen Kirche) verlieh. In der Sache profitierten sie dann von einem zwischen den Erzbischöfen von York und Canterbury ausgebrochenen Disput über die Frage, wem von

[75] Scot.Pont. 73, Nr. 69; Chron.Melrose 41; Series Episcoporum VI/1, 61.

[76] Scot.Pont. 65, Nr. 62; 67f., Nr. 65; 70f., Nr. 67.

[77] Scot.Pont. 75-77, Nrr. 74, 76.

[78] SAEC 259f.; AMW 201-203.

[79] C&S I/2, 994.

[80] Es handelte sich dabei nicht um ein Legatenkonzil, das etwa von Pierleone selbst abgehalten worden wäre (SES I, S. XXXII-XXXIII und H&S II/1, 241). Aus den Quellen geht eindeutig hervor, dass sich der Legat zur Zeit des Konzils anderswo befand (AMW 206-211). Vgl. auch FERGUSON, Papal Representatives 51 Anm. 122.

ihnen sie sich nun zu unterwerfen hätten, so dass sie schließlich von König Heinrich die Erlaubnis zur Heimkehr bekamen, ohne sich einem der beiden unterwerfen zu müssen[81]. Nun wandten sich sowohl York als auch die schottischen Bischöfe an den Papst, was im Falle Yorks eindeutig mit einem gefälschten Zeugnis geschah[82]. Am 30. Juli 1176 erwirkten die Schotten die äußerst wichtige Schutzbulle *Super anxietatibus*, in der beklagt wurde, dass sie dazu gedrängt worden seien, Heinrich II. den Treueid zu leisten. Durch diese Bulle wurden sie von einer Gehorsamspflicht gegenüber York befreit. In Zukunft sollte der römische Pontifex selbst bis auf weiteres ihr Metropolit sein, falls York diese Angelegenheit weiterhin verfolgen würde[83]. Später sollte Alexander deutlich machen, dass der Sinn und Zweck seines Eingreifens die Sicherung der Freiheit für die schottische Kirche und das schottische Königreich gewesen sei[84].

Noch vor Ausstellung seiner Bulle vom 30. Juli 1176 hatte der Papst einen Legaten ernannt, der Schottland, Irland und Norwegen – womit wohl die Diözese der Inseln mit der Insel Man als Mittelpunkt gemeint war – visitieren sollte. Die Wahl war auf Vivianus, den Kardinalpriester von St. Stephan auf dem Mons Caelius, gefallen, der schon früher als Legat in Nordfrankreich versucht hatte, einen Frieden zwischen Heinrich II. und Becket zu vermitteln[85]. Nach einer Quelle wurde er auf Ansuchen König Wilhelms entsandt, um bei einer Lösung für das Problem der Unterwerfung der schottischen unter die englische Kirche behilflich zu sein. In einer anderen Chronik heißt es, dass er *ad causas ecclesiasticas audiendas et determinandas* entsandt wurde[86]. Am 22. Juli 1176 kam er in England an, musste aber einige Zeit warten, bis König Heinrich ihm Geleitschutz für die Reise nach Norden gewährte; dieser wurde ihm erst erteilt, nachdem er versprochen hatte, die Interessen des Königs nicht zu verletzen. Nicht bekannt ist indes, was in den letzten Monaten des Jahres 1176 in Schottland geschah. Jedenfalls setzte der Legat seine Reise schließlich über Whithorn in Galloway zur Insel Man fort, wo er das Weihnachtsfest feierte und insgesamt zwei Wochen blieb. Nach dem 6. Januar 1177 brach er von dort nach Irland auf. Auf einem in Dublin abgehaltenen Konzil unterstützte er kraft päpstlicher Autorität nachhaltig die erst kürzlich er-

---

81 SAEC 264f.; C&S I/2, 997f.

82 H&S II/1, 244f.; vgl. RRS II 225f., Nr. 157; vgl. R. SOMERVILLE, Pope Alexander III and King William I, in: The Innes Review 24 (1973) 121-124. Man beachte, dass Erzbischof Roger damals immer noch das Amt eines Legaten innehatte (vgl. oben Anm. 73).

83 Scot.Pont. 79-81, Nr. 80.

84 H&S II/1, 255; Scot.Pont. 97, Nr. 101.

85 C&S I/2, 918, 926; vgl. auch FERGUSON, Papal Representatives 53-55.

86 AMW 214; H&S II/1, 246.

folgte Eroberung Irlands durch Heinrich[87]. Schließlich kehrte er nach England zurück, um einen neuen Geleitschutz zu erwirken, da er nochmals nach Schottland zu reisen beabsichtigte. Dieser wurde ihm am 3. Juni 1177 in Winchester gewährt[88]. Am 1. August hielt er dann eine Versammlung mit den schottischen Prälaten in der Abtei Holyrood bei Edinburgh ab. Dabei handelte es sich um das erste richtige Legatenkonzil, das in Schottland überhaupt abgehalten wurde.

Allerdings ist weder eine Teilnehmerliste noch irgendein Bericht zu den Verhandlungsgegenständen überliefert. Von einem zeitgenössischen Chronisten wird lediglich berichtet, dass das Konzil *de statutis ecclesiæ* verhandelte. Ein späterer Chronist erzählt, dass es die Aufgabe des mit päpstlicher Autorität ausgestatteten Legaten war, *plurima renovans antiquorum decreta et nova quaedam statuens praecepta*[89], was aber nur den bei solchen Gelegenheiten zu erwartenden formalisierten amtlichen Sprachgebrauch wiedergibt. Man weiß, dass Vivianus auf Man die ehelichen Verhältnisse von König Godred geordnet hat[90]. Womöglich wollte er die Gelegenheit benutzen, um Ähnliches in Schottland zu regeln. Immerhin ist es interessant zu sehen, dass es ihm nicht gelang, Bischof Christian von Whithorn in Galloway dazu zu bringen, an der Versammlung teilzunehmen. Bischof Christian vertrat den Standpunkt, dass er nicht Vivianus, sondern Erzbischof Roger von York Gehorsam schulde[91], da er von diesem geweiht und letzterer in seiner Provinz der von Papst Alexander berufene Legat sei[92]. Wahrscheinlich suspendierte Kardinal Vivianus den Bischof, weil er Christians Position nicht akzeptierte. Vivianus stand in dem Ruf, sehr streng und durchsetzungsfähig zu sein. Zweifelsohne waren die Disziplin, die er anderen abverlangte, und die Abgabenlast, die er ihnen auferlegte, um seine eigenen Aufwendungen zu decken, etwas Neues für Schottland. Entsprechend sorgte dies wohl für Überraschung und sein Besuch war keineswegs willkommen. Der Chronist von Melrose zeigte sich diesbezüglich besonders kritisch[93], was sich allerdings damit erklären lässt, dass Vivianus sich wohl über die übliche politische Linie der Päpste hinweggesetzt hat, indem er nämlich befahl, dass die Zisterzienserklöster, zu denen auch Melrose zählte, Abgaben zu entrichten hät-

---

87 A. B. Scott – F. X. Martin (Ed.), Expugnatio Hibernica, Dublin 1978, 174, 180-182, sowie die Anm. 301f., 322f.

88 SAEC 269.

89 AMW 216; Chron.Fordun I 266.

90 H&S II/1, 247.

91 Was auf das Jahr 1154 zurückgeht (Series Episcoporum VI/1, 25).

92 SAEC 269; AMW 216; siehe oben Anm. 70, 73, 82.

93 Chron.Melrose 41f.

ten für Land, das sie zwar bearbeiteten, aber anderen gehörte. Diese Anweisung wurde jedoch im Januar 1178 vom Papst für irrtümlich gegeben erklärt mit der Maßgabe, das sie zu widerrufen sei[94]. Alles in allem war das Ergebnis von Vivianus' Visitation sehr zwiespältig ausgefallen.

Noch im Laufe des Jahres 1178 wurde ein weiterer päpstlicher Gesandter zu den selben Ortskirchen geschickt, welche bereits Kardinal Vivianus visitiert hatte, nämlich nach Schottland, Galloway, das getrennt aufgeführt wurde[95], den „Isles" und Irland mit der Aufforderung, sich zum Dritten Laterankonzil nach Rom zu begeben, welches für die kommende Fastenzeit geplant war[96]. Ein englischer Chronist berichtet, dass eine Reihe schottischer Bischöfe und Äbte auf ihrer Reise nach Rom, wo das Konzil bekanntlich zwischen dem 5. und 19. März 1179 abgehalten wurde, durch England kamen[97]. In der offiziellen Teilnehmerliste des Konzils taucht jedoch nur ein einziger Name eines schottischen Bischofs, nämlich Gregor von Ross, auf[98], obwohl offensichtlich noch zwei weitere Schotten die Reise nach Rom angetreten hatten, um dort, während das Konzil tagte, die Bischofsweihe für ihre Bistümer Brechin und Dunblane zu empfangen[99]. Klar ist jedenfalls, dass die schottischen Bischöfe insgesamt jetzt in direktem Kontakt mit den aus Rom kommenden konziliaren Reformaktivitäten standen, und das dürfte auch das Wenigste gewesen sein, was sich Papst Alexander von der Gruppe von Bischöfen erwartete, die sich umgekehrt glücklich schätzten, ihn zum Metropoliten zu haben.

Er wird jedoch im Laufe des Konzils wohl begriffen haben, dass König Wilhelm unter keinen Umständen bereit war, einer schottischen Kirche zuzustimmen, die – nun endlich frei von Yorker Kontrolleingriffen – jetzt selbst die Regelung ihrer Angelegenheiten in die Hand nahm, ohne auf die königlichen Interessen Rücksicht zu nehmen. Exemplarisch zeigte sich dies in dem berüchtigten Streit um die Besetzung des Bischofsstuhls von St. Andrews, der nach dem Tod Bischof Richards im Mai 1178 zu zehnjährigen Auseinandersetzungen führte aufgrund der jeweiligen Ansprüche, die sowohl John „der Schotte", der von den Augustiner-

94 Scot.Pont. 82f., Nr. 83; SES I, S. CCXLV, Nr. XIV.

95 Das deutet womöglich darauf hin, dass Rom zu dieser Zeit der Bitte des Bischofs von Galloway, nicht als ein Bischof der schottischen Kirche betrachtet zu werden, nachgekommen war.

96 H&S II/1, 249f.; SAEC 270; AMW 222f. Die Nuntien wurden seit Frühling 1178 ausgesandt (FOREVILLE, Latran 135).

97 H&S II/1, 250.

98 FOREVILLE, Latran 390.

99 C. BURNS, Two Scottish Bishops consecrated at the Third Lateran Council, in: The Innes Review 11 (1960) 68; vgl. auch F. SHEAD, „... A correction", in: The Innes Review 27 (1976) 162; Series Episcoporum VI/1, 16f., 37.

chorherren von St. Andrews ohne vorherige Konsultation des Königs gewählt worden war, als auch der Hofkaplan Hugo, vom König selbst ernannt und von einigen schottischen Bischöfen gegen Ende 1178 geweiht, erhoben[100]. Nach erheblichen Spannungen und Auseinandersetzungen in dieser Streitfrage sollte es dem König erst 1189 gelingen, die Ernennung eines Bischofs seiner Wahl und dessen allgemeine Akzeptanz für St. Andrews zu erreichen. Es war Roger, sein eigener Kanzler. Doch hatten auch die Päpste in dieser Angelegenheit ihre Hände im Spiel, spätestens seit sich John „der Schotte" Anfang 1179 nach Rom gewandt hatte, um gegen den „Eindringling" Hugo Beschwerde einzulegen. Dreimal wurden im Laufe dieser Auseinandersetzung Legaten nach Schottland entsandt: Zum ersten Mal geschah dies durch Papst Alexander, als die Wahl Hugos annulliert wurde[101]. Er schickte Alexis (oder Alexius), einen Subdiakon der Kirche von Rom, als seinen Legaten, um die Gültigkeit der Wahl John „des Schotten" auf den Bischofsstuhl von St. Andrews prüfen zu lassen[102]. Es heißt, Alexis wurde zum Legaten für Schottland, Irland und die Inseln ernannt, um kirchliche Streitfälle anzuhören und zu entscheiden[103]. Als er mit einem Salvus conductus, den ihm König Heinrich II. für die Durchreise durch England ausgestellt hatte, in Schottland ankam, wurde er dort von König Wilhelm nur unwillig empfangen[104]. In der Abtei von Holy-

---

100 WATT, Fasti 291f.; WATT, Dictionary 485-488; was den zusammenhängenden Verlauf dieser Angelegenheit betrifft, vgl. auch Chron.Holyrood 164 Anm. 4; DUNCAN, Scotland 270-274; FERGUSON, Papal Representatives 56-63. Man kann den Standpunkt vertreten, dass die scheinbar widersprüchliche Jahreszahl, in der die Wahl stattgefunden haben soll (vgl. z. B. Chron.Bower III 373 [1177] und IV 325 [1178] – der Autor folgt offensichtlich verschiedenen Quellen!), sich am besten durch die Festlegung auf das Jahr 1177 und nicht 1178 erklären lässt (BARRELL, Background 120; vgl. auch FERGUSON, Papal Representatives 56, Nr. 153). Aber aus dieser Sichtweise folgt, dass John „der Schotte" auf dem von Kardinal Vivianus in Holyrood abgehaltenen Legatenkonzil vom August 1177 (siehe oben S. 27) unter solch ungewöhnlichen Umständen gewählt wurde, dass es sicherlich in den zahlreichen zeitgenössischen Zeugnissen erwähnt worden wäre, die von dieser Wahl und ihren Folgen existieren; doch dem ist nicht so.

101 Scot.Pont. 88, Nr. 90.

102 Ein allgemeines Schutzgeleit, das ihm vom Papst am 8. September 1178 ausgestellt wurde, um sich in päpstlichen Angelegenheiten nördlich der Alpen zu begeben (Neues Archiv 7 [1922] 166f.), muss sicherlich im Zusammenhang mit früheren Angelegenheiten gesehen werden (vgl. Scot.Pont. Anm. 1). Vgl. FERGUSON, Papal Representatives 57-59.

103 SAEC 271; AMW 228. In einem nicht datierten Fall entscheidet er z.B. bei einem Disput zwischen dem Erzbischof von York und dem Priorat Guisborough in North Riding in Yorkshire. Dies kann entweder in der Zeit seiner Reise nordwärts nach Schottland stattgefunden haben oder in der Zeit, als er wieder in den Süden zurückkehrte. Dabei erwähnt er, dass er in England Legatenautorität genieße, so lange er beauftragt sei, zwischen dem englischen König und den Iren Frieden zu vermitteln (Cartularium Prioratus de Gyseburne II, ed. W. BROWN, Durham [Surtees Society] 1894, 49f.). Von einer Visitation in Irland ist indes nichts bekannt.

104 SAEC 273; Chron.Melrose 43.

rood, nahe bei Edinburgh gelegen, hielt er ein Legatenkonzil zusammen mit den Bischöfen, Äbten, Prioren und anderen Prälaten des Königreiches ab. Nach einigen Diskussionen ordnete er die Weihe Johns an, die auf den 15. Juni 1180 anberaumt wurde und durch Bischof Matthias von Aberdeen in Anwesenheit von drei weiteren Bischöfen sowie im Konsens mit einem fünften Bischof vorgenommen werden sollte, der jedoch aus Krankheitsgründen abwesend war, aber seine Zustimmung durch einen Brief gab[105]. Gleichzeitig verhängte er auch ein Interdikt über die Diözese (*episcopatum*) von St. Andrews, wodurch er versuchte, diese seinen Aktionen gegenüber gefügig zu machen. Jedoch musste Alexis recht bald darauf zusammen mit John und Matthias das Königreich verlassen aus Furcht vor des Königs Zorn, der weiterhin Hugo unterstützte[106]. Bevor er abreiste, machte er jedoch noch einen von Hugo als Bischof von St. Andrews unternommenen Akt rückgängig, den dieser erst nach der Annullierung seiner Wahl vorgenommen hatte. Wann diese Restitutionserklärung erfolgte, ist unklar. Alexis definierte dabei seine Legatengewalt dergestalt, dass sie ihm vom Papst für sämtliche kirchliche Angelegenheiten des Bistums St. Andrews erteilt worden sei; auch habe er vollständige Entscheidungsgewalt in allen Auseinandersetzungen[107]. Weiter ordnete er Hugos Exkommunikation an, da dieser sich weigerte, ihm die bischöflichen Insignien auszuhändigen. Wahrscheinlich verhängte er die Exkommunikation auf dem Konzil von Holyrood[108]. All dies zeugt zwar von einer wagemutigen Manifestation päpstlicher Autorität in Schottland, trug aber sicherlich nicht zur Lösung des Problems bei, da nämlich der König nach wie vor entschieden darauf beharrte, dass Hugo weiterhin Bischof von St. Andrews sei.

Ein zweites Mal, wahrscheinlich in den letzten Monaten vor seinem Tod am 30. August 1181, unternahm Alexander den Versuch, seine Vorstellungen durch einen Legaten bei König Wilhelm durchzusetzen. In Anknüpfung an die Ereignisse der sechziger Jahre des 12. Jahrhunderts entschloss er sich, auf Erzbischof Roger von York zurückzugreifen, der noch immer Ansprüche auf die schottischen Bistümer erhob. Obwohl dessen Legatengewalt über Schottland[109] seit fast zwanzig Jahre brachzuliegen

---

105 SAEC 273, 276; AMW 229, 232; Chron.Melrose 43.

106 SAEC 274f.; AMW 234; Scot.Pont. 96, Nr 100. Siehe auch die Diskussion darüber bei FERGUSON, Papal Representatives 58 Anm. 165.

107 W. HOLTZMANN, Papsturkunden in England I, Berlin 1931, 451, Nr. 181 (vgl. Scot.Pont. 88, Nr. 91, was eine spätere päpstliche Bestätigung anbelangt, es heißt da: *qui* [d.i. der Papst] *nobis super toto negotio ecclesiae Sancti Andree et in causis decidendis plenitudinem potestatis commisit*).

108 Scot.Pont. 89f., Nr. 92.

109 Siehe oben Anm. 70 und 73.

schien, wurde diese nun erneuert, nachdem zuvor der Kontakt zu Alexis hergestellt worden war[110]. Dem Erzbischof wurde aufgetragen, die Verhängung eines Interdikts über ganz Schottland und die Exkommunikation des Königs anzudrohen, sollte dieser es weiterhin ablehnen, Bischof John zu akzeptieren[111]. Da aber Roger seinen Tod schon nahen fühlte – er sollte am 26. November 1181 sterben[112] – musste er auf Hugo de Puiset, den Bischof von Durham als seinen Vertreter zurückgreifen. Beim Zusammentreffen mit König Wilhelm in Redden bei Roxburgh – wahrscheinlich im August oder September 1181 – zeigte Hugo großes Verhandlungsgeschick. Er war jedoch enttäuscht darüber, dass es ihm nicht gelang, Bischof John durchzusetzen und dessen allgemeine Akzeptanz zu erreichen. Nachdem er darauf das angedrohte Interdikt und die Exkommunikation verhängt hatte, musste er die Verhandlungen schließlich abbrechen[113]. Man war in eine Sackgasse geraten.

Eine etwas flexiblere Haltung nahm der nächste Papst, Lucius III. (1181-1185), ein. Nachdem er eine Gesandtschaft aus Schottland empfangen hatte, eröffnete er eine neue Verhandlungsrunde, indem er Interdikt und Exkommunikation am 17. März 1181 (oder 1182) aufhob[114]. Ungefähr zur selben Zeit beauftragte er zwei neue Legaten, nämlich den Bistumsverweser Roland von Dol (in der Bretagne) und Abt Silvan von Rievaulx in Yorkshire, nach Schottland zu reisen, um ein weiteres Mal das strittige Problem der Bistumsbesetzung zwischen Hugo und Johannes zu erörtern und Papst Alexanders Urteil zu revidieren, falls es sich herausstellen sollte, dass dieser einen Fehler begangen habe oder getäuscht worden sei[115]. Ordnungsgemäß kamen diese Legaten auch in Schottland an und nahmen dort – etwa im Juni 1182 – Kontakt zu den beiden gegnerischen Parteien auf, bevor sie mit dem König selbst in Roxburgh zusammentrafen. Dort soll dann der König, der offenbar das Treffen dominierte, eine allgemeine dreitägige Verhandlungsrunde mit den Legaten geführt haben (*tribus diebus generale concilium tenuit cum legatis domini Lucii pape*). Da aber keine Einigung erzielt werden konnte, die beide Seiten be-

---

110 SAEC 272; AWM 235.

111 Scot.Pont. 97-99, Nr. 101. Man beachte, dass der Papst in diesem Brief androhte, die frühere Unterordnung Schottlands wieder herzustellen, und zwar wahrscheinlich unter die Jurisdiktion von York (Text in: AMW 230f.).

112 HBC 281.

113 SAEC 279f.; AMW 239-241.

114 SAEC 281f.; AMW 243-245; Scot.Pont. 103f., Nr. 110.

115 Scot.Pont. 111-113, Nr. 117. Aus diesem gekürzten Text geht nicht eindeutig hervor, ob diese Gesandtschaft einen Legatenstatus besaß oder nicht. In Schottland nahm aber ein zeitgenössischer Chronist an, dass sie diesen Status gehabt hätte (siehe nächste Fußnote). Vgl. FERGUSON, Papal Representatives 61-63.

friedigt hätte, wurde die Angelegenheit nach Rom zurückverwiesen[116]. Als Legaten waren diese Gesandten durch den Papst mit juristischen Vollmachten ausgestattet worden, wie es 1180 auch bei Alexis der Fall war; doch führten sie wohl nicht den Vorsitz auf dem Legatenkonzil. Stattdessen nahmen sie eher die Rolle eines (gleichrangigen) Verhandlungspartners, denn als Richter ein. Als solche hatten sie dann schließlich auch Erfolg, da ihre Visitation sicherlich mit dazu beigetragen hat, im folgenden Jahr in Rom eine Kompromisslösung in der schwebenden Angelegenheit von St. Andrews herbeizuführen[117].

Höchstwahrscheinlich erließ Papst Lucius III. damals eine Bulle, durch die er ‚die Freiheiten der schottischen Kirche bestätigte'. Man weiß, dass diese Bulle auch noch hundert Jahre später, im Jahr 1282, existierte, danach aber verschollen ist[118]. Es dürfte sich um eine Bestätigung der Bulle *Super anxietatibus* von 1176 gehandelt haben[119]; vielleicht wurde diese aber auch neu verfasst, um die Namen der schottischen Diözesen aufzulisten, deren Bischöfe damals sicherstellen wollten, dass York einen Anspruch auf Metropolitengewalt über die Diözesen St. Andrews, Glasgow, Dunkeld, Dunblane, Brechin, Aberdeen, Moray, Ross und Caithness niemals wieder geltend machen konnte[120]. Allein Whithorn/Galloway, fehlte in der Liste, da es stets loyal zu York stand. Eine zehnjährige Sedisvakanz des Erzbistums York trug schließlich dazu bei, dessen Ansprüche auf eine Überordnung über die schottischen Bischöfe ein für alle Mal zu beenden. Waren doch diese Ansprüche der Anlass, weswegen sich seit 1072 die Beziehungen stets verschlechtert hatten. Und es spricht durchaus etwas für die Auffassung[121], es sei wiederum die Weihe eines neuen Erzbischofs in York im August 1191 gewesen, die es den Schotten angebracht erscheinen ließ, sich von Papst Cölestin III. am 13. März 1191 (oder 1192) die berühmte Bulle *Cum universi* ausstellen zu lassen, in der die genannten neun Diözesen als die *Scoticana ecclesia* definiert wurden. Demnach wurden diese jetzt als ein Ganzes betrachtet und zugleich als eine besondere Tochter des Apostolischen Stuhles bezeichnet. Um für künftigen Streit vorzusorgen, wurde peinlich genau festgelegt, dass päpstliche Vollmachten etwa bei der Verhängung des Interdikts oder der Exkommunikation in Schottland lediglich vom Papst selbst oder durch einen direkt von der

---

116 Chron.Holyrood 168f.; SAEC 282-285; AMW 246-248.
117 SAEC 285f.; AMW 249f.
118 Scot.Pont. 122, Nr. 131.
119 Siehe oben Anm. 83.
120 Series Episcoporum VI/1, 11f.
121 DUNCAN, Scotland 275.

römischen Kurie gesandten Legaten ausgeübt werden konnten. Zur Regelung weniger wichtiger Angelegenheiten konnten entweder Schotten als Legaten bestellt werden oder aber Personen, die eigens von der römischen Kurie dafür ausgewählt und vom Papst direkt entsandt wurden. Appellationen gemäß der Vorschriften des kanonischen Rechts durften, soweit sie schottische Angelegenheiten betrafen, außerhalb Schottlands nirgends anders angenommen werden als an der römischen Kurie[122]. Obwohl York mit keinem Wort erwähnt wird, war damit jedoch klar, dass nun jeder Anspruch des Erzbistums auf metropolitane Rechte in Schottland mit Ausnahme des Bistums von Galloway erloschen war. Der konstitutionelle Grundstein für eine schottische Kirche, bestehend aus neun exempten Diözesen, die keinen anderen Metropoliten als den Papst anerkennen sollten, war nun gelegt. Diesen Status sollte der schottischen Kirche bis 1472 auch niemand mehr streitig machen. Dieses einmalige und einzigartige Phänomen ‚kirchlicher Territorialpolitik' innerhalb der westlichen Kirche fand allerdings zu einem Zeitpunkt ihre definitive Anerkennung, da es in England keinen König gab, der dagegen hätte protestieren können[123].

---

[122] Scot.Pont. 142-144, Nr. 156; AMW 275f. Man hat die Position vertreten (zuletzt vor allem BARRELL, Background 128-138), dass bereits eine frühere Fassung der Bulle *Cum universi* vom März 1188/89 durch Papst Cölestin III. existierte, die vom selben Papst im Jahr 1192 lediglich wiedererlassen wurde. Dasselbe sollte später auch durch Innozenz III. im Jahr 1200 und durch Honorius III. 1218 geschehen. Diese Argumentation ist fraglich, hat aber keinen Einfluss auf die hier erwähnte Angelegenheit.

[123] Richard I. kam vom Kreuzzug und aus seiner Gefangenschaft nicht vor März 1194 zurück (HBC 36).

3. Kapitel

Interimslösungen zwischen 1192 und 1225

Legaten bzw. andere Sondergesandte des Papstes waren damals zunächst die einzigen, denen die Möglichkeit gegeben war, die Prälaten der neun exempten Diözesen zu versammeln. In den Jahren zwischen 1192 und dem Vierten Laterankonzil (1215) fehlt es auch nicht an Beispielen für entsprechende Aktivitäten durch die Legaten bzw. Sondergesandte, wie sie in der Bulle *Cum universi* in Aussicht genommen worden waren. Diese Bulle definierte als Handlungsraum der Legaten das Königreich Schottland (*regnum*), weniger das Gebiet der schottischen Kirche (*ecclesia*). Daher ergab sich auch keine Notwendigkeit, diesen Status später zu ändern, selbst dann nicht, als im Laufe der Zeit innerhalb dieser zum Königreich gehörenden Diözesen organisatorische Änderungen erfolgten. Wahrscheinlich wurde die Diözese von Dunkeld gleich nach den Ereignissen im Jahr 1192 in zwei Bistümer unterteilt, indem der Westen der alten Diözese zu dem eigenständigen Bistum Argyll umgewandelt wurde[1]. Zweideutig blieb die Position der Diözese Galloway. Obwohl deren Bischöfe die Metropolitanautorität Yorks bis 1355 anerkannten[2], wurde Galloway in römischen Augen, d.h. zum Zweck der Besteuerung durch die Kurie, schon lange zuvor als zu den übrigen schottischen Diözesen gehörend betrachtet. Unmissverständlich zeigte sich dies in den siebziger Jahren des 13. Jahrhunderts in den Rechnungen der päpstlichen Steuerbeamten zum Kreuzzugszehnten, welcher vom Zweiten Konzil von Lyon (1274) auch den Bistümern in Schottland auferlegt worden war[3]. Später – bei einer 1291 von Papst Nikolaus IV. erhobenen Steuer – wurde dann auch die Diözese der Inseln (bzw. Sodor) von Rom gleich den anderen Diözesen des schottischen Königreiches behandelt[4], nachdem Norwegen zuvor im Jahr 1266 die westlichen Inseln politisch bereits an Schottland hatte abtreten müssen[5], und das, obwohl Sodor bis in die Mitte des 14. Jahrhun-

---

1 Vgl. Series Episcoporum VI/1, 11-13, was die Ereignisse im den Jahren 1192 bis 1203 und die Errichtung der Diözese Argyll anbelangt.

2 WATT, Fasti 128.

3 SHS.Misc. VI (1939) 26, 74f.

4 Register of John de Halton I 153 u.ö.

5 APS I 420f.

derts, zumindest bis zu gewissem Grad, weiterhin die Amtsgewalt des außerhalb des Königreiches gelegenen Metropolitansitzes Trondheim (bzw. Nidaros) anerkannte[6]. Es waren also die Bischöfe des Königreiches in ihrer Gesamtheit, egal ob sie nun von der Metropolitangewalt befreit oder ihr unterstellt waren, mit denen die Päpste aus Praktikabilitätsgründen in Verbindung zu treten pflegten.

Von der Legationsreise des Johannes von Salerno, Kardinalpriester von St. Stephan auf dem Mons Caelius[7], 1201/02 wissen wir weit mehr, als von jeder anderen Gesandtschaft, die nach Schottland geführt hatte. Nicht bekannt ist, wer die Initiative zur Einsetzung dieser Gesandtschaft ergriffen hat. Falls es Papst Innozenz III. war, so geschah es gewiss in enger Abstimmung mit König Wilhelm, da sich Johannes lange Zeit in Schottland aufhielt. Auch weiß man, dass auf Drängen des Königs zumindest über einen Streit Eigentumsfragen betreffend verhandelt wurde[8]. Wie schon bei den früheren Legaten, die 1176 bzw. 1178 nach Schottland gekommen waren, war es auch seine Aufgabe, sich sowohl nach hier wie nach Irland zu begeben[9]. Seine Aktivitäten müssen deshalb auch für den englischen König Johann von Interesse gewesen sein. Entsprechend wurde ihm erlaubt, seine Legatenvollmachten auf seiner Durchreise durch England im Frühherbst 1201 auszuüben, als er in London, wohl Ende August, ein Konzil abhielt[10]. Am 3. Dezember 1201 befand er sich in Perth, wo er eine Schenkungsurkunde zugunsten der Abtei Coupar Angus bezeugte und besiegelte[11]. Dies dürfte sich am Vorabend des Legatenkonzils ereignet haben, das er, wie wir wissen, an drei Tagen abgehalten hat, von denen einer der 6. Dezember 1201 gewesen ist[12].

In der fast zeitgleich entstandenen Chronik von Melrose wurde dieses Konzil wegen der Aufstellung zahlreicher Vorschriften erwähnt, deren Befolgung eingefordert wurde[13]. Wahrscheinlich war dies das erste Mal,

---

6 WATT, Fasti 197.

7 Er wirkte in diesem Amt von 1191 bis 1208 (EUBEL, Hierarchia I 4, 47. Vgl. FERGUSON, Papal Representatives 65-71).

8 RRS II 412, Nr. 440.

9 Vgl. seine eigene Beschreibung des Amtes in AMW 333. Diesmal wurden jedoch in seinem offiziellen Schreiben weder die Inseln noch Norwegen erwähnt (vgl. SES I, S. XL Anm. 2; zur Verfahrensweise 1221 vgl. weiter unten S. 44). Es kann sein, dass die am 9. Dezember 1203 erfolgte Gewährung einer Exemtion für das neugegründete Benediktinerkloster auf Iona in der Diözese Sodor (Liber Censuum I 80; MRHS 59) auf einen von ihm erstellten Bericht zurückging (siehe unter S. 38 Anm. 21).

10 C&S I/2, 1074f.

11 Coupar Angus Chrs. I 24f., Nr. 11.

12 AMW 332f.; Chron.Bower IV 429.

13 Chron.Melrose 51: *ibidemque multa constituit observanda.*

dass die erst kurz zuvor anerkannte schottische Kirche die Erfahrung machen musste, wie sehr sich Rom darum bemühte, die schottischen Ortsgewohnheiten und –bräuche in Einklang mit den Kanones der römischen Kirche, die immer stärker kodifiziert wurden, zu bringen. In mindestens drei Konzils*acta* – einschließlich jenem, der auf den 6. Dezember zu datieren ist – bezog man sich auf die Kanones des Dritten Lateranense von 1179[14]. Eines der Themen dieser Synode von Perth betraf den Eigenstatus der Kirchen, die zu dem exemten Tironenserkloster in Kelso gehörten, einem Kloster, dessen Besitzungen sich in den beiden Diözesen St. Andrews und Glasgow befanden. Gerade an diesem Beispiel zeigt sich gut der Nutzen einer Legationsreise in ein Land, das keinen eigenen Metropoliten, der für gewisse Vereinheitlichungen und Übereinstimmungen zwischen den einzelnen Diözesen sorgen kann, besitzt. Die chronikalische Überlieferung von Walter Bower aus der Mitte des 15. Jahrhunderts[15] berichtet vom gesamten synodalen Geschehen allein davon, dass Priester, die an einem Sonntag geweiht worden waren, von der Ausübung ihres Amtes suspendiert werden mussten. Es handelte sich dabei nur um eine von vielen anderen verschärften Bestimmungen im Rahmen der Erteilung der Priesterweihe, die von den Päpsten des späten 12. Jahrhunderts aufgestellt und zweifelsohne in die zahlreichen unterschiedlichen Kanonessammlungen aufgenommen wurden, die ab 1234 von den mit päpstlicher Autorität erlassenen Dekretalien Gregors IX. abgelöst werden sollten[16].

Die Berichte der Chroniken hinsichtlich der Zusammensetzung dieses Konzils sind äußerst allgemein gehalten; es heißt nur, dass ‚Bischöfe, Äbte, Prälaten und sonstige höhere Säkular- und Ordenskleriker' teilnahmen[17]. Aus zwei urkundlichen Zeugenlisten[18] ergibt sich jedoch, dass mindestens sechs Bischöfe anwesend waren, nämlich die Bischöfe von St. Andrews, Glasgow, Aberdeen, Dunkeld, Moray und Ross[19] sowie die Äbte der Tironenserklöster Kelso, Arbroath, Lindores, Kilwinning, dazu der Abt des Zisterzienserklosters Melrose sowie die Äbte der beiden Augustinerklöster Holyrood und Jedbourgh. Erwähnt werden außerdem der Dekan von Glasgow und die Archidiakone von Lothian und Glasgow. Doch dürfte diese Auswahl von Prälaten auf jene beschränkt gewesen

---

14 AMW 333-337; vgl. Kanon 4 und 8 des Dritten Laterankonzils (COD³ 213f., 215, TANNER, Decrees 213f., 215).
15 Chron.Bower IV 429.
16 X 1.11.1 (CIC II 118).
17 Chron.Wyntoun V 46.
18 AMW 334, Coupar Angus Chrs. I 24f., Nr. 11.
19 Man beachte, dass der Bischof von Galloway mit keinem Wort erwähnt wird (siehe oben S. 28).

sein, die mit speziellen Angelegenheiten befasst waren, in deren Zusammenhang sie als Zeugen auftraten.

Irgendwann während seines Besuches, sicher aber noch vor dem Tod Bischof Rogers von St. Andrews am 1. Juli 1202, überprüfte der Legat Johannes zusammen mit dem König eine zwischen Graf Duncan von Fife und der Kirche von St. Andrews getroffene Übereinkunft, welche das Patronat über bestimmte Kirchen betraf[20]. Er sorgte auch dafür, dass der Name von Gilchrist, Graf von Mar, der zur führenden Adelsschicht gehörte, in die Liste jener aufgenommen wurde, die dem Papst Tribut bezahlten, was als eine Art Privileg galt[21]. Für Klöster, die in einer entsprechenden Liste eingetragen waren, gab es so etwas wie eine Schutzbestimmung von Seiten des Hl. Stuhls, die auch eine graduelle Befreiung von der jeweiligen bischöflichen Jurisdiktion einschloss, die die finanzielle Gegenleistung für diese Auszeichnung attraktiv erscheinen ließ[22]. Welchen Anreiz allerdings derartige Ausgaben für einen Laien gehabt haben mögen, bleibt unklar. Zum selben Zeitpunkt – wahrscheinlich nach dem 25. März 1202 – setzte er den Abt des Benediktinerklosters Dunfermline ab und sorgte offensichtlich auch für dessen Nachfolge[23]. Der Abtei Scone übertrug er eine Kirche als Eigentum. Das Datum dieser Überschreibung ist jedoch unbekannt[24]. Außerdem setzte er Radulf, den Abt von Melrose, der ihn begleitet hatte, in Irland als Bischof von Down ein[25]. In Dublin und Athlone hielt er im Laufe des Jahres 1202 jeweils eine Synode ab[26]. Er wurde auch in die schwierigen Auseinandersetzungen bezüglich der Wahl des Erzbischofs von Armagh hineingezogen, woraufhin er sich in einem Brief an den Papst wandte, um bei ihm Rat einzuholen, wie er dabei vorzugehen habe[27]. Während er auf die päpstlichen Anweisungen wartete, die bis September des Jahres immer noch nicht eingetroffen waren, kehrte er nach Schottland zurück. Auf dieser Rückreise hat er wohl am 10. Juli 1202 in Lochmaben in der Grafschaft Dumfries einen Streit, der sich an dem Patronat über eine Kirche entzündet hatte, zugunsten des Bischofs von Glasgow beigelegt[28].

---

[20] CPL I 14. Der vollständige Text dieser auf den 17. Juni 1203 datierten päpstlichen Bestätigung ist zu entnehmen aus: Die Register Innocenz' III, bearb. v. O. HAGENDER, Wien 1995, VI 148, Nr. 91.

[21] Liber Censuum I 232; vgl. auch CPL I 476; FERGUSON, Papal Representatives 71, Nr. 41.

[22] Vgl. LUNT, Financial Relations 85-129 [= Kap. 2].

[23] Chron.Bower IV 429.

[24] Scone Liber 65f., Nr. 102.

[25] Chron.Melrose 51; Chron.Bower IV 429.

[26] Annals of Loch Cé I 227.

[27] SHEEHY, Pontificia Hibernica I 116-121, Nr. 52.

[28] AMW 334f. – In England wäre ein solcher Fall damals vor dem königlichen Gericht verhandelt worden.

Man nimmt an, dass Johannes vom 18. bis zum 20. September in der Abtei Scone in der Nähe von Perth weilte, als er dem Antrag des Königs auf Versetzung des William Malveisin von Glasgow auf den Bischofssitz von St. Andrews zustimmte[29]. Es wird berichtet, dass er entweder vor oder nach diesem Ereignis ‚fünfzig Nächte und mehr' in der Abtei Melrose zugebracht und auffällig lange, jedoch ergebnislos versucht habe, die Konflikte beizulegen, die zwischen den Mönchen von Melrose und denen von Kelso bestanden. Der Melroser Chronist beklagt, dass er Geschenke von beiden Seiten angenommen habe, ohne jedoch den Konflikt während seines Aufenthaltes gelöst zu haben[30]. Diese mit bitterem Unterton verfasste Bemerkung rührt wahrscheinlich daher, dass der König, als er schließlich später in die Angelegenheit eingriff, zugunsten des Klosters Kelso entschied[31]. Andererseits hatte der Legat jedoch etliche Differenzen zwischen Kelso und dem neuen Bischof von St. Andrews durch seine Vermittlung auf einer Versammlung des Klerus der beiden Diözesen St. Andrews und Glasgow beilegen können. Datum und Ort dieser Synode sind indes nicht bekannt; man geht jedoch davon an, dass sie Ende 1202 stattgefunden haben dürfte[32]. Wieder konnten in Schottland Probleme, die über die einzelne Diözesangrenze hinausreichten, nur durch die Autorität und Amtsgewalt eines päpstlichen Legaten gelöst werden. An Weihnachten des Jahres 1202 verließ Johannes abermals Schottland und reiste über York zurück nach Irland[33]. Noch am 20. Februar 1203 wandte sich Rom an ihn als den Legaten. Ohne indes die Angelegenheit in Armagh bereinigt zu haben, reiste er später im selben Jahr auch aus Irland ab[34].

Eine Ausübung der einem Legaten zustehenden Machtbefugnisse – allerdings auf einer gänzlich anderen Ebene, die sich jedoch im Rahmen der durch die Bulle *Cum universi* festgelegten Befugnisse halten – wird aus dem Jahr 1213 überliefert[35]. Im April erließ Papst Innozenz III. ein allgemeines Schreiben, durch das er die Vollmacht zur Abhaltung von Kollekten und Predigten anläßlich des bevorstehenden Kreuzzuges in verschiedenen Kirchenprovinzen verlieh. In Schottland wurde diese Aufgabe Bischof William Malveisin von St. Andrews gemeinsam mit seinem Glasgower Amtsbruder Walther de St. Albans übertragen[36]. Wahrscheinlich

[29] AMW 343; Chron.Bower III 393.

[30] Chron.Melrose 51.

[31] RRS II 412f., Nr. 440.

[32] Kelso Liber II 333f., Nr. 434.

[33] Ferguson, Papal Representatives 67 Anm. 16; vgl. ebd. 66 Anm. 5.

[34] Sheehy, Pontificia Hibernica I 121f., Nr. 53; 120 Anm. 8.

[35] Zur Diskussion über die unterschiedlichen Machtbefugnisse verschiedener Typen von Legaten vgl. DDC 6 (1957) 371-374; New Catholic Encyclopedia 8 (1967) 607.

[36] CPL I 38; vgl. Lunt, Financial Relations 423f., über eine ähnliche Art von Legatenvollmacht, die zwei Engländern zur Ausübung innerhalb Englands erteilt wurde;

noch im selben Jahr hielten die beiden Bischöfe gemäß den Richtlinien ihres besonderen Auftrags ein Legatenkonzil in Perth ab, wo in der Tat sehr viele Menschen das Kreuz nahmen[37]. Dies ist ein erneutes Beispiel für die Übertragung von Legatenvollmachten an innerhalb der eigenen Diözesen lebende Schotten, für den Fall, dass die Kurie niemanden *a latere*, d.h. aus Rom, sandte. Von Walter Bower, dem Chronisten aus dem 15. Jahrhundert, der besonders gute Kenntnisse über die Ereignisse im Schottland des frühen 13. Jahrhunderts besaß[38], erfahren wir etwas über die Zusammensetzung eines solchen Legatenkonzils: vertreten waren nämlich Bischöfe, Prälaten und der höhere Klerus. Auch war es offensichtlich Brauch[39], dass auf des Königs Geheiß Vertreter anderer Stände (*aliorum statuum*) teilnahmen. Allerdings ist die genaue Bedeutung dieser Ausdrucksweise nicht mehr zu eruieren. Indes bleibt zu beachten, dass es bei der Vorbereitung der Kreuzzüge vor allem auch darum ging, die Laien zu mobilisieren. Es ist daher durchaus denkbar, dass Laien auf den Legatenkonzilien dann zugelassen waren, wenn Angelegenheiten wie die Kreuzzüge auf der Tagesordnung standen.

Nichts Neues war dagegen das königliche Interesse an allem, was auf den in Schottland abgehaltenen Legatenkonzilien verhandelt wurde. Und in der Tat war es immer der König, der die Rahmenbedingungen festlegte, innerhalb derer es der *Scoticana ecclesia* erlaubt war, ihre Angelegenheiten selbst zu regeln, und er war es auch, der vorgab, inwieweit die Kirche des Königtums sich den Standards und dem Vorbild der Gesamtkirche anpassen durfte.

Am 19. April 1213 berief Papst Innozenz ein allgemeines Konzil ein, welches rund zweieinhalb Jahre später, am 1. November 1215, in der Laterankirche in Rom zusammentrat. Eingeladen wurden auch die schottischen Bischöfe in ihrer Gesamtheit. Bis auf einen oder zwei Bischöfe hatten alle persönlich zu erscheinen, zusammen mit einigen Äbten und Prioren sowie den Vertretern der Domkapitel[40]. Es sind indes lediglich vier schottische Bischöfe namentlich bekannt, die an den Monate dauernden Verhandlungen teilnahmen. Es waren dies William Malveisin von St. Andrews, Walter de St. Albans von Glasgow, Brice de Douglas von Moray und Adam von Caithness. Wahrscheinlich nur ein Abt – Henry, der

---

vgl. ebenso FERGUSON, Papal Representatives 72f. bezüglich seiner Zweifel zum Legatenstatus dieser beiden Bischöfe.

[37] Chron.Bower IV 473.

[38] Vgl. Chron.Bower IV, S. XXIII-XXIV.

[39] Es ist unklar, ob sich der Chronist dabei auf das 13. Jahrhundert oder auf die Zeit der Abfassung der Chronik bezieht.

[40] CPL I 38; MIGNE PL 216, 825; FOREVILLE, Latran 328f.

Vorsteher des Klosters Kelso – nahm teil, zusammen mit einigen namentlich nicht genannten Vertretern anderer Prälaten[41]. Merkwürdigerweise überging der Chronist von Melrose den Namen des Bischofs Adam in der genannten Liste, obwohl dieser doch noch kurz zuvor, d.h. bis 1213/14, Abt von Melrose gewesen war[42]. Womöglich wollte er die unangenehme Tatsache verschweigen, dass Bischof Adam zusammen mit den Bischöfen von Glasgow und Moray während des Konzils so sehr in die Oppositionspolitik gegen den vom Papst protegierten König Johann von England und seinen Nachfolger Heinrich III. verstrickt war, dass die drei 1218 sogar nach Rom zurückkehren mussten, wo sie um die Aufhebung der Exkommunikation baten, die inzwischen über sie verhängt worden war[43]. Vielleicht war es ihm auch peinlich, durch die Nennung seines Namens daran zu erinnern, dass es eine Folge des Versuches war, die Unterstützung des Laterankonzils für die Zahlung eines Zehnten durchzusetzen, dass Bischof Adam 1222 von einigen aufgebrachten armen Bauern seiner Diözese umgebracht wurde[44]. Wie der Erzbischof von Canterbury, Stephen Langton, nach Beendigung des Konzils bis Mai 1218 außer Landes bleiben musste[45], so kehrten auch der Bischof von Glasgow (bis 1217) und der Bischof von St. Andrews (bis Januar 1218) aus unbekannten Gründen nicht heim[46]. Auf alle Fälle dürften die vier schottischen Bischöfe, die am Laterankonzils teilgenommen hatten, die Konzilsbeschlüsse mit ihren neuen Definitionen zu den Glaubenslehren und den kirchlichen Ordnungsvorstellungen, wie sie in den 71 Konzilskanones festgeschrieben sind[47], gekannt und in ihre Heimat mitgebracht haben.

Erst mit der Initiative König Alexanders II., das Verhältnis zum Papsttum wieder zu normalisieren, ergab sich die Chance, wenigstens einem Teil dieser Kanones auch in Schottland Geltung zu verschaffen[48]. Wahrscheinlich unterstützte er Wilhelm de Bosco, seinen Kanzler, und Bischof

---

41 FOREVILLE, Latran 392; vgl. ebd. 253, dort werden diese Bischöfe zum ‚Gefolge' des Erzbischofs von York gezählt (vgl. auch ebd. 390 bezüglich der Vereinbarungen aus dem Jahr 1179); vgl. Chron.Melrose 61; vgl. RRS II 32f., 379, was den Namen des Bischofs von Glasgow betrifft, bzw. WATT, Fasti 214, was den Namen des Bischofs von Moray betrifft.

42 DOWDEN, Bishops 233f.

43 Chron.Melrose 71; CPL I 55, 59; WATT, Dictionary 377, bezüglich des Bischofs von St. Andrews. Die Anhänger des gegen König Johann aufbegehrenden Adels wurden auf dem Konzil exkommuniziert. Vgl. auch C. R. CHENEY – W. H. SEMPLE, Selected Letters of Pope Innocent III concerning England 1198-1216, Edinburgh-London 1953, 221-223, Nr. 85.

44 DUNCAN, Scotland 528.

45 Chron.Melrose 70.

46 Chron.Melrose 61, 70.

47 COD³ 230-271; TANNER, Decrees 230-271; ROTHWELL, Documents 643-676.

48 Chron.Fordun I 288.

Douglas von Moray bei deren Bemühen, durch den Einsatz von Mittelsmännern die persönliche Absolution für ihre anti-englische Agitation erteilt zu bekommen. Dieses Ziel erreichten sie im November 1218[49]. Gleichzeitig sorgten sie auch dafür, dass in die für Pandulf, den neuen päpstlichen Legaten in England, erlassenen Instruktionen eine Revision des alten Vertrages zwischen König Wilhelm und König Johann aufgenommen wurde, an dem jetzt natürlich kein Interesse mehr bestand[50]. Auch erneuerte Papst Honorius III. (1218–1227) am 21. November 1218 die Privilegien der Bulle *Cum universi* von 1192, wodurch das Recht der schottischen Kirche auf Unabhängigkeit unter Rom bestätigt wurde[51]. Sofort meldete sich England durch den Legaten Guala Biccheri zu Wort, was insofern gerechtfertigt war, als man sich auf die oben erwähnten Privilegien berief; denn Biccheri war zur Verteidigung der Rechte des noch minderjährigen englischen Monarchen Heinrich III. vom Papst eigens autorisiert worden. Allerdings ging aus der Bulle *Cum universi* deutlich hervor, dass es unter normalen Umständen der schottischen Kirche freigestellt war, „to follow Rome in its own way". Als aber schließlich unter Federführung des Legaten Pandulf am 15. Juni 1220 in York eine politische Übereinkunft zwischen den Königen von England und Schottland getroffen wurde, welche ein Jahr später am 19. Juni 1221 durch eine politische Heirat im Königshaus noch besiegelt wurde[52], war die künftige Marschroute endgültig festgelegt.

In der Tat war die erste Versammlung höherer kirchlicher Würdenträger, von der man weiß, dass sie in Schottland nach dem Laterankonzil einberufen wurde, eine unmittelbare Konsequenz aus Kanon 71 dieses Konzils, der besagte, dass alle Kleriker, sowohl Untergebene als auch Prälaten für die Dauer von drei Jahren den zwanzigsten Teil ihrer kirchlichen Einkünfte als Hilfsunterstützung für das Hl. Land zu geben hätten, der durch eigens für diesen Zweck vom Hl. Stuhl ernannte Personen eingezogen werden sollte[53]. Tatsächlich ernannte Innozenz III. bald darauf in verschiedenen Kirchenprovinzen Kollektoren, um diese Steuer einzutreiben, und nach seinem Tod im Juli 1216 setzte sein Nachfolger Papst Honorius III. diese Steuererhebung und deren Eintreibung mit einem solchen Eifer fort, wie er in der gesamten christlichen Welt zuvor unbekannt war.

---

[49] CPL I 59; THEINER, Monumenta 6f.; FERGUSON, Papal Representatives 80 Anm. 91.
[50] CPL I 59f.; THEINER, Monumenta 7.
[51] STONES, Documents 14-16, Nr. 5.
[52] DUNCAN, Scotland 525f.
[53] COD³ 269; TANNER, Decrees 269; ROTHWELL, Documents 674; vgl. auch Chron.Melrose 60f. Der Verfasser war offensichtlich über diese offizielle Einrichtung gut informiert.

Wahrscheinlich oblag diese Aufgabe in England im Großen und Ganzen dem Legaten Guala und seinem Nachfolger Pandulf. In der Zeit von 1217 bis 1220 wurde eine beträchtliche Summe eingesammelt und der gesamte Betrag bereits am 24. Juli 1220 ins Heilige Land gesandt[54]. Auch in Schottland dürfte es eine gewisse Zeit lang etwas Ähnliches gegeben haben, doch das, was darüber bekannt ist, beschränkt sich im Wesentlichen auf eine kurze Anmerkung einer heute verschollenen Chronik, die uns allein durch Bowers *Scotichronicon* erhalten geblieben ist[55]. Danach trat ‚1220' unter der Leitung eines päpstlichen Nuntius mit Namen *dominus Egidius* eine Synode ‚aller schottischen Würdenträger' zusammen, auf welcher dieser den vom Laterankonzil angeordneten Zwanzigsten für drei Jahre einsammelte (*recipit*). Dieser Nuntius wird gewöhnlich mit dem Spanier Giles de Torres identifiziert, seit 1216 Kardinaldiakon von SS. Cosmas e Damiano[56]. Doch dürfte es wahrscheinlicher sein, ihn mit Mag. Giles de Verracclo, einem Subdiakon und Kaplan des Papstes zu identifizieren, wofür auch in der neuen Auflage des *Scotichronicon* plädiert wird. Dieser war ein Bruder des englischen Legaten Pandulf. Von beiden weiß man, dass sie schon vor dem 22. September 1220 mit päpstlichen Finanzangelegenheiten zu tun hatten. Giles de Verracclo selbst war diesbezüglich in Paris tätig[57]. Das würde auch mit der von Papst Honorius verfolgten Politik übereinstimmen, wonach er seit 1218 Mitglieder des päpstlichen Hofes zu Vorstehern und Kontrolleuren der örtlichen Kollektoren ernannte[58]. Es ist bezeichnend, dass der Verfasser der zeitgleich entstandenen Melrose-Chronik außer der Bemerkung, dass die Erhebung dieses Zwanzigsten vom Laterankonzil angeordnet worden war, kein weiteres Wort über dieses Ereignis verliert[59]. Dies dürfte sich daraus erklären, dass Zisterzienserabteien von dieser Steuer ausgenommen waren[60]. Allein,

---

[54] LUNT, Financial Relations 242-247.

[55] Chron.Bower V 113 (mit Anm. auf S. 241f.); FERGUSON, Papal Representatives 84f.

[56] SES I, S. XLIII; EUBEL, Hierarchia I 5, 49. Zu den Aktivitäten des Kardinals Gil Torres vgl. P. LINEHAN, The Spanish Church and the Papacy in the Thirteenth Century, Cambridge 1971, besonders 276-295.

[57] CPL I 76; vgl. ebd. I 58 bezüglich des Nachnamens und seines Todes im Jahr 1241. Wahrscheinlich stand er damals sogar noch in päpstlichen Diensten, vgl. BAGLIANI, Cardinali II 523f. Womöglich war er zwischen 1219 und 1238 Erzdiakon von Ely, vgl. dazu LE NEVE, Fasti II 51. Er wird als Bruder (*germanus*) des Pandulf bezeichnet, vgl. dazu Regesta Honorii III, Rom 1888-1895, II Nr. 6032; vgl. ebd. Nrr. 4815, 5995.

[58] LUNT, Financial Relations 244, 246.

[59] Vgl. oben Anm. 53.

[60] LUNT, Financial Relations 243; Chron.Melrose 61. Der Chronist von Melrose geht nicht ins Detail bei seinen Ausführungen, aber er erwähnt immerhin, dass einige religiöse Orden von dieser Steuer befreit waren (*exemptis quibusdam religiosis*).

diese durch einen päpstlichen Nuntius einberufene Klerikerversammlung – die Befugnisse des Legaten waren wahrscheinlich auf die Steuererhebung und -eintreibung beschränkt – ist nur durch eine nicht mehr erhaltene schottische Quelle aus dem 15. Jahrhundert überliefert[61].

Bereits am 31. Juli 1220 wurde ein mit größeren Machtbefugnissen ausgestatteter päpstlicher Legat *a latere* ernannt, der Irland, Schottland und die Inseln[62] visitieren sollte und vermutlich dafür die Zustimmung des in England weilenden Legaten Pandulf und des schottischen Königs Alexanders II. hatte. Es handelte sich dabei um Mag. Jacobus, als Kaplan und Pönitentiar des Papstes auch er ein Mitglied des päpstlichen Haushalts. Außerdem war er Augustinerchorherr von St. Viktor (bei Paris)[63]. Zwischen dem 6. und 8. August 1220 wurden ihm einige ungelöste, Irland und Schottland betreffende Probleme zur Entscheidung vorgelegt, die zuvor vor den römischen Gerichtshof gebracht worden waren, darunter der immer noch schwelende Streit zwischen dem Domkapitel von St. Andrews und seinem Bischof – Wilhelm Malveisin – und anderen[64]. Wenn auch diese Streitigkeiten einige Jahre lang für große Unruhe gesorgt hatten[65], so stellten sie doch gewiss nicht den einzigen Grund dar, weswegen der Legat aus Rom geschickt wurde. Vielleicht hatte der König sogar seinen Sekretär Thomas de Strivelin nach Rom gesandt, um dort um einen Legaten nachzusuchen, da nämlich Mag. Jacobus aufgetragen wurde, diesem eine Dispens zur Annahme mehrerer gleichzeitiger Pfründe zu verschaffen. Auch wurden am 15. Dezember 1220 in Schottland lebende einheimische Personen mit Handlungsvollmacht in diesen Angelegenheiten ausgestattet, falls der Legat noch nicht eingetroffen sein sollte[66]. Dieser scheint aber um die Weihnachtstage 1220 in Schottland angekommen zu sein[67]. Sicherlich hat er in Perth vom 9. bis zum 12. Februar 1221 ein ‚allgemeines Konzil für die Prälaten des gesamten Königreiches' abgehal-

---

61 Vgl. oben Anm. 55.

62 CPL I 74; THEINER, Monumenta 15f., Nr. 35.

63 Chron.Melrose 72; Zur Diskussion über die Identität dieses Legaten vgl. BAGLIANI, Cardinali I 118f. Er scheint am 22. September 1219 im Gefolge des Legaten Pandulf in London gewesen zu sein, als sich der König der Inseln dem Papst unterwarf (THEINER, Monumenta 11, Nr. 26). Sein Nachname soll laut Annals of Loch Cé I 263f. „Penciail" gewesen sein; vgl. auch FERGUSON, Papal Representatives 85-88.

64 CPL I 74f.; THEINER, Monumenta 16f., Nrr. 36-39 (Nr. 39 ist falsch datiert); vgl. auch die Diskussion in BARROW, Kingdom 215f.

65 WATT, Dictionary 378f.

66 CPL I 77; THEINER, Monumenta 18, Nr. 42; Strivelin wurde 1222 Archidiakon von Glasgow (WATT, Fasti 171) und später königlicher Kanzler (HBC 181).

67 Chron.Lanercost I 29, fälschlicherweise auf 1221 datiert. Zuerst hatte er nämlich Irland visitiert. Vgl. dazu FERGUSON, Papal Representatives 86 Anm. 133.

ten[68]. Es sind indes keine näheren Nachrichten über die Verhandlungsgegenstände dieses Konzils überliefert, und dasselbe gilt auch für die übrige Zeit seines Besuches in Schottland.

Er scheint immerhin die Streitigkeiten in St. Andrews geschlichtet zu haben, worüber aber nichts weiter bekannt ist. Außerdem hatte er sich mit dem Versuch zur Annullierung einer Ehe zu beschäftigen. Dabei wollte Lord Alan von Galloway, der damalige Constable von Schottland, seine Ehe mit einer namentlich nicht genannten Dame wegen Blutsverwandtschaft annullieren lassen. Die Initiative scheint dafür von dem Ehepaar selbst ausgegangen zu sein, was vielleicht im Rahmen einer gegen den regierenden König Alexander II. gerichteten Politik zu sehen ist, der ohnehin von Alan und seinem Bruder Thomas wenig bzw. gar keine Unterstützung erfuhr[69]. Es ist möglich, dass der Legat diese Angelegenheit auf dem von ihm einberufenen Konzil behandelte, da er nämlich um eine Unterstützung verschiedener schottischer Bischöfe bat, als er den Papst in einem Brief um Instruktionen ersuchte, wie in diesem Fall zu verfahren sei. Die Antwort aus Rom lautete, er solle alle Bischöfe des Königreiches versammeln und das unternehmen, was ihm in diesem Fall das Beste zu sein scheine. Als der Beauftragte Alans mit diesen Anweisungen aus Rom zurückkehrte, traf er den Legaten bereits unterwegs auf der Rückreise von Schottland, so dass diese vorgeschlagene Art des Vorgehens nicht mehr möglich war. Statt dessen wurden am 30. März 1222 drei englische Bischöfe beauftragt, in dieser Angelegenheit tätig zu werden[70]. Möglicherweise musste selbst ein Legat in diesem speziellen Fall weitere Instruktionen einholen, was auf die besondere Situation des Bischofssitzes von Galloway zurückführen ist, zu der Alan als Lord von Galloway gehörte. Galloway war bekanntlich Suffragandiözese von York, und wie schon 1176/77[71] so mag man auch jetzt dem Legaten entgegen gehalten haben, dass es ihm in seiner Funktion als Legat für Schottland nicht zukam, einen Galloway betreffenden Fall zu behandeln. Daneben gab es wohl auch Probleme bei der Interpretation der im Vierten Laterankonzil in den Kanones 50-52 festgesetzten Vorgangsweise bei der Eheannullierung im Falle einer Blutsverwandtschaft. Welcher Art auch immer die Probleme gewesen sein mögen, selbst ein Legatenkonzil konnte in diesem Fall keine Lösung herbeiführen, ohne zusätzliche päpstliche In-

---

68 Chron.Melrose 72, 75; Chron.Bower V 113.

69 DUNCAN, Scotland 529f.; für Informationen zur Familie Alans vgl. Sir J. BALFOUR PAUL, The Scots Peerage, Edinburgh 1904-1914, I 419-422, IV 139-143.

70 THEINER, Monumenta 20f., Nr. 48; CPL I 87.

71 Vgl. oben S. 27f.

struktionen dafür einzuholen. Vielleicht war es dieser Fall mit dem ihm eigenen Problem einer notwendigen engen Koordination zwischen den schottischen Bischöfen, dem Legaten und dem Papst beim weiteren Vorgehen, der auf die Schwierigkeiten aufmerksam machte, die in exempten Diözesen entstehen konnten, die keinem Metropolitansitz unterstellt waren, wie dies für die schottischen in der Bulle *Cum universi* festgeschrieben worden war. Sicherlich hat der Bericht des Legaten Jacobus, der aufgrund seiner schottischen Erfahrungen von 1221 entstanden war, das nötige Material für die Vorbereitung einer Revision dieses päpstlichen Privilegs geliefert, welche dann auch in der Tat 1225 erfolgen sollte.

Auch in drei weiteren Angelegenheiten ist die Hand des Legaten Jacobus zu erkennen, wenn auch nichts darauf hindeutet, dass diese auf dem Konzil von Perth Erwähnung gefunden haben. So erhob er das Augustinerpriorat Inchaffray in der Diözese Dunblane zur Abtei[72]. Im Namen des Papstes erteilte der Legat am 17. April 1221 in Kloster Kelso in der Grafschaft Roxburgh die Zustimmung zu einer Stiftung für die *mensa episcopalis* des Bischofs von Moray[73]. Aufgrund des Verhaltens einiger Leute aus seinem Gefolge wurde Jacobus verleumdet, was den Papst wohl kaum mit Freude erfüllte[74]. Gleichzeitig wurde er auch vom schottischen König Alexander II. dazu gedrängt, eine bislang nie dagewesene Krönungszeremonie durchzuführen. Der Papst reagierte prompt und sprach ein Verbot aus, das solange gelten sollte, bis der junge englische König und seine Räte nicht ihre Zustimmung dazu gegeben hätten[75]. Wenn diese Angelegenheit als eigentlicher Grund hinter dem Ansuchen des Königs um Entsendung eines päpstlichen Legaten zur Visitation nach Schottland gestanden hat, dann endete der Besuch des Jacobus mit einer Enttäuschung, da sich der Papst dazu entschloss, seine bisherige Politik, die Rechte des jungen englischen Königs in jeder Weise zu schützen, fortzuführen. Ja, es heißt sogar, dass er immer wieder betont habe, dass der schottische König dem englischen untergeordnet sei (*subesse*)[76]. Noch war der Papst jedenfalls nicht bereit, die politischen Ansprüche Schottlands zu unterstützen.

---

[72] Chron.Bower V 113.

[73] Moray Registrum 16f., Nr. 22.

[74] CPL I 83.

[75] Vgl. ebd.; der vollständige Text ist zu entnehmen aus SES I, S. XLV (Raynaldi Annales); Dieser Text ist nicht datiert, wurde aber zusammen mit anderen päpstlichen, bis Juli 1221 datierten Briefen in die päpstlichen Register übernommen. Sicherlich ist das Ereignis in den Zeitraum von mindestens drei oder vier Monaten nach dem Eintreffen James in Schottland anzusiedeln. Zu unterschiedlichen Datierungshypothesen vgl. ES II 443.

[76] DUNCAN, Scotland 526.

4. Kapitel

Die Errichtung der schottischen Provinzialsynode (1225 – 1239)

Schon sehr bald reagierte Papst Honorius auf Vorschläge der schottischen Bischöfe, die ihm nahelegten, dass es nach der 1218 erfolgten Anerkennung ihrer direkten Unterstellung unter Rom wegen der großen Entfernung Schottlands von der römischen Kurie der Ausarbeitung besonderer Verwaltungsstrukturen bedürfe, damit diese Exemption überhaupt funktionieren könne. Bekanntlich befanden sich die meisten Diözesen, die Rom direkt unterstellt waren, in Italien, und es war daher wesentlich leichter, sie unter päpstlicher Kontrolle zu halten. Es gab wohl noch ein paar andere Diözesen, die in vergleichbarem Umfang der normalen Metropolitankontrolle entzogen waren, aber – von Italien abgesehen – nirgends bis zu zehn zusammenhängende Diözesen[1]. So war zwar in Kanon 26 des Vierten Laterankonzils festgelegt worden, dass Bischöfe von exemten Diözesen – sofern möglich – persönlich nach Rom zu kommen hatten, um ihre Wahl vom Papst bestätigen zu lassen; eine Kontrolle im eigentlichen Sinne war aber über Kandidaten aus weit entfernten Diözesen kaum wirklich zu praktizieren[2]. Die Entsendung von Legaten in so weit entfernte Länder wie nach Schottland, so 1221 geschehen, war ebenfalls nur im Ausnahmefall möglich. Es ist daher wahrscheinlich, dass aus den zwischen dem Legaten Jacobus und den schottischen Bischöfen geführten Diskussionen heraus der Vorschlag erwuchs, die Bischöfe sollten den Papst um die Erteilung eines besonderen Privilegs ersuchen, welches den ungewöhnlichen Umständen der schottischen Kirche Rechnung tragen würde: er solle nämlich die schottischen Bischöfe autorisieren, ihre eigene Provinzialsynode abhalten zu können, deren vornehmste Aufgabe es sei, als eine Art Verbindungsglied die weite Distanz zwischen den einzelnen schottischen Diözesen und dem Hl. Stuhl zu überbrücken. Am 19. Mai 1225 erließ der Papst schließlich in einem an die Bischöfe des Königreiches Schottland adres-

---

[1] Vgl. dazu die Liste in Liber Censuum II 104-106 (aus dem späten 12. Jahrhundert).

[2] COD[3] 247; TANNER, Decrees 247; ROTHWELL, Documents III 656f.

sierten Schreiben das entsprechende Mandat zur Errichtung dieser Provinzialsynode[3].

„Honorius, Bischof, Diener der Diener Gottes, entbietet all seinen verehrten Brüdern im Bischofsamt des Königreiches Schottland seinen Gruß und Apostolischen Segen. Einige von euch haben Uns kürzlich mitgeteilt, dass in dem so weit vom apostolischen Stuhl entfernten Königreich Schottland aufgrund der Tatsache, dass ihr keinen Erzbischof habt, kraft dessen Autorität ihr Provinzialsynoden abhalten könnt[4], die Statuten des allgemeinen Konzils missachtet werden und sehr viele Unregelmäßigkeiten passieren, die nicht geahndet werden. Da nun Provinzialsynoden keineswegs minder geachtet werden sollen, weil dort nämlich in umsichtiger Weise und unter Gottesfurcht einer Missbilligung von Gesetzesüberschreitungen und einer Korrektur der Sitten (*mores)* Rechnung getragen wird, und die Gesetze des Kirchenrechtes befolgt und beachtet werden sollen, was in besonderer Weise für die Statuten des allgemeinen Konzils gilt, verfügen Wir (*mandamus*) durch dieses apostolische Schreiben, dass Ihr, da Ihr bekanntlich keinen Metropoliten habt, kraft Unserer Autorität ermächtigt seid, eine Provinzialsynode abzuhalten. Gegeben zu Tivoli [bei Rom] am 19. Mai im neunten Jahr Unseres Pontifikats [1225].“

Es besteht kein Zweifel daran, dass diese an die schottischen Bischöfe ergangene Instruktion im Lichte der allgemeinen Bestimmungen für die jährlich abzuhaltenden Provinzialsynoden zu sehen ist, die das 4. Laterankonzil kurz zuvor erlassen hatte und mit denen es die Metropolitanbischöfe in der ganzen christlichen Welt zu ihrer Durchführung ermahnt hatte. Wir wissen, dass spätestens seit 1237 die schottische Kirche in Rom als eine Kirche betrachtet wurde, die allein die römische als ‚die einzige und direkt übergeordnete Mutter- und Metropolitankirche anerkannte‘[5]. Kanon 6 des nur wenige Jahre zurückliegenden Lateranense setzte fest, dass ein Bericht über Angelegenheiten, die der Korrektur oder einer Reform bedürften, zu erstatten sei und dass diese Berichte in den einzelnen Diözesen einer jeden Kirchenprovinzen im Laufe des Jahres zusammengetragen und anschließend auf einer Provinzialsynode disku-

---

3 Vgl. die Übersetzung aus dem Lateinischen in SES II 3, auf der Grundlage von Aberdeen Registrum II 3. Ein weiterer Text mit geringfügigen Varianten ist einzusehen in: Moray Registrum 332, Nr. 257. Dieser Brief in Form eines päpstlichen Mandates – man beachte den Gebrauch des Verbs *mandamus* – entspricht nicht direkt den verschiedenen von Papst Honorius III. erlassenen Mandaten, soweit sie von J. E. SAYERS, Papal Government and England during the Pontificate of Honorius III (1216-1227), Cambridge 1984, ad indicem, identifiziert wurden. Dagegen wurde der Vergleich zu einem ähnlichen von Honorius erlassenen Mandat an den englischen Klerus aus dem Jahre 1223 gezogen, vgl. dazu: Royal and other Historical Letters illustrative of the Reign of Henry III (= Rolls Series 27) I 211f., Nr. 190.

4 Zur allgemeinen Regel, dass nur Metropolitanbischöfe eine Synode abhalten oder autorisieren können, vgl. GRATIAN, Decretum D. 18. c. 4 (CIC I 54).

5 THEINER, Monumenta 35, Nr. 90: *ecclesia Scoticana Romanam ecclesiam solam matrem et metropolitanam nullo medio recognoscit.*

tiert werden sollen. Auch habe jeder Bischof einmal jährlich eine Diözesansynode abzuhalten, um dafür zu sorgen, dass die auf der Provinzialsynode getroffenen Entscheidungen auch tatsächlich umgesetzt würden. Kanon 30 ordnete an, dass alljährlich auf der Provinzialsynode nachzuprüfen sei, ob und in welcher Weise das Patronat über kirchliche Pfründe durch die Bischöfe und das Kollegiatkapitel ausgeübt werde. Bei entsprechenden Verstößen war die Provinzialsynode dazu ermächtigt, die Pfründeninhaber abzusetzen und durch andere zu ersetzen[6].

Die 1225 amtierenden Bischöfe von St. Andrews und Glasgow waren immer noch dieselben, die ein Jahrzehnt zuvor am Laterankonzil teilgenommen hatten. Sie waren es auch, die die Initiative zur Einrichtung neuer, bis dahin unbekannter administrativer Mechanismen innerhalb der schottischen Kirche ergriffen hatten und damit ganz im Sinne des Laterankonzils handelten, das die Kirchenoberen in vielen Teilen der Westkirche ermächtigt hatte, aufgrund der permanent bestehenden Notwendigkeit zur Reform entsprechende Maßnahmen zu ergreifen[7].

Der Text des von Papst Honorius 1225 ausgestellten Mandats hat vor allem einen disziplinären Charakter. Die Provinzialsynode sollte dazu Gelegenheit geben, sowohl jüngere als auch ältere Gesetze des kanonischen Rechts ihren Teilnehmern wieder in Erinnerung zu rufen. Auch sollte für die Schaffung eines eigenen kirchlichen Gerichtshofs für das Königreich Schottland gesorgt werden, was in einem Land, in welchem alle Bischöfe rangmäßig einander gleichgestellt waren, einen großen und längst überfälligen Fortschritt bedeutete. Sinn und Zweck dieser synodalen Jurisdiktion werden in sehr allgemeinen Worten formuliert: Vorrangig sollte es sich um eine gerichtliche Erstinstanz handeln, die aber auch als Berufungsinstanz fungieren konnte. Was den in Kanon 6 des Laterankonzils formulierten Ausdruck „correction of manners" anbelangt, so ist der lateinische Begriff *mores* mehrdeutig, da er einerseits die Sitten, andererseits aber die Gebräuche und Gewohnheiten bezeichnet. Wie auch immer man diesen Begriff in einer lebenden, modernen Sprache wiedergeben mag, so ist mit Recht darauf aufmerksam gemacht worden, dass er auch Angelegenheiten wie Ehestreitigkeiten einschloss[8]. Provinzialsynoden waren demnach als eine permanente Einrichtung kirchlicher Gesetzge-

---

[6] COD³ 236f., 249; TANNER, Decrees 236f., 249; ROTHWELL, Documents 648, 658.

[7] Vgl. den zurückhaltend formulierten Kommentar bezüglich der Auswirkungen des Konzils in England: M. GIBBS – J. LANG, Bishops and Reform 1215-1272, Oxford, 1934, 130: „A certain effort was undoubtedly made, but it was in most cases too tentative to bring about a fundamental und spritual *reformation* in the English church".

[8] CHENEY, Synodalia 28f.; vgl. ebd. 8.

bung, als judikative und administrative Autorität in den verschiedenen Ortskirchen gedacht. Die unterdessen aufgestellte Behauptung, dass das päpstliche Mandat von 1225 für Schottland nur für die Einberufung einer einzigen Synode gegolten habe[9], trifft eindeutig nicht zu, da das Laterankonzil klar zum Ausdruck gebracht hatte, dass solche Synoden jährlich einberufen werden sollten. Allerdings gibt es keinen hinreichenden Grund anzunehmen, dass diese Bestimmung des Laterankonzils auch überall umgesetzt werden konnte. In Frankreich, wo beispielsweise in der Provinz Rouen in den 25 Jahren von 1245 bis 1270 lediglich neun Provinzialsynoden abgehalten wurden[10], war dies keineswegs der Fall. Auch in England wurden in den hundert Jahren nach 1215 vermutlich nur 81 Synoden für die Kirchenprovinz Canterbury bzw. ganz England abgehalten, sofern man die fünfzehn außerordentlichen Legatenkonzile nicht hinzuzählt[11]. Heinrich von Segusia, der spätere *Hostiensis*, behauptete in den fünfziger Jahren des 13. Jahrhunderts, dass nur wenige Metropoliten diese Vorschrift einhielten[12]. Indes galt diese Regelung gegenüber früheren Vorschriften, die die Einberufung von Provinzialsynoden sogar noch häufiger als einmal im Jahr angeordnet hatten und deshalb auch nur bedingt befolgt worden waren, als leichter zu handhaben und in der Sache gemäßigter[13].

Offensichtlich hielt man es nicht für notwendig, die Zusammensetzung der Synode, die nun von Rom autorisiert worden war, zu definieren. Kanon 6 des Lateranense erwähnte lediglich, dass sich die Metropolitanbischöfe mit ihren Suffraganen zu versammeln hätten. So darf man wohl davon ausgehen, dass wahrscheinlich jede Bischofsversammlung in Schottland in die Liste der durch das päpstliche Schreiben von 1225 autorisierten Synoden einzureihen ist. Indes können wir feststellen, dass an diesen Treffen, soweit sie Spuren hinterlassen haben, normalerweise nicht nur die Bischöfe, sondern auch Ordens- und Diözesanpriester teilgenommen haben. Das kann durchaus der Praxis der Legatenkonzilien der vorausgegangenen hundert Jahren entsprochen haben. Dies dürfte aber auch der Grund dafür gewesen sein, dass dieser Umstand, nämlich die Ausweitung des Teilnehmerkreises, wahrscheinlich keine Erwähnung fand seitens derer, die zur Teilnahme an diesen Synoden verpflichtet wa-

[9] SES I, S. 1, Nr. 1.

[10] PONTAL, Statuts 28; vgl. 9-30.

[11] HBC 592-594. Zu Spanien vgl. P. LINEHAN, Councils and Synods in the thirteenth-century Castile and Aragon, in: G. J. CUMINGS – D. BAKER (Ed.), Councils and Assemblies, Cambridge 1971, 101-111.

[12] KEMP, Counsel 44.

[13] DDC 3 (1942) 1272.

ren, noch von denen, für welche die Teilnahme lediglich ein besonderes Privileg darstellte.

Etwas unverständlich ist allerdings die Tatsache, dass in dem päpstlichen Schreiben keine Aussage dazu gemacht wird, wie diese erste Zusammenkunft eines Konzils der neuen Art einzuberufen ist. Auch wurden keinerlei Regelungen hinsichtlich der Form getroffen, in der die Synode selbst ablaufen sollte, noch wie die Durchführung ihrer Beschlüsse auszusehen habe. Als gesichert darf man lediglich annehmen, dass die Synode irgendwann im Lauf des Jahres 1225 oder bald danach einberufen wurde und dass man sich über die konstitutionellen Aspekte ziemlich schnell einigte, da darüber sehr bald schriftliche Zeugnisse verfasst wurden.

Der erste Hinweis auf eine mögliche Synodensitzung stammt aus einem Dokument, das auf den 10. Oktober 1232 datiert wird. Es enthält ein Abkommen zwischen dem Bischof von Moray und dem Grundherren David de Strathbogie, bei dem es unter anderem um das Recht der Pfarrer ging, die eigenen Tiere auf der zur Pfarrei gehörenden Allmende weiden zu lassen. Dieses Recht, so heißt es, ‚wurde von den Bischöfen des Königreichs Schottland auf ihrer Synode definiert und verabschiedet'[14]. Das Datum dieser Synode ist unbekannt; sie dürfte jedoch zwischen 1225 und 1232 stattgefunden haben. Soweit man weiß, hatte der Bischof von Glasgow am 21. Juli 1225 und am 8. Januar 1227 versucht, die Grafen von Carrick und Lennox davon zu überzeugen, gleichfalls der Einhaltung des Weiderechts in ihren Grafschaften zuzustimmen und zwar ‚in Übereinstimmung mit den Traditionen der hl. Väter und den Statuten der hl. Kirche'[15]. Die Ausdrucksweise der Dokumente ist jedoch zu vage gehalten, als dass man daraus erschließen könnte, dass sich der Bischof auf eine vorangegangene Provinzialsynode bezieht[16]. Es ist durchaus möglich, dass einzelne der Statuten der Provinzialsynode, die seit den vierziger Jahren des 13. Jahrhunderts schließlich in kodifizierter Form vorlagen, tatsächlich schon auf einem früheren Konzil beschlossen worden sind. Da aber hierfür keinerlei Beweismaterial vorhanden ist, können hier nur jene Synoden in Betracht gezogen werden, deren Abhaltung eindeutig belegt ist.

---

[14] Moray Registrum 29, Nr. 35: *est provisum et constitutum de episcopis regni Scoticani in concilio eorundem.*

[15] Glasgow Registrum I 117, 119, Nrr. 139, 141.

[16] Der Hinweis aus dem Jahre 1232 wurde so aufgefasst, dass Kanon 92 der später zusammengestellten Sammlung von Statuten der schottischen Kirche bereits verabschiedet worden war. Vgl. D. B. SMITH, A note on a Moray charter, in: SHR 19 (1922) 115-117; WILLIAMSON, Legate Otto 23. Aber alle drei Bezugnahmen gehören in diesem Absatz wohl eher zum Hintergrund von Kanon 92, als dass sie dessen Ergebnis darstellen, da ihr Inhalt zu verschieden ist.

Die erste Synode, die sicher bezeugt ist, wurde ‚1230' in Dundee abgehalten[17]. An ihr nahmen wenigstens sechs Bischöfe, zwei Äbte, zwei Archidiakone – und zwar jene von St. Andrews und Dunkelt – sowie zwei *magistri* teil, die vermutlich zum Gefolge der Bischöfe von St. Andrews und Glasgow gehörten. Von diesem Ereignis weiß man lediglich aufgrund einer *in concilio* getroffenen gütlichen Übereinkunft zwischen der Tironenserabtei Arbroath (Gft. Angus) und der Zisterzienserabtei Balmerino (Gft. Fife) bezüglich der Verpachtung der Einkünfte einer Pfarrkirche, welche von den oben genannten, sehr unterschiedlichen Personengruppen bezeugt wurde. Das Zusammentreten einer Synode schuf offensichtlich eine Gelegenheit, schwierige und umstrittene Probleme zwischen Abteien zu regeln, die zwar zur selben Diözese St. Andrews, nicht aber zum selben Orden gehörten[18].

Danach wurde am 1. Juli 1238, zu einem Zeitpunkt, da der Bischof von St. Andrews andernorts im Sterben lag[19], ein ‚Konzil' in Perth abgehalten, an dem mindestens vier Bischöfe, vier Äbte, der Archidiakon und der Dekan von Glasgow sowie ein Doktor der Theologie teilnahmen[20]. Bischof Clemens von Dunblane war damals gerade darum bemüht, seinem Bischofssitz höhere Einkünfte zu sichern[21]. In diesem Zusammenhang kam es zwischen ihm und dem Grafen von Menteith über finanzielle Angelegenheiten, die die Bischofskirche von Dunblane und das vom Grafen in Inchmahome (Diözese Dunblane) neu gegründete Augustinerpriorat betrafen, zu einem Streit. Dessen Beilegung war eines der Ergebnisse der Synode[22]. Obwohl es sich dabei offensichtlich um eine interne, lediglich die eigene Diözese betreffende Angelegenheit gehandelt hatte, war Bischof Clemens doch über die Unterstützung durch seine Amtskollegen froh, die ihm dazu verhalf, eine für ihn vorteilhafte Lösung bei dem Grafen durchzusetzen.

Im darauffolgenden Jahr wurde Schottland erneut von einem päpstlichen Legaten visitiert. Diesmal war es Kardinal Otto da Tonengo, der von Juli 1237 bis Januar 1241 Legat in England war und dort im November 1237 sein berühmtes Legatenkonzil in London abgehalten hatte, auf der er eine Reihe von 31 Konstitutionen publizierte, die von dauerhafter Bedeutung für die englische Kirche sein sollten[23]. Die besondere Beauftragung für eine

---

17 SHS.Misc. VIII (1951) 5f., Nr. 1.

18 MRHS 66f., 72f.

19 WATT, Dictionary 379.

20 WATT, Dictionary 460-463 „Peter de Ramsay".

21 Ebd. 101.

22 Liber Insule Missarum, Edinburgh (Bannatyne Club) 1847, S. XXIX-XXXII; W. FRASER, The Red Book of Menteith, Edinburgh 1880, II 328; vgl. MRHS 91f.

23 C&S II/1, 237-259; WILLIAMSON, Aspects 159f. Vgl. auch BAGLIANI, Cardinali I 76-97; FERGUSON, Papal Representatives 89-96.

Legation nach Schottland war ihm offensichtlich nachträglich anvertraut worden, denn der Auftrag ist erst zwischen dem 7. bis 10. Mai 1237 datiert, als Otto schon von Rom nach England aufgebrochen war[24]. Dies fällt zeitlich mit der Tätigkeit von Bischof Clemens von Dunblane am päpstlichen Hof zusammen, und es hätte durchaus seinem Charakter entsprochen, den Papst zu ermuntern, so zu verfahren, und ihm bei der Durchsetzung der Legation auch seine Hilfe anzubieten[25]. Dies wiederum war wohl auch der Grund für den Argwohn König Alexanders, war doch der Papst in den vorangegangenen Jahren eher der englischen Diplomatie an der Kurie als der Alexanders zugetan gewesen[26]. Es war indes vorrangigste Absicht des Legaten, das auf den 24. bis 27. März 1237 datierte päpstliche Schreiben umzusetzen und Frieden zwischen den Königen von England und Schottland zu stiften[27]. Dies gelang am 25. September 1237 in York, wo beide Könige in seiner Anwesenheit ein Abkommen schlossen, das von langer Dauer sein sollte[28]. Allerdings wäre es nicht verwunderlich gewesen, wenn Alexander sich damals geweigert hätte, den Legaten nach Schottland zu lassen. Und tatsächlich weiß auch der zeitgenössische Chronist Matthaeus Parisiensis, selbst wenn man ihm darin keinen Glauben schenken kann, von der angeblich feindseligen Haltung des Königs zu berichten[29].

Der Legat blieb wesentlich länger in England als ursprünglich vorgesehen; trotzdem fand er schließlich noch Zeit, Schottland vom 21. September bis in die frühen Novembertage des Jahres 1239 zu besuchen[30]. Auf den 19. Oktober berief er ein Konzil in die Abtei Holyrood nahe bei Edinburgh[31]. Einer der Gründe, warum er Schottland besuchte, war ge-

---

24 THEINER, Monumenta 34f., Nr. 90; vgl. fehlerhafte Zusammenfassung in CPL I 161f. DUNCAN, Scotland 287, vertritt die Ansicht, dass „a legatine council was desirable because provincial ones could not be held“. Diese Ansicht scheint auf eine fehlerhafte Interpretation dieses Zeugnisses zurückzugehen.

25 WATT, Dictionary 101.

26 THEINER, Monumenta 29, Nr. 73; STONES, Documents 17f., Nr. 6.

27 THEINER, Monumenta 34, Nrr. 87-88; CPL I 160.

28 STONES, Documents 19-26, Nr. 7; DUNCAN, Scotland, 533f.

29 Ebd. 287; vgl. auch WILLIAMSON, Legate Otto 21. Paris behauptet auch, dass der König bei der Ankunft Ottos in Schottland im Jahr 1239 zuerst eine feindselige Haltung einnahm und somit auch fern blieb (SAEC 346; SES I, S. LVII Anm. 1); vgl. WILLIAMSON, Legate Otto 26.

30 Die bei WILLIAMSON, Aspects 172, angeführten Textstellen zeigen die Widersprüche bezüglich des Aufenthaltsortes Ottos auf. Danach soll er am 22. September 1239 an einem nicht identifizierbaren Ort namens Dinoflet verweilt haben. Diese Widersprüche konnten aber gelöst werden, indem man den Ort mit Diniflee bzw. Temple Dinsley in Hertfordshire identifiziert hat. Auch ist das Datum nicht im September, sondern am 23. August anzusetzen (10 kal.Sept. anstatt 10 kal.Oct.). Vgl. hierzu CHENEY, Synodalia 22 Anm. 3.

31 Chron.Melrose 86f.; vgl. auch Chron.Lanercost I 48, wo berichtet wird, dass der Legat auf diesem Konzil denjenigen einen zehntägigen Ablass gewährte, die die Jungfrau Maria verehrten.

wiss finanzieller Natur; denn damals versuchte der Papst gerade in allen Teilen der abendländischen Kirche die finanziellen Mittel für einen Kreuzzug aufzubringen. Für diesen Zweck hatte er am 31. März 1238 Otto ermächtigt, von all jenen Geld zu nehmen, die in Schottland ein Gelübde zur Kreuzzugsteilnahme abgelegt hatten, aber nicht persönlich daran teilnehmen konnten. Durch diesen finanziellen Beitrag sollten sie immer noch in den Genuss des Kreuzfahrerablasses gelangen, waren damit jedoch von ihrem Gelübde zur persönlichen Teilnahme entbunden[32]. Mit diesem verfahrenstechnischen Trick wird man wohl versucht haben, größere Geldsummen auch von Personen aufzubringen, die in Wirklichkeit niemals die Absicht gehabt hatten, nach Palästina zu ziehen[33], obwohl der offizielle Text der Bulle eher den Anschein erweckt, als handle es sich um ein vom Papst auf Schottland ausgeweitetes Privileg, dass aufgrund einer Anfrage König Alexanders gewährt worden sei, und als seien die Gelder zum Unterhalt der Kreuzfahrer gedacht, die sich tatsächlich auf die gefährliche Reise begaben. Es war jedenfalls eine Aufgabe, die Otto auch durch einen Briefwechsel mit Schottland oder durch die Entsendung eines Beauftragten hätte regeln können; seiner persönlichen Anwesenheit hätte es nicht bedurft. Und in der Tat wurde am 27. August 1238 dem Italiener Peter de Supino – einem päpstlichen Beamten, der bereits 1237 für Otto in England als Kollektor päpstlicher Steuergelder tätig gewesen war, inzwischen aber an die Kurie zurückgekehrt war – von der päpstlichen Kanzlei ein an den Bischof von St. Andrews gerichtetes Beglaubigungsschreiben gegeben[34]. Man nimmt an, dass er in finanziellen Angelegenheiten nach Schottland geschickt wurde. Doch ist davon auszugehen, dass dieses Schreiben niemals seinen Empfänger erreichte, da es sich noch heute in den „English royal archives“ befindet, zumal die Diözese St. Andrews damals über ein Jahr lang vakant gewesen war[35]. Inzwischen war es aber für Otto nötig geworden, mit dem schottischen Klerus über eine päpstliche Subsidienforderung zu verhandeln. Es handelte sich dabei offenbar eher um eine freiwillige, karitative Abgabe als um eine verpflichtend eingeforderte Steuer. Der Klerus konnte daher auch nicht zur Zahlung gezwungen werden, stattdessen musste er sein ausdrückliches Einverständnis dazu geben, was ohne vorheriges gutes Zureden kaum zu erwarten war. Es sind keine Belege für den genaueren Verwendungszweck dieser Steuer überliefert, aber sehr wahrscheinlich entsprach sie jener

[32] THEINER, Monumenta 38, Nr. 96; CPL I 169.

[33] LUNT, Financial Relations 430f.

[34] CDS I 558f., Nr. 4; LUNT, Financial Relations 147; BAGLIANI, Cardinali I 95f.

[35] WATT, Fasti 292.

Steuer, die im November 1238 vom englischen und französischen Klerus zur Unterstützung des lateinischen Kaiserreiches von Konstantinopel erhoben wurde[36]. Weniger spricht dagegen für die Annahme, dass sie, worauf der Zeitpunkt schließen lassen könnte, der 1239 in England erhobenen Steuer gleichzusetzen ist, die der dortige Klerus für den Kampf gegen den exkommunizierten Kaiser Friedrich II. aufzubringen hatte[37]. Es hatte schon zu den Aufgaben Ottos in England gezählt, Synoden abzuhalten, um die Zustimmung des Klerus zu solchen Steuerforderungen zu bekommen, wobei er in der ersten Sache mehr Erfolg hatte als in der zweiten. So dürfte es sich denn auch im Oktober 1239 in der Abtei Holyrood verhalten haben. Allerdings erwähnen die überlieferten schottischen Chroniken nichts dergleichen. Lediglich die englischen Chronisten erklären, Otto habe durch die Erhebung eines Dreizehnten oder eines Zwanzigsten – bei dieser Angabe weichen die Chronisten voneinander ab – einen keineswegs unbedeutenden Geldbetrag zusammenbekommen[38]. Die genauere Natur der in Schottland erhobenen Steuer ist und bleibt jedoch unbekannt. Aus einer auf den 29. März 1240 datierten Prozessakte, die von Zahlungen spricht, die die Pfarreien des Königreiches Schottland dem Legaten zugesagt haben[39], geht indes eindeutig hervor, dass es sich um eine allgemeine Steuer gehandelt haben muss. Bemessungsrahmen war der Wert einer jeden kirchlichen Pfründe, von der ein bestimmter Bruchteil als Abgabe erhoben wurde. Otto ließ die Einziehung dieser Steuer, die zu einem großen Teil im Lauf des Jahres 1240 erfolgte, von seinen Mitarbeitern, darunter Peter ‚den Roten', überwachen. Noch vor Jahresende dürfte bereits eine beträchtliche Geldsumme zusammengekommen und aus Schottland abtransportiert worden sein[40].

Ein weiterer Aufgabenbereich, mit dem sich das Konzil von Holyrood beschäftigte, war natürlich mit der Publikation von Konstitutionen bzw. Kanones gegeben, die Otto entsprechend den Bedürfnissen der schottischen Kirche auswählte, so wie er es bereits auf den Legationsreisen nach Deutschland und Dänemark gemacht hatte[41], ebenso wie auf dem durch ihn einberufenen berühmten Londoner Konzil von 1237. Doch anders als im Falle Englands, wo von seinen Konstitutionen, Bestimmungen und

---

[36] Laut LUNT, Financial Relations 194-196, ersuchte man um die Zahlung eines auf drei Jahre angelegten Dreißigsten; indes wurde dieses Ansinnen abgelehnt.

[37] LUNT, Financial Relations 197-205; vgl. die von WILLIAMSON, Legate Otto 21, geäußerte Ansicht.

[38] H. R. LUARD, Flores Historiarum II (= Rolls Series 95) 233, 240; vgl. auch SAEC 346.

[39] Dunfermline Registrum 137.

[40] SAEC 346; LUNT, Financial Relations 203-205, 612; vgl. auch unten S. 100 Anm. 45.

[41] BAGLIANI, Cardinali I 83f.

Kanones sehr viele Abschriften gemacht wurden, auf die man sich das ganze Mittelalter hindurch bezogen hat und die man immer wieder studierte[42], sind seine für Schottland bestimmten Konstitutionen nicht als ein geschlossenes Ganzes, jedenfalls nicht als ein solcher zu identifizierender Komplex von rechtlichen Bestimmungen erhalten. Doch wie schon in England lag das Entscheidende der Publikation dieser durch den Legaten erlassenen Konstitutionen vor allem in ihrer Verlesung auf dem Konzil. So gut es ging, versuchten die Anwesenden, Abschriften davon zu erhalten[43]. Bischof David de Bernham von St. Andrews, von dem man annimmt, dass er am Legatenkonzil als designierter Bischof[44] teilgenommen hat, nahm jedenfalls 1242 auf einer Diözesansynode Bezug auf ‚das, was kürzlich durch unseren ehrwürdigen Vater Otto, von Gottes Gnaden Legat für Schottland, bestimmt worden war bezüglich des Amtssitzes und der Weihe von Vikaren'. Dabei setzte er bei seinen Hörern offensichtlich voraus, dass sie die Strafen kannten, die Otto bei Übertretung seiner Vorschriften und Bestimmungen festgesetzt hatte[45]. Wir können daher annehmen, dass Otto auch für Schottland eine Konstitution geschaffen hat, die denselben Grundlinien wie in Kanon 10 der Konstitution von London folgte, aber nicht völlig identisch mit diesem gewesen sein muss. Auch lässt sich aus der auffälligen Aktivität, mit der Bischof Bernham zwischen 1240 und 1249 Pfarrkirchen weihte[46], darauf schließen, dass eine diesbezügliche Konstitution auf dem Konzil von Holyrood erlassen wurde. Ob es sich dabei allerdings um denselben Wortlaut wie in Kanon 1 des Londoner Konzils handelte, ist nicht bekannt. Hingegen lässt ein genauerer Textvergleich zwischen den Konstitutionen 16, 17, 18 und einem Teil der 51. Konstitution der Statutensammlung der schottischen Kirche (die im nachfolgenden 5. Kapitel noch ausführlicher behandelt werden) und den Kanones 5, 8, 16 und 18 des Londoner Konzils erkennen[47], dass hier signifikante Übereinstimmungen und Ähnlichkeiten bestehen. Obwohl weitere Teile der Konstitution von Holyrood erst noch zu identifizieren sind, so darf man schon D. M. Williamson beipflichten, wenn dieser schreibt: „Perhaps the most important effect of Otto's visit is to be seen in the activities of David de Bernham and possibly other reforming bishops; syn-

[42] WILLIAMSON, Aspects 160.

[43] WILLIAMSON, Aspects 164, dann fährt die Autorin fort: „They were authoritative formulations for England of the general law of the church, wich filled in the gaps and strengthened the sanctions of the existing legislation" (ebd. 165).

[44] WATT, Dictionary 42.

[45] SES II 62, Nr. 134.

[46] WATT, Dictionary 43.

[47] C&S II/1, 247-249, 252f.

ods and visitations were best calculated to attack the abuses of the church“[48].

Über Ottos Aktivitäten während seines Besuches in Schottland ist im Gegensatz zu denen in England[49] sehr wenig bekannt[50]. Einem jungen Kleriker, der später Bischof werden sollte, erteilte er eine persönliche Dispens wegen Illegitimität (seiner Geburt). Außerdem gewährte er einen allgemeinen Ablass, möglicherweise der Abtei Holyrood[51]. Am 8. Oktober 1239 regelte er in dem in der Grafschaft Roxburgh gelegenen Melrose den Abtwechsel für die exempte Abtei Kelso[52] und gewährte dem Kloster bei seiner Abreise aus Schottland am darauffolgenden 2. November eine finanzielle Vergünstigung[53]. Außerdem vermittelte er in einer Patronatsangelegenheit zwischen dem Bischof und dem Domkapitel von Dunkeld, und erreichte schließlich die Zustimmung der beiden zerstrittenen Parteien zu einem von ihm gefällten Schiedsspruch[54]. Dass ein weisungsbefugter Vertreter aus dem entfernten Rom – wenn auch nur für kurze Zeit – sich in Schottland aufhielt, dürfte im übrigen eine willkommene Gelegenheit gewesen sein, unmittelbare Antwort auf schottische Gesuche um Privilegien oder ein gerechtes Urteil zu erlangen. Es wird wohl Ähnliches gegolten haben wie für den Aufenthalt des Legaten in England, von dem Williamson schreibt: „The machinery of papal authority ... can be seen, therefore, to be running with almost perfect smoothness, and the papal representative is everywhere accorded that respect which is evidently to be paid to the pope himself“[55].

---

48 WILLIAMSON, Legate Otto 24.

49 Vgl. seine Reiseroute in WILLIAMSON, Aspects 171-173.

50 WATT, Dictionary 5-7, Stichwort „Albin“.

51 Chron.Lanercost I 48.

52 Chron.Melrose 86f.

53 Kelso Liber II 338f., Nr. 442.

54 D. E. EASSON – A. MACDONALD, Charters of the Abbey of Inchcolm, Edinburgh 1938 [= SHS 1938], 15-17, Nr. 18. All diese Aktivitäten wurden von WILLIAMSON, Legate Otto 24-26, analysiert. Seiner Gerichtbarkeit oblag in den Streitfällen die erste Instanz, vgl. hierzu WILLIAMSON, Aspects 149.

55 WILLIAMSON, Aspects 146.

5. Kapitel

Provinzial- und Diözesanstatuten aus der Mitte des 13. Jahrhunderts

Als Teil eines im 13. Jahrhundert in ganz Europa zu beobachtenden Phänomens, das sich als Übergang von der mündlichen Verwaltungspraxis zu einer zunehmenden Verschriftlichung begreifen lässt[1], begannen auch die Partikularkonzilien und -synoden jedweden Ranges mehr und mehr die Leitfunktion der allgemeinen Konzilien anzuerkennen und verwendeten ihrerseits viel Zeit und Mühe darauf, sowohl die überlieferten Traditionen und Bräuche als auch die verschiedenen Reformvorschläge schriftlich zu fixieren und zu definieren[2]. Zwar hatte das IV. Laterankonzil 1215 in Kanon 6 die Sammlung und Ausarbeitung von Statuten nicht eigens als eine Aufgabe der Provinzial- bzw. Diözesansynoden erwähnt; indes darf man es wohl als ein Zeichen der Zeit deuten, dass man sich nun überall geradezu überschlug, Statuten zu publizieren, um mit ihrer Hilfe die Organisationsabläufe und die Gerichtsverfahren auf den Synoden zu optimieren. Besonders in England, Frankreich, Deutschland und Italien war dies eine typische Zeiterscheinung des 13. und frühen 14. Jahrhunderts, die maßgeblich vor dem Hintergrund der allgemeinen Gesetzeskodifikation der abendländischen Kirche im *Corpus Iuris Canonici* zu sehen ist, wobei die *Decretalia Gregorii IX* von 1234 eine ganz besondere Rolle spielten[3]. Schottland machte hierbei keine Ausnahme und kann ebenfalls Sammlungen von Synodal- und Provinzialstatuten vorweisen, die, ähnlich wie in Frankreich[4], in Handschriften überliefert sind, die keinen klaren Unterschied zwischen ersteren und letzteren erkennen lassen. Wie schon in England beobachtet werden kann, nimmt dann mit Ende des 13. Jahrhunderts das Interesse an Konzilien und Synoden offenbar ab, zumindest gibt es nur noch einzelne spärliche Hinweise darauf[5]. Allerdings gehörte

---

[1] M. T. CLANCHY, From Memory to Written Record, London 1979, passim.

[2] PONTAL, Statuts 56; CHENEY, Texts 141f.

[3] CHENEY, Synodalia 34-36; PONTAL, Statuts 39-51; vgl. auch TREXLER, Synodal Law, bezüglich der Diskussion um die frühesten bekannten Synodalstatuten für zwei exemte Diözesen in Italien, die auf die Jahre 1306 und 1310 datiert werden.

[4] PONTAL, Statuts 65f.

[5] CHENEY, Texts 150; DERS., Synodalia 43; PONTAL, Statuts 50.

es auch weiterhin zu den Aufgaben der Bischöfe, Verfahrensregeln zu erlassen und Bestimmungen, wie das Volk sich zu verhalten habe.

Analysiert man die erhalten gebliebenen Statutensammlung der schottischen Kirche aus dem 13. Jahrhundert, so fällt auf, dass es nur einen einzigen festen Bezugspunkt gibt, zu dem alles andere in irgendeine Beziehung gesetzt werden muss. Im Lambeth-Palast in London wird heute eine Handschrift aufbewahrt, die ‚sehr bald nach 1500' verfasst wurde[6] und eine Sammlung von einunddreißig Statuten (Die Aufteilung geht auf Joseph Robertson für die von ihm veranstaltete Edition von 1866 zurück!) enthält, die Bischof David de Bernham von St. Andrews für das Archidekanat von Lothian in seiner Diözese auf einer Synode in Musselburgh bei Edinburgh am 5. Mai 1242 erlassen hat[7]. Es ist dies auch ein Hinweis darauf, dass wenigstens jener unter den schottischen Bischöfen die Ermahnungen des Legaten Otto ernst genommen hat[8]. Bischof David war wohl auch am Wortlaut jener Statutensammlung interessiert gewesen, die der berühmte Bischof Robert Grosseteste – wahrscheinlich 1239 – für die Diözese Lincoln zusammengestellt hatte[9]. Darauf deutet jedenfalls hin, dass in die Handschrift von Lambeth eine Liste von Rubriken zu den Statuten Grossetestes noch vor den Statuten Bernhams eingetragen wurde[10]. Mit großer Wahrscheinlichkeit ist daher anzunehmen, dass entsprechende Informationen in St. Andrews bereits verfügbar waren, als Bernham seine Diözesanstatuten erließ. Indes zeigen Bernhams Statuten nur geringe sprachliche Anklänge an die Statuten Grossetestes[11]. In der Tat ist es bemerkenswert, wie wenig Parallelen festzustellen sind. Ja, selbst wenn man nach weiteren möglichen Quellen sucht, aus denen Bernham abgeschrieben haben könnte, finden wir lediglich zwei Statuten, die von ihrem Wortlaut her auf die Statutensammlung aus Salisbury von 1217/19 verweisen – einer Sammlung, die 1228/36 ein weiteres Mal für die Diözese Durham erlassen wurde und die von den damaligen englischen Bischöfen gerne als Vorlage genutzt wurde[12]. Es deu-

[6] Diese Meinung äußerte N. R. KER, Medieval Manuscripts in British Libraries I, Oxford 1969, 93, bezüglich der Datierung von Lambeth Palace MS 167. Diese Sammlung repräsentiert wahrscheinlich jene Statuten, die in Kraft waren, bevor Erzbischof Forman seine Statuten von 1516/21 erließ (vgl. SES I, S. CCLXX-CCLXXXV; vgl. auch hierzu S. 183).

[7] Es handelt sich dabei um die Statuten 109-139 in SES II 53-63, bzw. in PATRICK, Statutes 57-67. Das Datum ist zu entnehmen aus Chron.Bower V 177.

[8] Siehe oben S. 48f.

[9] C&S II/1, 265-278.

[10] Diese Liste ist bis auf die Nrr. 1, 2 und 43 komplett. Vgl. SES II 51f. Anm. 108; C&S II/1, 276-278.

[11] Bernham Nrr. 129, 132, 135, 137; vgl. Grosseteste Nrr. 31, 15, 30.

[12] Vgl. C&S II/1, 57-96; Vgl. Bernham Nrr. 111 und 138 mit Salisbury Nrr. 21 und 36. Vgl. auch die Diskussion hierüber in CHENEY, Synodalia, 62ff.

tet auch nichts darauf hin, dass der beherrschende Einfluss, den die von Bischof Odo de Sully 1204 in Paris erlassenen Statuten auf dem Kontinent ausübten, bis nach St. Andrews gereicht hätte[13].

Im italienischem Kontext hat man beobachtet, dass ein Kodex mit synodalen Konstitutionen entweder aus Vorschriften bestehen konnte, die schon lange in Kraft waren, oder eine Gruppe neuer Gesetze enthielt, die einem schon bestehenden Korpus von Gesetzen hinzugefügt wurde, oder aber, wie im Falle von Fiesole (1306) und Florenz (1310), aus gänzlich neuem Material bestand, ohne dass auf ältere Textvorlagen zurückgegriffen wurde[14]. Bei Bischof Bernhams Statutensammlung stellte man daher Vergleiche mit Passagen aus dem allgemeinen Kirchenrecht an, welche auf das sog. *Decretum Gratiani*[15] oder auf die Kanones des Dritten und Vierten Laterankonzils[16] zurückgehen. Zweifelsohne hatte der Aufenthalt des Legaten Otto dazu geführt, dass das zeitgenössische Rechtsdenken auch den Weg nach Schottland gefunden hat. Allerdings schreibt Bernham in seiner Präambel ausdrücklich, er wolle zunächst einige Statuten seiner Vorgänger (*ex antiquis patribus*) in Erinnerung rufen, und erst dann seine eigenen neuen Statuten anhängen[17]. Wenn auch die Suche nach weiteren Einflüssen, die hinter Bernhams Sprachgebrauch auszumachen sind, in seiner Statutensammlung noch nicht abgeschlossen ist, so scheint diese Statutensammlung doch immerhin eine alte schottische Überlieferung zusammenzufassen, der von Bischof David einige weitere, mit eigenen Worten formulierte Statuten hinzugefügt werden, deren Ursprung sich indes nicht mehr nachweisen lässt. Dass Bernhams Statutensammlung als Ganzes noch im frühen 16. Jahrhundert abgeschrieben wurde, beweist jedenfalls, dass sie selbst 250 Jahre nach dem Zeitpunkt ihrer Publikation auf ein lebendiges Interesse stieß.

Die zeitgenössische Bedeutung, die Bernhams Statuten für St. Andrews besaßen, wird indes klarer, wenn man in Betracht zieht, dass wohl auch die meisten anderen schottischen Bischöfe durch Ottos Legation dazu an-

---

13 PONTAL, Statuts 82. Vgl. Einzelheiten der französischen Gesetzessammlung in: DIES., Les statuts synodaux français du XIIIe siècle, I-II, Paris 1971-1983. Pontal hat freundlicherweise die auf verschiedenen französischen Konzilien (1204-1260) erlassenen Statuten mit den schottischen Statuten derselben Zeit verglichen und stellt fest, dass keine Ähnlichkeiten im Wortlaut zu konstatieren sind, obwohl viele der behandelten Themen und Fragen in beiden Ländern dieselben waren, so dass man nicht davon ausgehen kann, dass die schottischen Bischöfe damals Abschriften der auf den französischen Konzilien erlassenen Statuten haben erstellen lassen.

14 TREXLER, Synodal Law 9.

15 Nr. 114.

16 Nrr. 126, 111 und 128.

17 SES II 53.

geregt wurden, eigenen Synodalstatuten zu erlassen, und dass in der Tat noch eine weitere Sammlung die Zeit überdauert hat, die sich mit der Bernhams vergleichen lässt. Es handelt sich um einen Korpus von ebenfalls einunddreißig Statuten (entsprechend einer Einteilung von Robertson), die mit der Diözese Aberdeen in Verbindung gebracht werden[18]. Diese Sammlung findet sich in nur einer einzigen Handschrift, einem Register der Kathedrale von Aberdeen, welches wahrscheinlich zur Zeit von Bischof Adam de Tyningham, d.h. in den achtziger Jahren des 14. Jahrhunderts, angelegt bzw. begonnen worden ist[19]. Zur Einrichtung dieses neuen Registers wurden etliche Abschriften von Sammlungen aus dem 13. Jahrhundert erstellt, darunter auch eine Sammlung der ‚Allgemeinen Statuten der Schottischen Kirche' (*Statuta generalia ecclesie Scoticane*) sowie eine weitere von einem Zinsbuch über den ‚zweiten Zehnten', der dem Bischof von Aberdeen aus den königlichen Einkünften der »sheriffdoms« von Aberdeen und Banff zustand[20]. Zweifelsohne wurde dieses Zinsbuch im Zuge der Abschrift auf den neuesten Stand gebracht[21]. Deshalb ist es durchaus denkbar, dass auch die Statuten einer Überarbeitung unterzogen wurden, statt dass man sie einfach nur abgeschrieben hätte. Jedoch wird man bei näherer Behandlung dieses Teils der Sammlung, der sich auf die gesamte schottische Kirche bezieht, sehen können, dass der Text exakt einem aus dem 13. Jahrhundert überlieferten Text entspricht[22]. Aus diesem Grund darf wohl auch für den anderen Teil der Sammlung, der die Synodalstatuten von Aberdeen enthält, angenommen werden, dass dieser wahrscheinlich eine unveränderte Abschrift aus dem 13. Jahrhundert ist. Bemerkenswert ist dabei, dass dieser Teil (ab Nr. 56) nicht als ‚Synodal'statuten von dem älteren Teil abgeteilt wurde, sondern als ‚Provinzial'statuten. Die ganze Sammlung ist in der Handschrift von der Anfangsrubrik an ohne Bruch wiedergegeben. Doch hat J. Robertson sicher recht, wenn er die Nrn. 56-86 als Synodalstatuten betrachtete, die aus der Diözese Aberdeen stammen, obwohl es keinen spezifischen Beweis für diese spätere Einfügung gibt. Sie sind heutigen Tages lediglich als Ab-

[18] SES II 30-43, Nrr. 56-86; Patrick, Statutes 30-45; vgl. auch Aberdeen Registrum II 23-36, Nrr. 55-83 (in 29 Statuten unterteilt).

[19] National Library of Scotland, Adv. MS 16. 1. 10. Vgl. die Beschreibung des Manuskripts bei G. R. C. Davis, Medieval Cartularies of Great Britain, London 1958, 129. Bezüglich Tyningham vgl. Watt, Dictionary 551-555.

[20] Aberdeen Registrum II 4ff., I 55ff. Vgl. auch die Faksimiles dieses Registers, die ausweisen, dass beide Sektionen des Manuskriptes von derselben Hand stammen.

[21] „Mariota de Kardeny" (oder Cardeny), das als zu Aberdeen gehörig erwähnt wird (Aberdeen Registrum I 56), wurde erst seit der Thronbesteigung Roberts II. 1371 mit königlichen Garantien ausgestattet. Vgl. hierzu RMS I, Nr. 506.

[22] Vgl. unten S. 65f.

schrift in einem Aberdeener Register enthalten. Die auf die Unterteilung hinweisende Rubrik, die vor Nr. 56 hätte kommen müssen, ist verloren, aber alles deutet darauf hin, dass es sich dabei eher um die Statuten einer Diözesansynode unter dem Vorsitz eines einzigen Bischofs handelt als um Statuten, die die gesamte schottische Kirche betreffen[23]. Ähnlich wie in der Lambeth-Handschrift, wo einige Synodalstatuten, die sich lediglich auf die Diözese St. Andrews beziehen, an allgemeinere Statuten für die gesamte schottische Kirche anschließen, so verhält es sich auch im Fall von Aberdeen. Betrachtet man den Inhalt der Nrn. 56-86, so wird unzweifelhaft klar, dass es bei diesen Statuten – wie auch bei denen für St. Andrews – um Einzelheiten bei der Verwaltung und Spendung der Sakramente ging, andererseits aber wesentlich weniger Interesse an Angelegenheiten der kirchlichen Freiheiten oder des Zehnten bestand, wie das bei Provinzialstatuten der Fall war.

In zwei Punkten unterscheiden sich die Statuten von Aberdeen jedoch deutlich von denen von St. Andrews. So wird zum einem keine genaue Angabe zur Datierung gemacht. Die heute vorliegende Version weist auf eine Veröffentlichung durch einen nicht genannten Bischof zu einem unbekannten Zeitpunkt hin. Aus ihr geht lediglich hervor, dass man dabei auf eine ältere Version eines seiner Vorgänger zurückgegriffen hat[24], so dass die Sammlung in ihrer heutigen Fassung wohl eher eine Kumulation von Statuten darstellt, die über die Jahre kontinuierlich angewachsen ist, als dass hier ein einzelner Bischof zu einem fest fixierten Zeitpunkt ein umfassendes Reformwerk vorgelegt hat. Es ist allerdings klar, dass diese Sammlung ungefähr zur gleichen Zeit abgefasst worden sein muss wie die Statuten von St. Andrews, da sie in ähnlicher Weise die Vorlagen, die auf die Kanones des Dritten und Vierten Laterankonzils zurückgehen[25], nutzt, obwohl es einen eindeutigen Hinweis auf den Besuch des Legaten Otto nicht gibt. Von besonderem Interesse ist indes, wo diese Statuten nicht mit jenen von St. Andrews übereinstimmen. Denn ein Großteil der Aberdeener Statuten geht auf jene schon erwähnte 1217/19 in Salisbury entstandene Sammlung zurück. Allerdings ist dieses Thema zu komplex, um es an dieser Stelle abhandeln zu können. Sicher ist, dass mindestens zwölf Statuten mehr oder weniger Einflüsse der älteren Salisbury-Statuten aufweisen, ja sogar mitunter auf komplizierte Weise ineinander verwoben sind, wobei nicht selten kleinere Veränderungen vorgenommen

---

[23] Vgl. Nrr. 64, 71, 74.

[24] Nr. 74; vgl. Nr. 76.

[25] Nr. 65 bezieht sich auf Kanon 7 des Dritten Laterankonzils und Nrr. 58, 63, 66 und 80 beziehen sich auf die Kanones 21, 14, 15, 16, 19, 51 und 39 des Vierten Laterankonzils.

oder Zusätze eingefügt wurden[26]. Man hat sich wohl sehr darum bemüht, die Bräuche der Diözese Aberdeen auf den neuesten Stand zu bringen, was nach 1217 und vermutlich vor 1250 geschehen sein muss, denn um die Mitte des 13. Jahrhunderts „the statutes of Salisbury lose the pre-eminent importance which they at first possessed"[27]. Da jede Bezugnahme auf die Gesandtschaft Ottos fehlt, hat man den Großteil dieser Synodalakten auf die Zeit zwischen 1220 und 1240 datiert, und es konnte keinerlei Anhaltspunkt dafür gefunden werden, der die spätere Datierung eines oder mehrerer Statuten verlangen (*required*) würde. Jene zwanzig Jahre waren sicherlich eine sehr produktive Zeit, was die organisatorische Entwicklung der Diözese Aberdeen anbelangt[28], und es ist nicht ausgeschlossen, dass die Sammlung auf Gilbert de Stirling zurückgeht, der von 1228 bis 1239 Bischof von Aberdeen war[29].

Die Plausibilität dieses Argumentes hätte vielleicht untermauert werden können, wenn es gelungen wäre nachzuweisen, dass einige Statuten von Aberdeen die Entstehung der Sammlung von St. Andrews im Jahr 1242 beeinflusst haben, was indes nicht der Fall war. Einige Themen wurden zwar auf dieselbe Art und Weise abgehandelt, was ja auch kaum überrascht[30]; es fällt allerdings auf, dass sich die Bestimmungen zur Sakramentenspendung erheblich voneinander unterscheiden[31], und zwar nicht zuletzt deshalb, weil Aberdeen in diesem Fall – im Gegensatz zu St. Andrews – seine Definition einer guten Sakramentenpraxis von Salisbury übernommen hat. Aus der Tatsache, dass beide Statutensammlungen offenbar eine längere Vorgeschichte haben, muss man wohl schließen, dass in den beiden Diözesen auffallend unterschiedliche Gewohnheiten bezüglich der liturgischen Praxis bestanden haben.

Dies ist eine grundlegende Tatsache, die bei der Erörterung der Statuten des schottischen Provinzialkonzils nicht aus dem Auge zu verlieren ist. Das Anliegen von Kanon 6 des Vierten Laterankonzils war es, Reformen vom allgemeinen Konzil ausgehend über die jährlich stattfindende Provinzialsynode bis in die ebenfalls alljährlich einzuberufenden Diözesansynoden – sozusagen von oben nach unten – weiterzugeben. Seit 1225 bestand auch in Schottland die Möglichkeit, an der vorgezeichneten Form der Weitergabe kirchlicher Autorität teilzuhaben, und sicherlich war die

---

[26] Nrr. 56, 58-64, 66, 72, 80, 82.

[27] CHENEY, Synodalia 89.

[28] WATT, Fasti 5.

[29] WATT, Dictionary 524.

[30] Vgl. Aberdeen Nrr. 56, 80, 83, 86 und St. Andrews Nrr. 111, 136, 137, 121, 124, 131.

[31] Vgl. Aberdeen Nrr. 56, 58, 60-62 und St. Andrews Nrr. 118, 119, 115, 117, 119.

Zahl der regulär stattfindenden Provinzialsynoden hier wesentlich höher als in England und Frankreich[32].

In Wirklichkeit dürfte es aber meistens der jeweilige Bischof gewesen sein, der seiner (Orts-)Synode den Stempel der eigenen Autorität aufdrückte, allein schon dadurch, dass er festlegte, welche kirchlichen Gesetze bzw. Gewohnheiten durch schriftliche Abfassung, durch mündliche Ermahnung und bei administrativen, strafrechtlichen und jurisdiktionellen Verfahren besonders herausgestellt werden sollten. Bevor man daher irgendwelche Provinzialstatuten genauer zu untersuchen beabsichtigt, sollte man sich vor Augen halten, dass in Schottland, wie auch anderswo, ganz unterschiedliche Gesetzeswerke auf der Ebene der Diözesen – gleichgültig, ob diese auf Gewohnheitsrecht beruhten oder schriftlich festgehalten wurden – im frühen 13. Jahrhundert bestanden. Auf diesen aufbauend konnten erst Statuten auf der Ebene der Provinz mit allgemeinverbindlichen Regelungen für die Gruppe der zehn exempten Bistümer geschaffen werden. Da es indes keinen Metropoliten gab, der über die nötige Autorität verfügt hätte, für seine Suffraganbischöfe einen entsprechend allgemein verbindlichen Rahmen zu erlassen, sondern lediglich ein Konzil von Gleichrangigen, welches Vorschläge zur besseren Praxis erarbeitete, muss es weiteren Untersuchungen vorbehalten bleiben zu klären, inwieweit jeder einzelne Bischof willens gewesen war, Provinzialstatuten innerhalb der eigenen Diözese umzusetzen, insbesondere dann, wenn sie die Modifikation lokaler Gebräuche mit sich brachten[33]. Dies also ist der Hintergrund, vor dem die erhalten gebliebenen Texte von Provinzialstatuten der schottischen Kirche aus dem 13. Jahrhundert einer weiteren Analyse unterzogen werden sollen.

Drei Handschriften kommen für eine nähere Untersuchung in Betracht. Deren erste lässt uns einen *terminus ad quem* bestimmen. Als zeitlicher Entstehungsrahmen ist für diese sicher einzuordnende Sammlung von Provinzialstatuten das 13. Jahrhundert anzusetzen, selbst wenn diese nur in Abschrift in wesentlich jüngeren Handschriften erhalten ist. Es handelt sich dabei um die Handschrift MS Ethie[34], in welchem die fragmentarischen Überreste des frühest bekannten Chartulars der Abtei Arbroath in der Diözese St. Andrews überliefert sind. Die Blätter fol. 14v, 16rv (alte Zählung) enthalten einen Teil der *Statuta Concilii Scoticani*, wie sie ei-

[32] Siehe auch S. 50 und 88.

[33] Vgl. unten S. 81f.

[34] Dieses Manuskript befindet sich heute im Dundee City Archiv (GD.130/25/17) und wird nach Ethie Castle in Angus, in der Nähe von Arbroath, benannt, wo es um die Mitte des 19. Jahrhunderts aufgefunden wurde.

ne von fremder Hand geschriebene Rubrik nennt. Ihre Abfassung wurde in die Herrschaftszeit König Alexanders III. (1249-1286) datiert[35]. Ebenso gehört auch fol. 19, das immer noch mit fol. 16 verbunden ist und einen Teil der Bewertungsliste von Benefizien im Bistum St. Andrews und anderen Diözesen enthält, zur ursprünglichen Handschrift[36]. Dieser Teil der Handschrift wird auf die Jahre um 1282 datiert[37]. Da die Liste von derselben Hand geschrieben zu sein scheint, welche auch am oberen Rand von fol. 16v[38] einen Vermerk angebracht hat, lässt dies die Annahme zu, dass der Zeitpunkt der Abfassung der Statuten früher anzusetzen ist. Schwerer ist es dagegen, einen *terminus a quo* zu gewinnen, da dieser nicht mit gleicher Sicherheit dem Manuskript selbst zu entnehmen ist. Zumindest können wir aber den Statutenkodex mit der formalen Präambel und außerdem die Texte der Nrn. 1-5 und 32-50 – mit Ausnahmen von 39 – und Teilen der Nrn. 6, 31 und 51 (in der gedruckten modernen Ausgabe) eindeutig dem 13. Jahrhundert zuweisen. Allerdings findet sich hier keiner der Beschlüsse jenes Legatenkonzils, welches Kardinal Otto 1237 in London abgehalten hat, überliefert[39]. Trotzdem lassen sich aufgrund genereller Überlegungen die Eckdaten 1237 und 1282 als zeitlicher Rahmen für die Abfassung dieser Quelle setzen, wobei die sechziger bzw. siebziger Jahren die größte Wahrscheinlichkeit besitzen. Überliefert wird allerdings allein eine Liste von Provinzialstatuten, an die sich keine Diözesanstatuten mehr anschließen, so dass über den Abfassungsort nichts gesagt werden kann. Sicher ist indes, dass es die Abtei Arbroath war, die nach diesen Statuten als einem quasi jederzeit verfügbaren Nachschlagewerk verlangte.

Die zweite Quelle ist das Kathedralregister von Aberdeen, von dem bereits früher die Rede war[40]. Der Teil der Handschrift, der das für unsere Untersuchung Wichtige enthält, stammt wahrscheinlich aus den achtziger Jahren des 14. Jahrhunderts. Er beginnt auf fol. 25v mit einer Abschrift der hierfür maßgeblichen päpstlichen Bulle von 1225; es schließt sich ein

---

[35] „In a hand not later than the reign of Alexander III" (Arbroath Liber I, S. XXXIII). Diese Datierung wird auch von Robertson akzeptiert, vgl. SES I, S. CXCII-CXCIII , als dessen Deckblatt ein Faksimile von fol. 14v dient.

[36] Gedruckt in Arbroath Liber I 240-247, beginnend mit „Ecclesia de Nygg".

[37] Dort heißt es, dass die Kirche von Garvock zur Abtei Arbroath gehörte (Arbroath Liber I 247), was in dieser Formulierung wohl darauf hinweisen soll, dass sie erst kurz zuvor an die Abtei gelangt war. In der Tat wurde die Kirche der Abtei im August 1282 übergeben, was ein Jahr später im September vom Bischof von St. Andrews bestätigt wurde (ebd. 271-273, Nrr. 314-317).

[38] Vgl. in SES II, S. IX, Nr. 49.

[39] Vgl. oben S. 55; vgl. unten S. 72.

[40] Vgl. oben Anm. 20.

Paragraph an, der sonst nirgendwo zu finden ist, mit der Überschrift ‚Zur Vorgangsweise auf dem Konzil des schottischen Klerus'[41]. Danach folgt auf fol. 26r die Rubrik ‚Hier beginnen die allgemeinen Statuten der schottischen Kirche'[42], die dieselbe Präambel enthält wie MS Ethie und die von derselben Hand geschrieben wurde wie die vorausgehende Bulle. Schließlich kommen noch eine ganze Reihe von Statuten, die in den gedruckten Ausgaben als Nrn. 1-38 und 40-55 gezählt werden[43]. Da der Text anschließend mit einer Reihe von Diözesanstatuten, wie oben bereits diskutiert, fortgesetzt wird, scheint es so, als seien diese Provinzialstatuten in Aberdeen überliefert und abgeschrieben worden. Dafür spricht, dass sie dort als ebenso autoritativ betrachtet wurden wie die Statuten des Ortsbischofs. Man nimmt an, dass sie durch einen Bischof dorthin gelangt sind, der zuvor an einer Provinzialsynode teilgenommen hatte. Noch wahrscheinlicher ist, dass diese Version der Statuten eine Liste wiedergibt, die von verschiedenen Synoden, die über eine Reihe von Jahren stattfanden, herrührt und vor Ort bewahrt wurde, wo man sie dann von Zeit zu Zeit mit Zusätzen ergänzte. Nachdem sich nur knapp die Hälfte dieser Statuten anhand von MS Ethie überprüfen lässt, schließt man die Möglichkeit nicht aus, dass einige davon auf Synoden oder Konzilien zurückgehen, die erst nach diesem Datum abgehalten wurden, und zwar zwischen den siebziger Jahren des 13. und denen des 14. Jahrhunderts. Darüber wird später noch mehr zu sagen sein.

Die dritte Quelle ist die Handschrift Lambeth MS 167, die ‚sehr bald nach 1500' geschrieben wurde[44]. Dieses Manuskript enthält eine allgemeine Sammlung schottischer Kirchengesetze verschiedenster Art[45]. An deren Ende befindet sich ein aus zwölf Blättern bestehender Teil (fol. 237r-248v), der unter der Rubrik *Incipiunt statuta ecclesiastica* steht und mit der Kolophon *Explicunt statuta ecclesiastica* schließt. Die Reihe beginnt mit vierzehn Statuten, die unterschiedliche Themen behandeln und sonst nirgends überliefert sind[46]. Ohne Einschnitt folgt darauf die Präambel und die vollständige Reihe der Provinzialstatuten, wie es auch in MS

---

[41] *Modus procedendi in concilio cleri Scoticani*; gedruckt im Aberdeen Registrum II 4 und SES II 4. Vgl. auch PATRICK, Statutes 2f. Dieser Paragraph stammt mit Sicherheit von einer anderen Hand, jedoch ist er – so vermutet man – nicht späteren Datums (vgl. Robertsons Meinung dazu in SES I, S. CXIII Anm. 6).

[42] *Incipiunt statuta generalia ecclesie Scoticane*. Vgl. hierzu auch das Faksimile im Aberdeen Registrum II 4, wo „fol. 29" ein Fehler ist.

[43] D.h. in SES und PATRICK, Statutes; die Nummerierung im Aberdeen Registrum ist anders und verläuft von 2 bis 54.

[44] Siehe oben Anm. 6.

[45] Vgl. die Untersuchung dieses Manuskriptes in APS I 202f.

[46] In SES II 44-47 als Nrr. 87-100 gedruckt; PATRICK, Statutes 46-50.

Ethie und MS Aberdeen der Fall ist. In der Lambether Handschrift wird die Reihe um acht weitere Statuten erweitert, die sich in dieser Form an keinem anderen Ort nachweisen lassen[47]. Die Reihe schließt mit dem Index von Grossetestes Lincolner Diözesanstatuten, die bereits oben erwähnt wurden, bevor sich der Teil des Handschrift anschließt, der die Diözesanstatuten von St. Andrews enthält[48]. Wie bei MS Aberdeen wurden Provinzial- und Diözesanstatuten gemeinsam überliefert, es lässt sich sogar eine Vermischung zwischen beiden feststellen. Eindeutig liegt hier jedoch Material vor, das von einer einzigen Quelle oder mehreren stammt, die im frühen 16. Jahrhundert in St. Andrews aufbewahrt wurden. In dieser Handschrift haben wir es demnach mit Statuten zu tun, wie sie nach St. Andrews zurückgebracht und dort im Lauf der Jahre ergänzt wurden. Wo also solche Zusätze in MS Ethie und MS Aberdeen fehlen, kann man wohl davon ausgehen, dass sie in dieser Quelle erst später, d.h. noch bis ins 15. Jahrhundert hinzugefügt worden sind.

Nun stellt sich also die Frage, welchen Schluss man aus einem Vergleich dieser Handschriften ziehen kann. In erster Linie sollte man davon ausgehen, dass Varianten in der Anordnung und der Unterteilung des Textes einfach als das Resultat bewusst vorgenommener Eingriffe durch den Kopisten oder von Schreibfehlern zu werten sind[49]. Indes lassen sich durch die Analyse wenigstens einiger der Unterschiede, wie sie zwischen den Handschriften festzustellen sind, Schlussfolgerungen über die Art und Weise, wie diese Sammlungen zustande kamen, ziehen.

Aufgrund der Anordnung der Nrn. 87-100 in Lambeth MS kann man davon ausgehen, dass sie bereits in jener Handschrift existierten, von der Lambeth MS kopiert worden ist. Das heißt aber auch, dass diese Statuten bereits abgeschrieben worden waren, bevor der durch eine Präambel eingeleitete Hauptkodex hinzu kam. Mag diese Ansicht auch als banal erscheinen, so muss man doch fragen, was dafür spricht. Selbst den modernen Herausgebern dieser Quelle ist es nicht gelungen zu entscheiden, ob diese Statuten auf eine Provinzial- oder aber auf eine Diözesansynode

---

47 In SES II, 48-52 als Nrr. 101-108 gedruckt; PATRICK, Statutes 51-56.

48 Vgl. oben Anm. 10. Interessanterweise liegt in diesem Index nur ein einziger Punkt in abgeänderter Form vor. In der ursprünglichen Rubrik Nr. 37 heißt es: *Ne quisquam eorum audeat vel doceat leges seculares*, während dieses Manuskript die Variante *Quod audiant et doceant leges clericales* aufweist. Vgl. C&S II/1, 274 Anm. 2; PATRICK, Statutes 54 Anm. 2.

49 Beispielsweise wurde in Lambeth MS der letzte Satz von Nr. 88 fälschlicherweise zu Nr. 28 gezählt, Nr. 37 und Nr. 38 werden als ein einziges Statut wiedergegeben, die in den beiden anderen Manuskripten als zwei Statuten zählen, Nr. 18 ist in drei Statuten unterteilt, während es in MS Aberdeen als ein einziges Statut wiedergegeben wird, Nr. 48 fällt ganz weg und wird unter irgendwelchen Synodalstatuten aus dem 14. Jahrhundert als Nr. 162 angeführt.

zurückgehen[50]. Es fällt auf, dass es in den Nrn. 87 und 97-99 um Details des Zehnten geht, ein Thema, das in den bekannten Synodalstatuten von St. Andrews und Aberdeen nicht vorkommt[51], welches aber eine ähnliche Behandlung in jenem Kodex erfährt, der sicherlich von einer Provinzialsynode stammt[52]. Es scheint, dass etwa ab 1225 die Einrichtung der Provinzialsynode plötzlich als ein nützliches Forum betrachtet wurde, auf dem prekäre Interpretationsfragen einer Praxis behandelt werden konnten, die seit bald einem Jahrhundert Schottland betrafen, aber nie geklärt worden waren[53]. Die Bestimmungen über eine Begräbnisgebühr – in den Nrn. 88 und 100 – sind wahrscheinlich unabhängig voneinander entstanden, könnten aber dennoch, durch ähnliche Umstände bedingt, auf einer Provinzialsynode verbindlich definiert worden sein. Nr. 100 nimmt Bezug auf die Aufgaben des ‚Prälaten der Kirche' in Todesfällen, ohne dass ein Testament hinterlassen wurde. Die Sprache dieser Formulierung entspricht nicht unbedingt der Ausdrucksweise eines Bischofs, der seiner Diözese eigene Statuten vermacht, sondern es handelt sich dabei doch eher um den Wortlaut eines Provinzialstatuts. Die Aufstellung dieser Gebührenbestimmung könnte dem Provinzialdekret, welches einen Teil von Nr. 51 des Gesetzeskodex bildet, vorausgegangen sein, mittels dessen Verstöße gegen die entsprechende Bestimmung mit Exkommunikation bestraft werden. Die Festlegung des Rechtes der Priester, ihr Vieh auf der Allmende weiden zu lassen, aufgeführt unter Nr. 92, scheint mit jener Bestimmung gut übereinzustimmen, von der man weiß, dass sie die Bischöfe von Schottland zwischen 1225 und 1232 auf einer Synode erlassen haben[54]. Etwas komplizierter ist Nr. 93, wo es um die Zeiten geht, zu denen bestimmte Teile der Kirchen für Laien unzugänglich waren. Die Ausdrucksweise, in Zeiten, da ‚unsere Kapitel' zusammenkommen, klingt eher – wenn auch nicht notwendigerweise – nach einem einzelnen Bischof als nach einem Statut, das von allen Bischöfen gemeinsam auf einer Synode verabschiedet wurde. Außerdem existiert zu diesem Statut eine eindeutige Parallele in Nr. 81 der Synodalstatuten von Aberdeen. Die etwas einfache Ausdrucksweise von Nr. 94, wo es um das kirchliche Asylrecht geht, besitzt gleichfalls Ähnlichkeiten mit Nr. 67 der Synodalstatuten von Aberdeen, obwohl beide offensichtlich das komplexer formulierte Statut Nr. 26 des Provinzialkodex vorwegnehmen. Von den anderen Statuten

---

[50] SES I, S. CLXXXIV Anm. 1; PATRICK, Statutes 50.
[51] Bei Nr. 70 des Aberdeen-Kodex geht es nur ganz allgemein um solche Themen.
[52] Vgl. besonders Nrr. 34-38, 40-45.
[53] DUNCAN, Kingdom 298.
[54] Siehe oben S. 51.

handeln die Nrn. 89-91 über die Sakramente in einem Ton, der eher in Synodalstatuten verwendet wird, wohingegen die Nrn. 95 und 96 sehr allgemein gehalten sind, und sich mit Abgaben an den Klerus befassen, was ganz offensichtlich auf ihre Herkunft von einer Provinzialsynode hinweist. Alles in allem gesehen scheint diese Sammlung etliche Statuten zu unterschiedlichen Themen zu enthalten, die ihren Ursprung in einer Provinzialsynode hatten, jedoch in einer Fassung überliefert sind, in welcher sie mit lokalen Synodalstatuten vermischt wurden. Diese Statuten hätten durchaus auch gemeinsam mit den übrigen kirchlichen Bestimmungen der Diözese St. Andrews in Lambeth MS überliefert werden können. Da es aber nun wahrscheinlich ist, dass sie aus derselben Zeit stammen, wie die Statuten von Aberdeen, d.h. aus den dreißiger Jahren des 13. Jahrhunderts, Bischof Bernham bei seiner Revision der Statuten von Aberdeen 1242 aber kein einziges Statut davon in seine Sammlung aufgenommen hat, geht man davon aus, dass sie in einer dritten, bislang nicht identifizierten Diözese zusammengestellt wurden. In diesem Fall scheint das verwendete Material, welches offensichtlich in Schottland abgefasst wurde, ohne Zusätze von außerhalb geblieben zu sein.

Nach all diesen Erwägungen wenden wir uns der Untersuchung des Hauptkodex der Provinzialstatuten zu, welcher aus einer Präambel und 62 Statuten besteht, die als Nrn. 1-55 und 101-107 gezählt werden. Aufgrund eines Vergleichs der drei zur Verfügung stehenden Texte darf man von einer älteren Vorlage ausgehen, die von Nr. 1 bis Nr. 46, welche die Anordnung enthielt, diese Bestimmungen (*iste sentencie*) dreimal im Jahr in allen Kirchen der jeweiligen Diözesen öffentlich bekannt zu geben, reichte. Ausgenommen sind davon lediglich der zweite Teil von Nr. 6, die Nrn. 7, 10, 22-25, der zweite Teils von Nr. 33 und Nr. 39. Ein in der gleichen Weise angeordneter Text, d.h. ohne die oben angeführten ausgelassenen Nrn. und natürlich auch ohne die Nrn. 47-55 und 101-107, ist auch in den beiden Handschriften MS Aberdeen und Lambeth MS überliefert, sowie rudimentär in MS Ethie. Als aber im Laufe der Zeit allmählich diese neueren Statuten entstanden, wurden sie nach und nach in die drei Manuskripte an verschiedenen Stellen eingefügt. Daher geht man davon aus, dass zu irgendeinem Zeitpunkt dieser ursprüngliche Gesetzeskodex mit einer Präambel versehen und in ganz Schottland verbreitet war und dass die weiteren Statuten je nach Bedarf und Übereinstimmung erst später einzeln oder in Gruppen in die verschiedenen Abschriften des ursprünglichen Kodex eingefügt worden sind, die in Arbroath, Aberdeen und St. Andrews aufbewahrt wurden. Ähnlich verhält es sich auch mit den Handschriften, die die englischen Statuten enthalten[55]. Doch ist bezüglich der englischen Statutensammlungen zu sagen, dass es sich bei diesen lediglich um Entwürfe handelte, die in der Tat niemals formell bestätigt wurden und irgendwann fälschlicherweise in lokale Sammlungen aufgenommen wurden, da „those who attended medieval provincial councils [in England] were not careful to destroy their rough notes“[56]. Dies mag auch erklären, warum wir in den schottischen Quellen Statuten zu bestimmten Themen doppelt vorfinden, ohne dass sie indes gänzlich übereinstimmten. Im Allgemeinen sollte man daher Cheneys Warnung beachten, der schrieb: „An existing text commonly presents statutes in a form in which they were never published. It is, as often as not, an incomplet conflation“[57]. Welches Datum auch immer dem schottischen Ursprungskodex zugrunde liegt, als gesichert darf jedenfalls gelten, dass der jeweils zweite Teil der Nrn. 6 und 33, dazu die Nrn. 35 und 47-51 (nicht dagegen Nr. 39) hinzugefügt worden sind, als die Handschrift MS Ethie abgefasst wurde, d.h. etwa in den sechziger oder siebziger Jahren des 13. Jahrhunderts. Ganz so sicher gilt das allerdings nicht für die Nrn. 7, 10, 22-25, 52-55 und 101-107, da die Handschrift dort Lücken aufweist, welche uns dazu zwingen, diese Frage offen zu lassen.

Was sind nun die besonderen Merkmale dieser mutmaßlich frühen Rezension? Es erweckt den Anschein, dass es sich dabei um einen sorgfältig abgefassten Kodex handelt, der die Statuten systematisch in einer Reihe von Sektionen zusammenfasst. Der Kodex beginnt mit Bestimmungen zur Abhaltung des Konzils selbst (Nrn. 1-2), welche später noch zu untersuchen sind. Es folgen allgemeine Regelungen bezüglich des Glaubens und der Sakramente (Nrn. 3-4) und der Errichtung von Kirchen und Kapellen (Nrn. 5-6), die bei weitem nicht so detailliert ausfallen wie etwa Diözesanstatuten über ähnliche Themen. Danach kommt ein Abschnitt über die Rektoren und Vikare von Pfarreien, deren Ernennung, die Errichtung ihrer Pfarrhäuser und den Schutz von Pfarrbenefizien vor Steuererhöhung aufgrund bischöflicher Ausgaben und dergleichen (Nrn. 8-9, 11-13). Weiter schließt sich eine Reihe von Statuten die Disziplin des Klerus betreffend an – etwa über dessen ordnungsgemäße Weihe, über Hilfen für Weltkleriker, die in den Ordensstand überzutreten beabsichtigen, über Regelungen hinsichtlich der Klerikerbeichte, über Kontrollen, was die Inanspruchnahme kirchlichen Eigentums betrifft, die sich insbesondere gegen einen Mißbrauch durch Kleriker zugunsten der eigenen Konkubinen und Kinder richtete,

---

55 CHENEY, Synodalia 47, 127; PONTAL, Statuts 54.
56 CHENEY, Texts 129.
57 CHENEY, Texts 154.

sowie über Bestimmungen, die eine Zweckentfremdung kirchlicher Einkünfte vermeiden sollen (Nrn. 14-21). Weiter gibt es Bestimmungen bezüglich der kirchlichen Freiheit in Schottland im Allgemeinen, wobei unter anderem die Grenzen des Kirchenasyls definiert und die Benefizien von Klerikern einer verfahrensrechtlichen Kontrolle unterstellt werden, einschließlich von Bestimmungen, die die Bestrafung von schuldig gewordenen Klerikern regeln. Auch werden der weltlichen Gerichtbarkeit Grenzen gesetzt und den Kreuzfahrern Schutz gewährt. Darüber hinaus wird bestätigt, dass Kleriker von weltlichen Pfändungen und weltlicher Gerichtsbarkeit befreit sind (Nrn. 26-33). Es folgt nun eine große Anzahl von Statuten, die Bestimmungen allgemeiner Natur jedoch in sehr detaillierter Form enthalten (Nrn. 34-38, 40-45). Der Kodex schließt mit der Anweisung, diese Statuten dreimal jährlich in allen Kirchen jener Diözesen zu publizieren, deren Bischöfe an der Synode teilgenommen haben (Nr. 46).

Ein derartiger Kodex war kaum das Produkt von Diskussionen oder einer Debatte, sondern er muss von einem Einzelnen oder einer kleinen Gruppe sorgfältig vorentworfen und -gedacht worden sein. Es existiert allerdings kein einziger Hinweis darauf, wer diese Person (bzw. Gruppe) gewesen sein könnte. Es lassen sich Einflüsse des kanonischen Rechts der abendländischen Kirche ebenso wie von älteren Legatenkonstitutionen nachweisen. So sind Bezüge zum *Decretum*[58] und zu den *Decretalien*[59] sowie zur Gesetzgebung der Laterankonzilien[60] zu erkennen, was allerdings kaum überraschen kann. Einige Kanones, die Otto während des Konzils von London 1237 erlassen hat, zeigen enge Parallelen zu den Nrn. 16-18[61]; vielleicht wurden diese im Oktober 1239 in Holyrood von Otto ein zweites Mal erlassen[62], wobei der Text von Nr. 17 bezeichnenderweise im Gegensatz zur Londoner Version durch einen Zusatz erweitert wurde, der die Rechte der religiösen Orden schützte. Höchstwahrscheinlich hat es sich dabei um Statuten gehandelt, die auf der Basis schottischer Bräuche und Erfordernisse entstanden sind und ihre Herkunft in nur geringem Maß ausländischen, bereits zuvor existierenden Statuten verdanken, wenn auch durchaus in Wortlaut und Ausdrucksweise Bezüge zu anderen Statutensammlungen bestehen mögen, die bislang noch nicht ausfindig gemacht werden konnten[63].

---

58 Die Präambel stammt von D. 15 cc. 1-2 (CIC I 34f.).

59 Vgl. Nr. 29 mit X 3.49.5 (CIC II 655).

60 Nr. 13 bezieht sich auf Kanon 7 des Dritten Laterankonzils, während Nr. 31 sich entweder auf Kanon 10 des Ersten oder Kanon 71 des Vierten Laterankonzils bezieht.

61 Vgl. die Nrr. 16-18 jeweils mit den Kanones 5, 8, 18 des Londoner Konzils (C&S II/1, 247-249, 252f.).

62 Vgl. oben S. 56.

63 Vgl. oben S. 60f.

Das entspricht im übrigen dem, was auch in anderen Ländern beobachtet wurde. Die Mehrzahl der Kanones, die auf allgemeinen Konzilien oder Provinzialsynoden erlassen wurde, waren durch lokale Probleme in den verschiedenen Ortskirchen angestoßen worden, da „law, like population, recruits from below“[64]. Das Vierte Laterankonzil mag indessen bewirkt haben, dass sich die zentrale kirchliche Gesetzgebung auch auf die jeweiligen Provinzial- bzw. Diözesansammlungen ausgewirkt hat; aber ebenso lässt sich ein Beeinflussungsprozess in umgekehrter Richtung auf die zentrale Gesetzgebung durch Kodifizierung von Lokaltraditionen feststellen, sei es in großer Vielfalt durch Diözesansynoden, sei es auf regionaler Ebene durch Provinzialsynoden. Und „custom is made: it does not germinate spontaneously“[65]. Es gab einen ständigen Austausch zwischen der jeweiligen Gesetzgebung der Ortskirchen und jener der Gesamtkirche[66], und die eine hat ohne die andere nur geringe Bedeutung. Man hat zurecht behauptet, dass die bloße Existenz eines kirchlichen Gesetzeskodex den Ortsbischöfen recht wenige Beschränkungen auferlegt hat, wenn diese nicht aktiv an dessen Verbreitung und Durchsetzung beteiligt waren, da Vieles aus dem kanonischen Recht „rested at any given moment on degrees of consensus among lawyers, reaching from unity to wide divergence between different camps“[67]. Gewiss gab es Fälle, die den Kanonisten der Gesamtkirche nicht zugänglich waren, aber da die Gesetzgeber der Ortskirchen umfangreiche Freiheiten genossen, wurden auch bei der zentralen Gesetzgebung ortsbedingte Umstände mit in Betracht gezogen. „The resultant constitution is best comprehended as a result of legal tradition and local pressures, not as the result of the decretal“[68].

Eine Funktion der Gesetzgebung von Provinzialsynoden dürfte wahrscheinlich gewesen sein, allgemeiner zu benutzende und anzuwendende Statuten zu erlassen, als dass dies vermutlich ein einzelner Bischof in seiner jeweiligen Diözese getan hätte. Ein Vergleich dieses Kodex mit den Statutensammlungen von Aberdeen und St. Andrews, die allein sicher zu datieren ist, kann helfen, diese These nicht nur zu veranschaulichen, sondern es lassen sich dadurch auch die erhaltenen Sammlungen relativ datieren. Es geht hier um eine detailliertere Erörterung des bereits oben Ange-

---

64 CHENEY, Texts 185.

65 Ebd. 201.

66 PONTAL, Statuts 80.

67 TREXLER, Synodal Law 13f. Dieses Argument bildet den Hintergrund für eine Diskussion von Diözesanstatuten, allerdings in zwei exemten Diözesen, wo die Bischöfe praktisch als ihre eigenen Metropoliten fungierten. Diese Funktion hatte in Schottland die Provinzialsynode inne.

68 Ebd. 14.

deuteten in Verbindung mit den Themen provinzialer Gesetzgebung, wie sie vielleicht aus einer nicht identifizierten Diözese erhalten ist und die nach allem Anschein in die 1230er Jahre datiert werden kann, wobei die ursprünglich schlichten Bestimmungen zum Zehnten und zum Asyl offensichtlich in einem späteren Provinzialkodex ausgearbeitet wurden[69]. Bestimmungen aus den 30er Jahren des 13. Jahrhunderts, welche eine Intervention der weltlichen Gerichtsbarkeit in kirchlichen Angelegenheiten untersagte, sind in diesem Kodex als separat ausgearbeitete Gesetze angeführt[70]. Die alte Regelung, welche Benefizien vor neuen Belastungen schützen sollte, findet sich sowohl in den Statuten aus Aberdeen als auch in dem späteren Kodex und hat durch die Aufnahme in letzteren wohl größere Verbreitung erlangt[71]. Die in den Statuten von St. Andrews aufgenommenen Bestimmungen, wie Eignung und Qualifikationen jener Kleriker zu überprüfen seien, deren Hintergrund man nicht kenne, wurden im erwähnten Kodex schließlich durch die doch umfassenderen Bestimmungen für solche Kleriker ersetzt, die aus einer Diözese in eine andere übersiedeln[72]. Vielleicht ist jedoch ein Vergleich der in den beiden Sammlungen von St. Andrews und Aberdeen enthaltenen Bestimmungen, die über die zeitliche Beschränkung der Verpachtung von Kirchen handeln und ziemlich offen gehalten sind, mit der übernommenen, in diesem Punkt aber eindeutigeren Version im Kodex des Legaten Otto besonders hilfreich, die eine Grenze bei fünf Jahren zog[73]. Gerade dieses letzte Beispiel zeigt, dass durch die Übernahme eines von Otto erlassenen Kanons eindeutig eine Verschärfung eintrat, und es ist offensichtlich, dass Bischof Bernham 1242 bei der Zusammenstellung seiner synodalen Statutensammlung diesen Kanon absichtlich übergangen hat. Dies liefert auch das beste Argument für die Behauptung, der Kodex sei nicht nur später als die Statutensammlung von Aberdeen, sondern auch nach jener von St. Andrews vom 5. Mai 1242 erstellt worden.

Noch ein weiteres Faktum erhärtet dieses Argument. Irgendwann zwischen dem 25. März und dem 15. Juli 1242 waren die Bischöfe von St. Andrews und Dunkeld bekanntlich mit König Alexander in Scone zusammengetroffen[74]. Es heißt, dass damals ‚alle schottischen Bischöfe‘ eine Klerikersynode in Perth abgehalten hätten. Einer Bitte des Klerus folgend

---

69 Vgl. oben S. 69.
70 Vgl. Nrr. 68, 81 und 93 mit Nr. 29.
71 Vgl. Nrr. 65 und 13.
72 Vgl. Nr. 130 mit Nr. 14.
73 Vgl. Nrr. 79 und 132 mit Nr. 17.
74 Glasgow Registrum I 147, Nr. 181.

habe der König sie besucht, und mit ihm seien ‚alle Grafen und Barone' Schottlands gekommen. Vehement führte der Klerus Beschwerde über die ständigen Übergriffe Bewaffneter auf den Zehnten und die Beschneidung kirchlicher Privilegien. Darauf verbat der König auf dieser Synode jedem der Ritter und Barone unter Androhung schwerer Strafen, sich in die Gewohnheitsrechte der Kirche einzumischen (*sacrosancte ecclesie consuetudinem*)[75]. Dass dieser Anlass der Ort für die erstmalige Publikation des umfangreichen und vielgestaltigen Gesetzesbuchs der Provinzialstatuten gewesen sein soll, der hier zur Debatte steht[76], ist kaum wahrscheinlich; denn das Land wurde damals von Unruhen und Unfrieden heimgesucht[77]. In der Tat gehörten Zehntabgaben und Kirchenprivilegien zu den wesentlichen Themen dieses Kodex. Daher ist man unschlüssig, ob dieser nach Ottos Visitation des Jahres 1239, zugleich aber noch geraume Zeit vor Juli 1242 erstellt worden war, so dass sich Widerstand gegen den Kodex bis dahin formieren konnte. Außerdem wurde aus dem Inhalt der Statuten selbst bereits dahingehend argumentiert, dass der Kodex erst nach dem 5. Mai 1242 zusammengestellt worden sein dürfte. Daher ist eine Datierung für den Zeitraum zwischen 1242 und 1249 vorzuziehen, während die Promulgation auf einer danach einberufenen und unter dem Schutz des Königs stehenden Provinzialsynode erfolgt sein dürfte. Dies konnte indes nur auf seine letzten Regierungsjahre zutreffen, als es Alexander – spätestens seit 1244 – gelungen war, die Großen seines Reiches in Schach zu halten[78]. Wenigstens eine Überlieferung hat sich bis ins 15. Jahrhundert erhalten, wonach die Kirche in dieser letzten Periode sich eines Verteidigers erfreute, der ihr auch zu Wohlstand verhalf[79]. Es dürften diese Umstände gewesen sein, die es ohne ein allzu großes Risiko möglich machten, öffentlich kundzutun, was die Kirche als ihre Rechte und Privilegien betrachtete, und sich im Detail über so umstrittene Probleme wie den Zehnten auslassen, sogar mit einem geradezu an Tollkühnheit grenzenden Eingeständnis, dass für bestimmte Güter und Aktivitäten, welche nun als zehntpflichtig erklärt wurden, bislang kein Zehnt

[75] Chron.Bower V 180f. Man beachte, dass bei dem in SES I, S. LIX Anm. 1 gedruckten Auszug aus der Quelle Passagen aus zwei unterschiedlichen Manuskripten interpoliert sind, wie es in der modernen Version auch deutlich gemacht wird.

[76] Einst war das die allseits akzeptierte Ansicht (vgl. SES I, S. XIII Anm. 2) und sie wird bisweilen immer noch vertreten (DUNCAN, Scotland 295).

[77] Vgl. zum Beispiel WATT, Minority 2f.

[78] WATT, Minority 3-6.

[79] Chron.Bower V 279 Anm. 47. Vgl. auch DUNCAN, Kingdom 290, bezüglich des Argumentes, der König habe über den Klerus ‚strenge Hand' walten lassen, und nach seinem Tode sei es das Ziel des Klerus gewesen, ‚den Freiraum wiederzugewinnen, den man während der letzten dreißig Jahre verloren habe'.

geleistet worden war[80]. Resümierend kann man festhalten, dass der Kodex in seiner ersten Rezension eine schottische Kirche widerspiegelt, die in den letzten Regierungsjahren König Alexanders erhobenen Kopfes ihre Rechte und Privilegien behauptet, wobei der König durchaus bereit und gewillt war, die notwendige Unterstützung für die kirchlichen Ansprüche zu gewähren.

Allein die Existenz dieser Provinzialstatuten mag daher nach dem Tod des Königs im Juli 1249 zu einer direkten Reaktion der Großen des Reiches gegenüber klerikalen Ansprüchen geführt haben. Außerdem war der neue Thronprätendent des Landes noch minderjährig. Die Regentschaft des jungen Alexander III. scheint wohl mit einer Versammlung der Großen ihren Auftakt genommen zu haben, bei der man lediglich mit einem Lippenbekenntnis die kirchlichen Rechte und Privilegien anerkannte, indes nicht schriftlich bestätigte. Es folgte aber eine ganze Reihe von Angriffen auf jene kirchlichen Privilegien. Wahrscheinlich trafen sich daraufhin am 19. Juni 1250, dem Tag der Übertragung der Reliquien der jüngst kanonisierten hl. Margareta in die Abtei Dunfermline, sieben Bischöfe, um bei der königlichen Regierung gegen einen Fall Beschwerde einzulegen, bei dem der Prior von St. Andrews von nicht genannten Laien seines kirchlichen Eigentums beraubt wurde, ohne dass daraufhin ein kirchliches Gerichtsverfahren eingeleitet wurde[81]. Am 31. Mai 1251 reagierte der Papst auf eine lange Reihe von Anklagen gegen die Regentschaft, die ihm von der schottischen Kirche zugesandt worden waren. Bei allen Beschwerden ging es grundsätzlich um die Einmischung in kirchliche Privilegien in Schottland seit dem Tod von König Alexander II.[82] Daraufhin ernannte der Papst drei englische Bischöfe zu Richtern und beauftragte sie, in seinem Namen auf diese Klagen zu reagieren. Es ist unwahrscheinlich, dass sie dies je taten, jedoch stellen diese Beschwerden eine wertvolle und sicher zu datierende Quelle dar, um zu analysieren, inwiefern die Statuten des Kodex von 1242/49 wirklich die Ursache für solche Probleme waren und auf welche Weise wenigstens einige der erhaltenen Provinzialstatuten zusätzlich in diesen Kodex eingefügt worden sind.

Natürlich gab es eine Reihe von Punkten, wo die Regentschaftsregierung in kirchliche Privilegien eingegriffen hat bzw. dies zugelassen haben soll, die *nicht* direkt etwas mit spezifischen in der Statutensammlung erwähnten Themen zu tun hatten. Zum Beispiel gab es Angriffe auf traditionell kirchliche Jurisdiktionsbereiche, etwa das Patronat über kirchliche

---

80 Nr. 34.
81 SES II 241f. Bezüglich der Datierung vgl. WATT, Dictionary 42.
82 SES II 242-246; Moray Registrum 334-338, Nr. 260.

Benefizien betreffend, bei kirchlichen Eiden und hinsichtlich verheirateter Kleriker. Auch wurden die drei vom Papst delegierten Bischöfe, die in ihrer Funktion als Richter nach Schottland gekommen waren, an der Ausführung ihres Auftrages gehindert. In einer solchen Atmosphäre überrascht es nicht, dass gegen die Bezahlung gewisser Zehntabgaben – insbesondere bei Heu, Getreide und Tierfutter – Widerstand geleistet wurde. Solche Abgaben sahen die Statuten Nrn. 41 und 34, vielleicht auch 40 und 92 vor. Außerdem gab es Widerstand gegen das Statut Nr. 96, welches Geldstrafen für kirchliche Delikte vorsah. Kein Zweifel, die Bischöfe hatten für diese Dinge bereits entsprechend formulierte Bestimmungen vorliegen, wie sie sie benötigten. Indes scheinen eine Reihe von neuen Provinzialstatuten, die man in den erhaltenen Handschriften zusätzlich zu den Statuten des Kodex von 1242/49 findet, eine Antwort auf jene in den Jahren 1249 bis 1251 entstandenen Probleme zu geben. Statut Nr. 33, das von der Exkommunikation *ipso facto* im Fall der Beeinträchtigung kirchlicher Privilegien handelt, wird beispielsweise durch eine zusätzliche Klausel noch verstärkt[83]. Nochmals aufgenommen wird dieses Thema in den Nrn. 51 und 52, wo Gesetzesübertreter in einer Vielzahl von Fällen einschließlich des Meineids, wodurch sie unlängst einigen Klerikern zur Bedrohung geworden waren, nach Anordnung jeder Kirchenprovinz routinemäßig viermal jährlich exkommuniziert wurden[84]. Solche Übernahmen fanden bereits zuvor auf diözesaner Ebene statt; man vergleiche nur die Nrn. 69 und 122. Nun schien jedoch eine etwas größer angelegte Aktion dieser Art notwendig gewesen zu sein. Damit verbunden ist Statut Nr. 55 aus Lambeth MS, welches fortan jenen Missbrauch zu unterbinden sucht, der darin besteht, dass von Laienseite Druck auf Prälaten ausgeübt wird, um die Bestrafung mit der Exkommunikation abzumildern. MS Ethie enthält eine weitere Gruppe von drei Statuten, die sich auf Probleme beziehen, die in den Jahren 1249-1251 relevant waren und die wir im Kodex von 1242/49 unter den Nrn. 50, 47 und 48 wiederfinden[85]. Dort werden mit Benefizien ausgestattete Kleriker verurteilt, soweit sie Laien

[83] In MS Ethie bildet dieser Zusatz ein eigenes Statut, welches auf Nr. 34 folgt, während er in MS Aberdeen und in Lambeth MS zu Nr. 33 gehört.

[84] Ein Teil von Nr. 51 stammt aus Kanon 18 von Ottos Gesetzgebung auf dem Konzil von London 1237 (C&S II/1, 253) und enthält lediglich einige kleinere Veränderungen im Wortlaut, die eventuell auf das Konzil von Holyrood von 1239 zurückgehen könnten.

[85] In MS Ethie wird Nr. 50 in zwei Sektionen aufgeteilt, die getrennt voneinander an verschiedenen Stellen der Handschrift auftauchen, was ein Indiz dafür sein könnte, dass das Konzil diese Angelegenheit mehr als einmal behandelt hat. Nr. 48 wurde in Lambeth MS in diesem Zusammenhang übergangen, was möglicherweise unabsichtlich geschehen ist. Dennoch befindet sie sich in derselben Handschrift dann als Nr. 162 in einer Gruppe von Synodalstatuten der Diözese St. Andrews aus dem 14. Jahrhundert.

geholfen haben, gegen kirchliche Rechte und Privilegien anzugehen, und die sich wegen verschwörerischer Umtriebe und Widerstandsleistung gegen die gesetzmäßige Autorität ihrer Bischöfe, Archidiakone und Dekane schuldig gemacht haben. Diese in einem älteren Kodex enthaltenen Provinzialstatuten dürfen also als ein Beweis dafür gewertet werden, dass ihre Hinzufügung ein Resultat der Bedrohung und Verfolgung der Jahre 1249-1251 gewesen ist, denn es ist wohl auszuschließen, dass diese Statuten zur gleichen Zeit – das heißt im Juni 1250 – entstanden sind, aus der lediglich ein Beschwerdefall bekannt ist[86]. Vielleicht wurden sie als eine Art Selbstschutz erlassen, während Anfang 1251 ein Hilferuf an den Papst gesandt wurde. Höchstwahrscheinlich stammen sie aber aus dem Jahr 1252, nachdem es aufgrund der Intervention von König Heinrich III. von England Weihnachten 1251 zur Heirat zwischen dem jungen König Alexander III. und Heinrichs Tochter Margaret kam. Im Gegenzug wurde diese Hochzeit von einem Regentschaftswechsel in Schottland begleitet. Durch die Absetzung einiger ihrer ärgsten Widersacher waren die Bischöfe nun in die Lage versetzt, Gesetze zu erlassen, die verhindern sollten, dass ihre Verfolger wieder an die Macht kämen. Um 1252 schien dies auf jeden Fall der bessere Plan gewesen zu sein, um der Probleme Herr zu werden, als jener frühere, der den Papst zur Entsendung dreier englische Bischöfe veranlassen sollte, die dann in die schottischen Angelegenheiten hätten entscheidend eingreifen sollen. Man hat feststellen können, dass ab Anfang 1252 zumindest nicht mehr alle Bischöfe von der Regierung ausgeschlossen waren, wie dies unter der vorangegangenen Regentschaft noch der Fall war[87], so dass nun die Einberufung eines Konzils unter friedlichen und arbeitsfähigen Rahmenbedingungen möglich wurde.

Es folgt jetzt eine Untersuchung der übrigen Statuten, deren Entstehung nicht so eindeutig dem Kodex von 1242/49 zugewiesen oder in das Jahr 1252 datiert werden kann. Von besonderem Interesse ist dabei Nr. 49, da es davon gleich drei Versionen gibt. Die kürzeste befindet sich in MS Ethie, in welcher eine Art Grundregel ausgesprochen wird, dass nämlich Ablassprediger ihren Zuständigkeitsbereich nicht überschreiten dürfen. Am Textrand ist das Verbot hinzugefügt, Kirchen mehr als einmal im Jahr zu besuchen. Dieses Statut – allerdings ohne hinzugefügte Randvermerke

---

[86] Siehe oben S. 76.

[87] Die Bischöfe von Glasgow und Dunblane, und wahrscheinlich auch der Bischof von St. Andrews, wurden zwischen 1252 und September 1255 in einem ganz besonderen Maße mit der herrschenden Gruppe von Magnaten assoziiert. Vgl. hierzu WATT, Minority 10-14; STONES, Documents 30f.; WATT, Dictionary 42.

– befindet sich auch in den Handschriften von Aberdeen und Lambeth. Aus seiner Stellung in allen drei Handschriften darf man wohl schließen, dass es in seiner korrigierten Form mit dem übrigen Material von 1252 aufgenommen wurde, obwohl es nicht eindeutig einen Bezug zu den Ereignissen der Jahre 1249-1251 hat. Einzig in MS Aberdeen ist ein weiterer Teil hinzugefügt, in dem es um einen temporär begrenzten Ablass ging, der dem Baufond der Kathedrale von Glasgow zugute kommen sollte, ohne dass dabei eine Jahresangabe gemacht wurde. Robertson hatte sicherlich recht, wenn er diesen Teil als ein Synodalstatut der Diözese Aberdeen betrachtete[88], denn es war eindeutig als ein Beispiel für ein Formular nur in diese eine Statutensammlung aufgenommen worden, was damit wohl etwa zwischen 1252 und dem Zeitpunkt der Abfassung der Handschrift in den achtziger Jahren des 14. Jahrhunderts geschehen sein muss.

Ein weiteres Statut, das vermutlich zusammen mit der Sammlung von 1252 erlassen wurde, ist Nr. 53. Es findet sich sowohl in der Aberdeener Handschrift als auch in Lambeth MS. Auch wenn MS Ethie an dieser Stelle eine Lücke aufweist, kann man doch aufgrund eines Falles aus dem Jahre 1267 dahingehend argumentieren, dass dieses Statut früher erlassen sein muss[89]. Es legte fest, dass Bischöfe einem Amtsgenossen bei der Veröffentlichung und Durchführung einer Exkommunikation beizustehen hatten, sofern dies gewünscht wurde. Es ist interessant zu beobachten, wie die Bischöfe hier den Zusammenhalt suchen, um das Strafmittel der Exkommunikationen schlagkräftiger zu machen. Indes gibt es auch hier signifikante Sonderbestimmungen für den Fall, dass der Gesetzesübertreter aus königlichen Kreisen stammte oder, was noch drastischer gewesen wäre, mit einer *communis congregatio* der Großen des Königtums in Verbindung gebracht wurde. In solchen Fällen obliegt dem zuständige Bischof die schwierige Aufgabe, diese hohen Herrschaften dazu zu bringen, sich vom exkommunizierten Gesetzesübertreter zu distanzieren, was vermutlich dazu diente zu verhindern, dass die anderen Bischöfe leichtfertig in solch prekäre politische Angelegenheiten verwickelt würden. Die Tatsache, dass in solchen Ausnahmefällen die Großen im selben Grad ausgenommen wurden wie der König und die Königin, deutet eindeutig auf den Zeitraum der Minderjährigkeit des Königs als Zeitpunkt der Abfassung dieses Statuts hin und würde so auch gut zu den obengenannten Statuten passen, die auf ca. 1252 datiert wurden. Dies wiederum wäre ein

88 SES II, S. IX.

89 Chron.Bower V 361, Z. 22-45; vgl. SES II 267.

Indiz auf die Art und Weise, wie die Bischöfe nach den schlechten Erfahrungen zwischen 1249 und 1251 auf ihrer Synode den Versuch unternahmen, die Beziehungen zur Regierung der Regentschaft auf eine besser funktionierende Basis zu stellen[90].

Man hatte sich aber kurz nach Abfassung des Kodex von 1242/49 offenbar auch noch mit vier weiteren Themen auseinandergesetzt, was daran deutlich wird, dass diese vier dem Kernstück der Handschrift, welches sich unmittelbar nach den aus MS Aberdeen und Lambeth MS bekannten Teilen befindet, hinzugefügt wurden, allerdings in verschiedenen Versionen[91]. Auch in diesem Fall bietet MS Ethie keine Hilfe, so dass diese Themen nicht mit absoluter Sicherheit auf das späte 13. Jahrhundert datiert werden können. Auch vom Inhalt her lassen sich keine weiteren Anhaltspunkte hinsichtlich der Datierung gewinnen. Nr. 22 nimmt ein Thema auf, das lediglich am Rande in einem Synodalstatut von St. Andrews aus dem Jahr 1242 erwähnt wird und dort als Nr. 127 eingereiht ist: Sowohl Säkular- als auch Regularklerikern wird verboten, sich in geschäftliche Angelegenheiten von Laien einzumischen, so dass sie dafür zur Rechenschaft gezogen werden könnten. Dieses Statut geht möglicherweise auf den Einfluss ähnlicher Bestimmungen zurück, wie sie als Kanon 12 des Dritten und Kanon 42 des Vierten Laterankonzils sowie in Kanon 12 der Synode von Oxford (1222) zu finden sind, wenngleich dieses Statut im Wortlaut nicht denen seiner Vorgänger folgt[92]. Die Nrn. 24 und 25 behandeln eine Reihe von Problemen, die im Zusammenhang mit der Auslegung von Privilegien exemter Orden entstanden waren, wie zum Beispiel des Ritterordens der Hospitaliter, der Zisterzienser oder anderer. Nr. 54 hingegen ist von völlig anderer Natur. Dort geht es um die Bestrafung von Frauen, Bischöfen und Priestern im Fall von Ehebruch und Unzucht zwischen Frauen und deren Beichtvätern. In der Handschrift aus Aberdeen werden in diesem Fall Wort für Wort zwei Abschnitte aus dem *Decretum Gratiani* zitiert[93], wohingegen in Lambeth MS zwar für die

[90] Ein möglicher Einwand gegen die vorgeschlagene Datierung ist der Schutz vor Interdikten, welche an einer späteren Stellen des Statuts den Kaplänen des Königs, der Königin *und ihrer Kinder* gewährt wurde, da 1252 sowohl der König als auch die Königin selbst beide noch Kinder waren. Jedoch kann eingewendet werden, dass eine solche Definition durchaus eine allgemeine Formel in derartigen Statuten darstellen könnte, was nämlich auf die für die königliche Familie normale privilegierte Stellung zurückzuführen ist (vgl. Nrr. 104, 154). Vgl. auch hierzu S. 89 Anm. 20 unten.

[91] Nrr. 22, 24, 25 und 54 in MS Aberdeen folgen in der Handschrift aus Lambeth als ein einziges Statut nach Nr. 50, in welchem auch die Nrr. 101-103 als Ersatz für Nr. 54 fungieren.

[92] COD[3] 218, 253; TANNER, Decrees 218, 253; C&S II/1, 110.

[93] C. 30 q. 1 cc. 9-10 (CIC I 1099).

Nrn. 101-103 dieselbe Quelle benutzt wird, diese Statuten dort aber erweitert sind[94]. Es lässt sich nicht mehr rekonstruieren, wann eine Provinzialsynode angeordnet hatte, diesen speziellen Kanones des allgemeinen Kirchenrechts verstärkt Aufmerksamkeit zu widmen. Es hat jedoch gewiss einen triftigen Grund gegeben, dass sich die Provinzialsynode mit diesen Angelegenheiten auseinandersetzen musste. Allerdings spiegelt dies auch die Schwierigkeiten wider, die insbesondere die schottische Kirche bei der Übernahme und Umsetzung allgemeiner Bestimmungen des Kirchenrechts zu haben schien.

Schwieriger fällt es, zwei Gruppen von Statuten zu interpretieren, die im Gegensatz zu den bisherigen Fällen in nur einem einzigen Manuskript erhalten sind. Der Form und dem Inhalt nach könnte es sich um Provinzialstatuten handeln, die aber nicht überall in Schottland auf die gleiche Weise rezipiert worden sind. Vier Statuten kommen zum Beispiel nicht in der Lambether Handschrift vor. Deren erstes wiederum ist zwar sowohl in MS Ethie als auch in MS Aberdeen enthalten, so dass es etwa zwischen 1252 und 1282 datiert werden kann. Was allerdings die drei anderen Statuten anbelangt, so schweigt MS Ethie dazu. Daher kann man lediglich sicher sagen, dass sie von je her in Aberdeen bewahrt und in die Statuten von 1242/49 und ca. 1252 eingestreut wurden. Beim ersten Statut handelt es sich um einen Zusatz zu Nr. 6 von 1242/49. Es wird dort festgestellt, dass die Bestimmung, dass es für den Bau von Kapellen einer bischöflichen Erlaubnis bedürfe, nicht beachtet wurde und dass daher die Provinzialsynode (in diesem Fall ist es eindeutig, dass es sich nicht um ein Synodalgesetz für eine einzelne Diözese handelt) den Bischöfen aufträgt, entsprechende Maßnahmen zu ergreifen, um die Rechte der übergeordneten Pfarrkirchen zu bewahren. Diese Bestimmung könnte sich als eine Notwendigkeit auf das Verhalten der Großen während der Minderjährigkeit des Königs ergeben haben. Nr. 7 ist wahrscheinlich zur gleichen Zeit als eine Art Zusatzparagraph entstanden, als die Synode versuchte, die Praxis, Gottesdienste an nicht dafür vorgesehenen Orten abzuhalten, in den Griff zu bekommen. Nr. 10 ist ein nicht mehr zu datierendes Dekret über Klerikerkleidung, welches sich indes in einigen Punkte an Kanon 16 des Vierten Lateranense anlehnt[95]. Dagegen baut Nr. 23, in dem es um die Konkubinen von Klerikern geht, auf den Bestimmungen der Synode von Oxford 1222 auf, von dessen Kanon 37 zwei Sätze entlehnt wurden. Dieser Kanon verbot Benefiziarklerikern

---

[94] C. 30 q. 1 cc. 8-10 (CIC I 1099).

[95] COD[3] 243; TANNER, Decrees 243.

den Eigentumserwerb zugunsten von Konkubinen und deren Kindern, und enthält überdies eine Zusatzklausel, die es untersagt, Konkubinen testamentarisch Geld zu hinterlassen[96]. Diese letzte Bestimmung wurde möglicherweise nur für die Diözese Aberdeen erlassen, wenn dies auch nicht ausdrücklich gesagt wird, während die ersten drei auf jeden Fall durch die Provinzialsynode erlassen wurden, wofür der Wortlaut der jeweiligen Gesetzestexte eindeutig spricht. Es ist nicht mehr zu eruieren, warum keines der vier Statuten zusammen mit den anderen in St. Andrews erlassenen Provinzialstatuten überliefert wurde, was vielleicht auf einen Schreibfehler hinweisen könnte, als die Lambether Handschrift im frühen 16. Jahrhundert kompiliert wurde. Man kann daraus nur schlussfolgern, dass die Provinzialgesetzgebung in den verschiedenen schottischen Diözesen nicht gleichermaßen bewahrt – vielleicht sogar durchgesetzt worden – ist. Allerdings dürfte es ein fruchtloses Unternehmen sein, über die Gründe weiter zu spekulieren.

Dieselbe Situation ergibt sich bei näherer Betrachtung der ausschließlich in der Lambether Handschrift erhaltenen Statuten. Nr. 39 regelt zum Beispiel die diffizile Angelegenheit der Zehntabgabe in Form von Schafen für den Fall, dass der Tierbestand von einer Pfarrei in eine andere verlegt worden war. In Lambeth MS befindet sich dieses Statut noch vor Nr. 37, welches ein ähnliches Thema behandelt, hingegen ist es weder in MS Ethie – zumindest nicht an entsprechender Stelle – noch in MS Aberdeen enthalten, obwohl es sich dabei um eine Art von Bestimmung handelt, die eigentlich für das ganze Land wünschenswert gewesen wäre. Zu erwägen sind auch die Nrn. 104-107[97]. Nr. 107 enthält eine weitere Version der Zehntabgabe, die bezüglich der Details in etwa mit Nr. 39 vergleichbar ist. Diese beiden Statuten könnten durchaus auf derselben Synode entstanden sein. Nr. 106 bringt das zum Ausdruck, was, wie man behauptete, seit langem Gewohnheitsrecht gewesen sei, nämlich, dass Kaplänen ein Höchstgehalt von 7 1/2 Mark gezahlt werden sollte. Dies scheint aus einer Zeit nicht lange nach Abfassung von Nr. 9 aus dem 1242/49 entstandenen Kodex zu stammen, in dem das Vikarsgehalt großzügig auf mindestens zehn Mark festgelegt worden

[96] C&S II/1, 118.

[97] Vgl. oben S. 72 bezüglich der Nrr. 101-103 und S. 51 und 59 bezüglich Nr. 108. Es besteht kein Hinweis auf Lambeth MS fol. 242, so dass man daraus schließen könnte, das zusätzliche Material, welches als Nrr. 101ff. gedruckt wurde, unterscheide sich hinsichtlich seiner Art und Weise von den als Nrr. 1-55 gedruckten Provinzialstatuten. Folglich nimmt man an, dass nur Nr. 108 in St. Andrews beibehalten wurde, da es in Verbindung mit den Diözesanstatuten von entsprechendem Interesse war, und dass es sich bei den Nrr. 101-107 um Provinzialstatuten handelt. Vgl. hierzu die etwas zögernde Ansicht in SES I, S. CLXXXIV Anm. 1; PATRICK, Statutes 50.

war[98]. Nr. 105 kann man wohl als eine Weiterentwicklung von Nr. 130 der Statutensammlung von St. Andrews sowie von Nr. 14 der Provinzialstatuten von 1242/49 betrachten. Dort geht es um eine Kontrolle der Eignung und Qualifikationen ausländischer Kleriker, die als Priester in Schottland tätig sein wollten. Dies ist offensichtlich ein Reflex auf das in der Mitte des 13. Jahrhunderts aufkommende Problem mit den päpstlichen Provisoren. Auch bei Nr. 104 handelt es sich um eine Weiterentwicklung einiger Statuten von St. Andrews bzw. älterer Provinzialstatuten (Nrn. 122 und 51). Darin wird angeordnet, dass den potentiellen Unterdrückern der Kirche viermal jährlich im Voraus die Exkommunikation – sozusagen als Warnung – anzudrohen ist. Die besondere Betonung liegt diesmal auf den Großen des Königreichs, die den Ordens- und Weltklerikern unzumutbare Forderungen hinsichtlich ihrer Gastfreundschaft aufbürden. Dies scheint wiederum auf die ersten Jahre der Minderjährigkeit des Königs nach 1249 hinzudeuten[99]. Es existieren keinerlei Beweise dafür, dass diese fünf Sonderstatuten, die sich nur in MS Lambeth befinden, aus den fünfziger oder sechziger Jahren – also unmittelbar aus der Zeit nach der Entstehung des Kodex von 1242/49 – stammen. Wenn aber die zur Debatte stehenden Handschriften so viel Material aus der Mitte des 13. Jahrhunderts bieten – selbst wenn dieses erst viel später abgeschrieben wurde – so bietet dieser Umstand nicht gerade eine Handhabe für eine spätere Datierung. Die einzig sinnvolle Schlussfolgerung ist daher, dass die Masse der erhaltenen Provinzialstatuten zur Entstehung der Statutensammlung von 1242/49 geführt hat. Außerdem wurden wahrscheinlich um 1252 noch einige weitere Statuten erlassen, ebenso weitere kurz darauf oder allenfalls einige Jahre später. Dies lässt sich aus der Tatsache ableiten, dass jene Statuten nicht ähnlich oder vergleichbar gut in den Sammlungen von Aberdeen und St. Andrews überliefert sind, wie die älteren, zuvor erlassenen.

Für die Forschung entsteht nun das Problem, dass die folgenden drei Jahrhunderte ziemlich im Dunkeln liegen. Erst danach gibt es wieder sichere Hinweise dafür, dass die Provinzialsynode erneut in größerem Umfang Statuten erlassen hat[100]. In jedem Fall scheint es daher sinnvoll, Che-

---

[98] Vgl. hierzu die Diskussion über die in England übliche Praxis in PATRICK, Statutes 11 Anm. 2.

[99] Vgl. hierzu die von Robertson vertretene Ansicht, dass dieses Statut wohl eher auf der Synode von 1242 erlassen wurde (SES II 276; I, S. LIX; vgl. auch oben S. 66f.). Aber das zur Debatte stehende Thema sind weder die Zehntabgabe noch irgendwelche kirchlichen Privilegien, gegen die – wie behauptet wird – angegangen wurde.

[100] Hinsichtlich der ab 1549 erlassenen Statuten vgl. SES II 81ff., PATRICK, Statutes 84ff., da diese kein Gegenstand der hier angestellten Untersuchungen sind.

neys Behauptung[101] Aufmerksamkeit zu schenken, dass nämlich in England im Spätmittelalter recht selten neue Synodalgesetze publiziert wurden, welche irgendwelchen von den Bischöfen besonders empfohlenen Sonderstatuten entgegenstanden, die von ihren Vorgängern stammten. Er nahm daher an, dass die kirchliche Obrigkeit sich mit den Gesetzen und Bestimmungen begnügte, die bereits vorhanden waren. Diese Argumentation stützte er vor allem darauf, dass in England heutzutage keinerlei zeitgenössische Handschriften existieren, die entsprechende Statuten enthalten. Selbst wenn es Abschriften gegeben haben sollte, so sind diese wahrscheinlich im Laufe eines so langen Zeitraums durch Abnutzung unbrauchbar geworden. Folglich darf auch im Fall Schottlands die späte Datierung der Handschriften von Aberdeen und Lambeth als ein Beweis dafür gewertet werden, dass im 14. und 15. Jahrhundert nichts, was einer Abschrift würdig gewesen wäre, erlassen worden ist. Welche Themen auch immer auf den Provinzialsynoden ab Mitte des 13. Jahrhunderts behandelt und diskutiert wurden, sie haben wohl nie dazu geführt, dass sie in Statutenform gegossen und erlassen wurden[102].

---

[101] CHENEY, Texts 149f.

[102] Diese Argumentation gilt indes nicht, was die Erlassung von Diözesanstatuten anbelangt. Vgl. hierzu unten S. 141 und 182f.

6. Kapitel

Zur Organisation und den Teilnehmern der Provinzialsynode

Der Kodex von 1242/49 enthält in seiner Präambel und den beiden ersten Statuten eine Reihe aufschlussreicher Informationen zur Zusammensetzung und Organisation der damaligen schottischen Provinzialsynode. Darüber hinaus liefern uns die Statuten des 13. Jahrhunderts in ihrer Gesamtheit weitere einschlägige Hinweise. Die Bezeichnung *concilium provinciale* taucht übrigens zum ersten Mal in jener Bulle von 1225 auf, durch die diese Einrichtung einst ins Leben gerufen wurde[1]. Auf sich selbst als dem *sacrum concilium* wird in zwei Statuten Bezug genommen[2], in einem weiteren ist im selben Zusammenhang von einem *sacrum ecclesie Scoticane consilium* die Rede[3]. Im Lauf des 14. Jahrhunderts lassen sich dann auch in anderen Quellen Bezeichnungen wie *provinciale Scoticanense concilium*[4] und *sacrum concilium Scoticanum*[5] oder einfach *concilium Scoticanum*[6] nachweisen.

1225 waren es einzig und allein die Bischöfe, die zur Abhaltung einer solchen Synode autorisiert waren. Um 1242/49 war es allerdings zur Regel geworden, dass gemeinsam mit diesen auch alle Äbte und Priore der unabhängigen Priorate am Konzil teilnahmen[7]. Da die Möglichkeit, ja sogar die Pflicht bestand, sich durch einen Prokurator vertreten zu lassen, vorausgesetzt man hatte für das Fernbleiben eine nach dem kanonischen Recht legitime Entschuldigung[8], dürften höchst wahrscheinlich auch niedere Kleriker auf den meisten dieser Konzilsversammlungen anwesend gewesen sein.

Am 25. Februar 1217 hatte Papst Honorius III. festgelegt, dass Repräsentanten der Kathedralkapitel zu Provinzialsynoden einzuladen und zu-

---

1 SES II 9 (Präambel und Nr. 1).
2 Nrr. 3, 53.
3 Nr. 104.
4 Dunfermline Registrum 196f., Nr. 308 (aus dem Jahre 1300?).
5 Moray Registrum 127, Nr. 114 (aus dem Jahre 1343).
6 Dryburgh Liber 247, Nr. 297 (aus den Jahren 1326/27); Aberdeen Registrum I 77 (aus dem Jahre 1345).
7 Nr. 1.
8 Ebd.

zulassen seien. Um die Mitte des 13. Jahrhunderts scheint diese Vorgabe jedoch wohl eher als eine Kann-Bestimmung denn als eine verpflichtende Vorgabe ausgelegt worden zu sein. So argumentierte der Kanonist Hostiensis in den fünfziger Jahren des 13. Jahrhunderts dahingehend, dass die Vorsteher religiöser Häuser wie auch der gewöhnliche Klerus zwar nicht das Recht hätten, an solchen Synoden teilzunehmen, dass sie dies aber aus eigenem Interesse trotzdem tun sollten[9]. Auf dem Kontinent scheint die Anwesenheit von Äbten und Vertretern der Domkapitel im 13. Jahrhundert offenbar üblich gewesen zu sein[10]. Sogar Laien dürften solche Kirchenversammlungen besucht haben, wenn auch wohl nur als Bittsteller oder als Rechtsberater[11]. – Möglicherweise nur als Prokurator seines Bischofs war der Archidiakon von Dunkeld auf der vermutungsweise ‚1230' anzusetzenden Synode; dagegen lässt sich die Teilnahme eines weiteren Archidiakons und von *magistri*, die auf derselben Versammlung waren, sowie eines Archidiakons, Dekans und Doktors der Theologie, deren Anwesenheit für die Synode von 1238 gesichert ist, wohl kaum auf dieselbe Weise erklären[12]. Gewiss dürfte es von Beginn an für die Bischöfe hilfreich wie sinnvoll gewesen sein, einzelne Dignitäre ihrer Kathedrale bzw. Mitglieder ihrer *familia* auf die Synoden mitzubringen, wo diese ihnen dann mit Rat und Tat zur Seite stehen konnten. Die Konzilsordnung (*modus procedendi*), welche man zusammen mit den Provinzialstatuten des 13. Jahrhunderts in das Register der Bischöfe von Aberdeen eingetragen hat[13], lässt in dem Teil, in welchem Bekleidungsvorschriften für die Konzilsteilnehmer erlassen wurden, sowohl auf die Anwesenheit von Dekanen, Archidiakonen und anderen Klerikern als auch von Bischöfen und Äbten schließen. Allerdings scheinen die beiden letztgenannten Gruppen in dieser frühen Zeit wohl die einzigen Kleriker gewesen zu sein, die quasi aus eigenem Recht zur Synode eingeladen werden mussten.

---

9 KEMP, Counsel 43-45.

10 Ebd. 45.

11 Ebd. 35, 45-47. Bezüglich der Tendenz, Laien von Diözesansynoden auszuschließen, vgl. CHENEY, Synodalia 33, und TREXLER, Synodal Law 35.

12 Vgl. oben S. 52.

13 SES II 4; PATRICK, Statutes 2f. Dieser Eintrag ins Register wurde in der National Library of Scotland gefunden (Adv. MS 16. 1. 10). Er existiert dort als Abschrift auf fol. 25v, deren Autor wohl nicht derselbe war, der die vorausgehende Bulle von 1225 und den darauffolgenden Kodex von 1242/49 verfasst hat. Deshalb lässt sich aber nicht einfach behaupten, dass der Autor einer späteren Zeit entstammt (vgl. ROBERTSON in: SES I 193 Anm. 6). Dieser Eintrag scheint zusammen mit dem Rest tatsächlich einer früheren Quelle und zwar aus den achtziger Jahren des 14. Jahrhunderts zu entstammen und es bestehen triftige Gründe anzunehmen, dass er ebenfalls aus dem 13. Jahrhundert stammt.

Auch ist der in den Statuten verwendete Sprachgebrauch vorwiegend ein bischöflicher, wenn es da zum Beispiel heißt, ‚jeder von uns wird in seiner Diözese untersuchen ...' (Nr. 6) oder ‚in einer jeden Kirche jedweder Diözese, die zu uns gehört ...' (Nr. 46), oder wie es aus die Wendung ‚ein jeder von uns Bischöfen ...' (Nr. 53) herausgelesen werden kann. Die Interessen der Klostervorsteher, falls sie denn überhaupt präsent waren, wurden in den meisten der auf diesen Synoden entstandenen Statuten nur indirekt abgedeckt[14]. Wichtig waren für diese Gruppe insbesondere die Statuten, welche die allgemeinen Rechte und Privilegien der Kirche in Schottland zu erhalten suchten. Und als Inhaber der ihnen zugewiesenen Kirchen waren sie natürlich vor allem daran interessiert, das Einzugssystem des Zehnten so effektiv wie möglich zu gestalten. Wahrscheinlich waren die Klostervorsteher aber eher an anderen Aspekten der Synodenarbeit interessiert, etwa an der Beseitigung von Missständen und der Entscheidungsfindung in offenen Streitfragen[15].

Um indes die Arbeit in den Diözesen reibungsloser und besser zu gestalten, scheint es sinnvoll gewesen zu sein, auf jeden Fall Statuten zu hinterlassen. Überdies war die 1225 ins Leben gerufene schottische Provinzialsynode gewissermaßen ein Ersatz dafür, dass die Aufgaben, die in den meisten Teilen der Christenheit durch die Metropolitangewalt wahrgenommen wurden, gleichfalls erfüllt werden konnten.

Die wichtigste organisatorische Entwicklung, die sicherlich mit der erstmaligen Einberufung der Synode 1225 ihren Anfang genommen hat, war zur Zeit der Gesetzessammlung von 1242/49 bereits eine vielgelobte, feste Einrichtung geworden, was darauf schließen lässt, dass sie bereits unter den Vorgängern der Männer, die diesen Statutenkodex verfasst haben, eine gewohnte Erscheinung gewesen ist[16]. Gemeint ist die Einsetzung des *Conservator Statutorum Concilii* – oder einfacher – des *Conservator Concilii*[17]. Dieses Amt wurde, entsprechend der Bestimmung des Kodex, von einem von seinen bischöflichen Mitbrüdern eigens dafür gewählten Bischof ausgeübt. Es gibt jedenfalls keinen Hinweis darauf, dass das Konzil als Ganzes an der Wahl beteiligt gewesen ist. Diese Eingrenzung der Wähler ist zweifellos historisch begründet: Sie dürfte auf das Jahr 1225 zurückverweisen, als sich nämlich in Einklang mit der Grün-

---

14 Ausnahmen bilden die Nrr. 15, 17, 22, 47, 50 und 104.

15 Vgl. oben S. 52 bezüglich Angelegenheiten, die Klöster betrafen und für die auf den Synoden von ‚1230' und 1238 Lösungen herbeigeführt wurden.

16 Nr. 1.

17 Nr. 2, vgl. Nr. 1. Vgl. auch DUNCAN, Kingdom 293 bezüglich des Argumentes, dass das Amt des *Conservator Concilii* vielleicht erst nach 1267 aufkam.

dungsbulle die erste Provinzialsynode allein aus den Bischöfe als Teilnehmern zusammensetzte. Keine Aussage wird darüber gemacht, wie lange der Konservator im Amt blieb. Es heißt nur, dass er sein Amt ‚von Synode zu Synode' auszuüben habe, was wahrscheinlich, wenn auch nicht notwendigerweise implizierte, dass auf jeder Synode – also jährlich – Wahlen abgehalten worden sein dürften. Ebenso fehlt jeder Hinweis auf die Art und Weise, wie sich die Bischöfe in diesem Amt abwechselten. Die frühesten erhaltenen Angaben über diese Wahlen bzw. Wiederwahlen wie auch über die Länge der Amtsperiode datieren aus einer Zeit, die erst gut 100 Jahre nach Errichtung der Synode 1225 anzusetzen ist[18]. Es war wohl Teil seiner Aufgaben zwischen den synodalen Versammlungen, dass der Konservator allen Teilnehmern das festgesetzte Datum für den nächsten Zusammentritt der Synode auf angemessene Weise (*competenter*) bekanntzugeben hatte. Unklar ist, ob er bei der Wahl von Ort und Zeit mitentscheiden konnte, was durchaus der Fall sein kann, da ein festes Datum für die alljährliche Synode nie existiert hat. Der Konservator nahm also den Platz eines Metropoliten ein, wenn es darum ging, die Initiative zur Einberufung – gegebenenfalls auch zur Nichtansetzung – einer Provinzialsynode zu ergreifen. Zumindest denkbar ist es, dass der Konservator, da er gewählt und nicht ernannt wurde, sich eher veranlasst fühlte, solche Synoden regelmäßiger einzuberufen als dies die meisten Metropoliten taten. Möglicherweise übten auch die anderen Bischöfe Druck auf ihn aus, so zu verfahren, da nach den entsprechenden Bestimmungen seine offizielle Amtsgewalt bis zur nächsten einberufenen Synode dauerte. Andererseits hatte er auch selbst die Macht, sich der Bürde seines Amtes als Konservator zu entledigen, indem er eine Synode einberief.

Die Funktionen eines Konservators auf diesen Versammlungen sind indes nicht genau umschrieben. In der Geschäftsordnung der Synode ist festgelegt, dass der Konservator den Eröffnungszeremonien einer von ihm einberufenen Synode vorsteht, während hingegen die Verantwortung für das Predigen bzw. die Vollmacht, jemanden dazu zu bestimmen, in dieser Eröffnungszeremonie zu predigen, seit 1242/49 in den Händen der Bischöfe lag, die sich, angefangen beim Bischof von St. Andrews, darin reihum abwechselten[19]. Die eigentliche Arbeit der Versammlung begann mit einer feierlichen Exkommunikation, die von den anwesenden Bischöfe über alle diejenigen verhängt wurde, die zur Synode zwar geladen waren, ihr aber ohne gültige Entschuldigung fernblieben. Entsprechend

[18] Vgl. auch unten S. 92 bezüglich der Liste bekannter *Conservatores*.
[19] Nr. 2.

dürften auch Statuten existiert haben, in denen festgelegt war, wie ein solches Fernbleiben bestraft werden sollte. Allerdings weiß man von deren Existenz lediglich aus einer im Statut Nr. 1 gemachten allgemeinen Bemerkung, in der es heißt, dass diese Bestimmungen vor Verhängung der Exkommunikation laut vorzulesen seien[20].

Es stellt sich indes die Frage, ob der Konservator zu diesem Zeitpunkt immer noch der Vorsitzende, also der Leiter der Synode war. Es scheint fast so[21]; doch gibt es bislang keine gesicherten Informationen darüber, zu welchem Zeitpunkt während der dreitägigen Sitzungsdauer er wiedergewählt bzw. sein Nachfolger bestimmt wurde. Allerdings wird in der Geschäftsordnung auch von dem Fall ausgegangen, dass eine Synode in Abwesenheit des Konservators eröffnet werden kann. In diesem Fall hatte der am längsten amtierende Bischof dessen Aufgaben zu übernehmen. Dies impliziert jedoch, dass der Konservator selbst nicht unbedingt der Vorsitzende der Synode sein musste. Seine Funktion wird auch eher als die des ausführenden Organs der Synodendekrete definiert. Zwischen den Synoden war es seine Aufgabe, diejenigen, die sich der notorischen Übertretung und Verletzung der synodalen Beschlüssen und Statuten schuldig gemacht hatten, durch den Einsatz kirchlicher Zensuren gemäß den gesetzlichen Bestimmungen wirkungsvoll zu ihrer Befolgung und Einhaltung zu zwingen[22]. Dies setzte eine ausgesprochen aktive Rolle voraus, selbst wenn der Konservator nicht als der einzige anzusehen ist, der für die Umsetzung und Einhaltung der Synodenbeschlüsse verantwortlich zeichnete. In einigen Fällen wurden auch Rektoren und Vikare bzw. Archidiakone und Dekane dazu instruiert, aktiv zu werden[23]; in anderen

---

20 Das war wohl auch die Bedeutung des letzten Satzes des Modus Procedendi. Vgl. den letzten Satz von Nr. 1 des Kodex von 1242/49, der die Bestrafung der von der Synode unentschuldigt Ferngebliebenen befahl, und zwar *auctoritate et arbitrio Concilii* (SES II 10). Vgl. ebenso die Übersetzung bei PATRICK, Statutes 3, wo es heißt, dass das gesamte Corpus der Synodenstatuten zu Beginn einer jeden Synodensitzung vorgelesen werden solle, der dann eine allgemeine Exkommunikation potentieller Gesetzesübertreter zu folgen habe. Jedoch schließt sich die Exkommunikationsformel in SES (II 5f., Nr. IV) nicht dem Modus Procedendi des Aberdeen-Manuskripts an, sondern kommt erst nach den Synodal- und Diözesanstatuten, was bedeuten könnte, dass man sie je nach Ort in Verbindung mit jenen Exkommunikationszeremonien vorgesehen hatte, die gemäß Statut 51 des Kodex von 1252 viermal jährlich vorzunehmen waren. So scheint diese Sonderformel für die in den Statuten 47 und 52 angeordneten Exkommunikationen aufgezeichnet worden zu sein, die auf das gleiche Datum zurückgehen. Die Erwähnung ‚des Königs, der Königin und deren Sohn' entstammt vielleicht einer noch früheren Version. Vgl. dazu die Diskussion auf S. 77, 79f. und 148.

21 Vgl. die Sichtweise bei DUNCAN, Kingdom 293, sowie unten S. 120f.

22 Nr. 2.

23 Nrr. 7, 18.

Fällen erwartete man von den zuständigen Bischöfen, dass sie die Initiative ergriffen[24]. Andererseits gab es eine Reihe von Statuten, in denen der Plan einer regelmäßigen, im Voraus vorgenommenen Exkommunikation ganzer Gruppen von Gesetzesübertretern vorgesehen war[25]. In Statut Nr. 104 wird ausdrücklich darauf hingewiesen, dass allein der Konservator Gesetzesübertretern die Absolution erteilen kann, was wahrscheinlich auch die übrigen Statuten implizieren, wo von Exkommunikation die Rede ist, aber sicher auch die große Mehrheit der Statuten, in denen kein ausführendes Organ namentlich genannt wird[26]. Wenn dem so ist, dann wurde der Konservator auch als derjenige betrachtet, der dafür verantwortlich war, jedwede Gesetzesübertretung – sei sie auch nur geringer Natur – selbst im hintersten Winkel einer jeden schottischen Diözese aufzuspüren.

Durchgängig wird in den Statuten mit Nachdruck die ‚Autorität' der Synode beschworen, obschon dies nur gelegentlich ausdrückliche Erwähnung findet[27]. Kein Zweifel besteht daran, dass man die Synode als eine autoritative Zwischenebene zwischen den Bischöfen und dem Papst betrachtete[28]. Interessanterweise scheint man allerdings keinerlei Anstalten gemacht zu haben, die päpstliche Approbation für die Beschlüsse der Synode einzuholen. Offenbar hatte der Papst in den exemten Diözesen nicht alle Aufgaben eines Metropoliten in ihrer gesamten Fülle übernommen, obschon er nach 1225 weiterhin eine metropolitane Funktion ausübte, wenn es darum ging, Bischofswahlen zu bestätigen. In einer normalen Provinzialsynode war der Metropolit die alleinige Autorität, der Statuten erlassen konnte und dafür zu sorgen hatte, dass diese in Kraft traten. Gewöhnlich ließ er sich jedoch dabei von den Mitgliedern der Provinzialsynode beraten und holte deren Konsens ein. Aufgrund der in Frankreich im 13. Jahrhundert herrschenden Praxis wurde in Einklang mit den zeitgenössischen Kanonisten argumentiert[29], dass zur Herstellung des Konsenses allein der Rat der Bischöfe notwendig gewesen sei, dass sich trotzdem aber des öfteren auch niedere Kleriker an den Diskussionen

[24] Nrr. 6, 10, 11, 23, 31, 50, 55.

[25] Nrr. 47, 52, 104.

[26] Vgl. die von William Lyndwood aus dem 15. Jahrhundert stammende Ansicht, dass in England der Erzbischof als Metropolit parallel zu seinen Suffraganbischöfen in deren jeweiligen Diözesen jurisdiktionelle Rechte ausübte, was Angelegenheiten betraf, die in den Provinzialstatuten behandelt worden waren (zitiert in CHENEY, Texts 133f., Nr. 174).

[27] Zum Beispiel in Nrr. 7, 33; vgl. Moray Registrum 127, Nr. 114.

[28] Die Position exemter Klöster muss noch untersucht werden. Bezüglich der durch die Exemtion bedingten Auswirkungen vgl. CHENEY, Synodalia 4, 10, 22-24.

[29] R. L. KAY, The making of statutes in French provincial councils 1049-1305, in: Dissertation Abstracts 20 (Ann. Arbor/Mich. 1959) 1004.

beteiligten. Offensichtlich war es ‚häufig' so, dass der Metropolit und seine bischöflichen Mitbrüder sich selbst als das Haupt und die Glieder dieser kirchlichen Körperschaft betrachteten. In einigen Fällen stärkten die Bischöfe Gewicht und Ansehen synodaler Entscheidungen („contributed to the authority of the assembly's act"[30]), und in der Praxis war es wohl auch tatsächlich so, dass die Bischöfe eine erhebliche Mitsprache beim Erlass von Statuten, die für die ganze Kirchenprovinz gelten sollten, besaßen[31]. Auch die schottischen Bischöfe betrachteten sich unter Bezugnahme auf die einschlägigen Passagen in der Bulle von 1225 als Teil einer solchen kollegialen Körperschaft und leiteten daraus die Befugnis ab, Statuten von beachtlichem Rang zu erlassen. Die Anfangsworte ‚Wir erlassen' (*Statuimus*) stellen in diesem Fall sicherlich nicht den für eine einzelne Person geltenden *Pluralis maiestatis* dar, sondern bringen das Handeln der ganzen Körperschaft zum Ausdruck. Da der Konservator nur die exekutive Gewalt der Synode verkörperte und nicht deren eigentlicher Vorsteher war, handelte es sich hier um eine Synode, bei der alle Teilnehmer gleichen Ranges waren. Dies impliziert auch, dass – mit einer möglichen Ausnahme bei dem am Anfang stehenden Kodex von 1242/49[32] – die auf die gesetzgeberische Tätigkeit der Konzilien zurückgehenden Ergebnisse normalerweise nicht, wenn überhaupt durch eine einzelne beherrschende Persönlichkeit veranlasst wurden. Es dürfte sehr viel wahrscheinlicher sein, dass diese Ergebnisse die vielfältigen Probleme widerspiegeln, mit denen einzelne Bischöfe in ihren jeweiligen Diözesen zu kämpfen hatten. Oder aber es ging um die Vielfalt von unterschiedlichen Praktiken in den schottischen Diözesen, die man zu vereinheitlichen suchte. Entsprechend zeigt sich der Wille, die Gesetzgebung gemäß dem Statut Nr. 6 ‚Jeder von uns wird in seiner Diözese nachforschen ...' auszuüben. Parallel dazu finden wir die Bereitschaft der Mitbischöfe hinter demjenigen zu stehen, der ihre Unterstützung für eine bessere Wirksamkeit der Exkommunikationsstrafe wünscht[33]. Diese Bereitschaftserklärung wurde allerdings von der bemerkenswerten Strafklausel begleitet, dass, falls irgendein Bischof einer solchen Anfrage nicht nachkam, er dem Synodengericht überantwortet und aus dem Rat seiner Mitbischöfe und der übrigen Prälaten ausgeschlossen werden sollte. Betrachtet man dies zusammen mit der Bestimmung in Statut Nr. 1 bezüglich der Bestrafung derer, die ohne Entschuldigung der Synode fernblieben, so sieht man, dass die Synode in

30 CHENEY, Synodalia 3.
31 CHENEY, Texts 123f.
32 Vgl. oben S. 72.
33 Nr. 53.

der Mitte des 13. Jahrhunderts über Regelungen verfügte, durch die sie gegenüber den eigenen, die Synode konstituierenden Mitgliedern Jurisdiktionsgewalt ausüben konnte. Schottland hatte zwar keinen eigenen Metropoliten, aber die schottische Provinzialsynode mit ihrem Konservator zeigte zumindest einen gewissen Grad an Konsequenz und Geschlossenheit bei dem Versuch, die zehn Diözesen zusammenzuhalten, und verfügte über die notwendige Autorität, auf die man dann, wenn es die Situation erforderte, zurückgreifen konnte. Angesichts der geographischen Entfernung zu Rom erwies sich dies sowohl aus zeitlichen wie aus finanziellen Erwägungen als ebenso nützlich wie vorteilhaft.

Liste der namentlich bekannten Konservatoren

William de Lamberton (St. Andrews)?	9. Juli 1321	(APS I 478f.)
William de Sinclair (Dunkeld)	21./22. März 1325	(Glasgow Registrum I 230f., Nr. 270)
Walter Trayl (St. Andrews)	18. Juli 1388	(Moray Registrum 350f., Nr. 267)
Alexander Bur (Moray)	Anfang der 90er Jahre des 14. Jh.?	(SES II 3f.)
William Stephenson (Dunblane)	16. Juli 1420	(SES II 77, Nr. 166)
John de Crannach (Brechin)	28. Juni 1445	(Siehe Anm. 34!)
Thomas Spens (Aberdeen)	19. Juli 1459	(SES II 79f., Nr. 167)
Patrick Graham (St. Andrews)	17. Juli 1470	(Siehe Anm. 35!)

34 Brechin Registrum 98, Nr. 56.

35 St. Andrews University Muniments, MS Registrum Evidentiarum et Privilegiorum Universitatis Sanctiandree, fol. 70v-72v.

7. Kapitel

Entwicklungen zwischen 1239 und 1296

Schottische Kontakte zu den allgemeinen Konzilien der Kirche in den vierziger Jahren des 13. Jahrhunderts dürften eher spärlich gewesen sein. Zwar waren die Bischöfe Bernham von St. Andrews und Bondington von Glasgow zu dem auf den 31. März 1241 nach Rom einberufenen Konzil geladen worden. Daher reisten sie nach Frankreich, waren vielleicht sogar bis nach Italien gekommen, als Kaiser Friedrich II. das Zusammentreten des Konzils verhinderte. Daraufhin mussten die beiden Bischöfe unverrichteter Dinge wieder nach Schottland zurückreisen, ohne jemals Rom erreicht zu haben[1]. Am 27. Dezember 1244 berief Papst Innozenz IV. dann ein weiteres Allgemeines Konzil ein, das in Lyon zusammentreten und am 24. Juni 1245 beginnen sollte. Eine vollständige Teilnehmerliste liegt nicht vor, doch für moderne Historiker gibt es genügend Hinweise, aus denen man schließen kann, dass „le cercle des invités coincide avec la liste des archives de Grégoire"[2]. Sicherlich nahm Bischof Bernham an diesem Konzil, dessen offizielle Sessionen am 28. Juni, am 5. und 17. Juli 1245 abgehalten wurden[3], teil, denn er war einer der Konzilsteilnehmer, die am 13. Juli eine Reihe von Transsumpten alter Privilegien zugunsten des Papsttums siegelten, die aus Sicherheitsgründen zusammengestellt und abgeschrieben wurden[4]. Bischof Bernham scheint sich auch in den darauffolgenden Monaten noch um andere Angelegenheiten an der Kurie gekümmert zu haben[5]. Ob auch Bischof Bondington an diesem Konzil teilgenommen hat, ist zwar nicht sicher, aber doch wahrscheinlich[6], ob-

---

1 Vgl. Watt, Dictionary 42, bezüglich der Details. Die Einladung der schottischen Bischöfe schien wohl auf diese beiden Bischöfe beschränkt gewesen zu sein (Chron.Melrose 87; CPL I 195), was wohl ungefähr dem Wortlaut der Einladung des Erzbischofs von Sens in Frankreich vom 9. August 1240 entsprach (Wolter – Holstein, Lyon 249; vgl. ebd. 27f.).

2 Wolter, Lyon I, 51f.

3 Wolter, Lyon I, 62.

4 Wolter, Lyon I, 71; D. L. Galbreath, Scottish seals from the Continent, in: SHR 27 (1948) 127-141, besonders 128; C. Burns, Scottish bishops at the general councils of the late Middle Ages, in: The Innes Review 16 (1965) 135-139, besonders 137.

5 Watt, Dictionary 43.

6 Er hat die Transsumpte nicht mit seinem Siegel unterzeichnet, wie dies Bischof Bernham tat, aber man weiß, dass ohnedies nur ein repräsentativer Teil der Bischöfe

gleich er noch immer das Kanzleramt unter König Alexander II. bekleidete[7]. Andererseits dürfte auch Magister Reginald de Irewyn, der nachweislich im September 1245[8] als königlicher Gesandter an der Kurie tätig war, um dort ein allgemeines Privileg zur Beilegung kirchlicher Streitigkeiten in Schottland zu erwirken[9], in seiner Funktion als einer der Archidiakone von Glasgow als Vertreter seines Kapitels im Juni/Juli am Konzil teilgenommen und möglicherweise auch in Stellvertretung für seinen Bischof gehandelt haben[10]. Ebenso ist es denkbar, dass Magister Richard Vairement als Begleiter Bischof Bernhams in Lyon gewesen ist, mit welchem man ihn in St. Andrews in Verbindung gebracht hatte – vermutlich dürfte aber eher ein Zusammenhang zu dem emporstrebenden Kollegiatstift St. Mary bestehen, als dass er Mitglied des Kathedralpriorats der Augustiner, d.h. des Domkapitels war[11]. Möglicherweise haben aber auch andere für ihn die persönliche Dispens erwirkt, die am 13. September 1245 ausgestellt wurde[12]. Vielleicht waren aber die beiden Bischöfe auch gemeinsam mit den zwei rangniedrigeren Klerikern zum Konzil gekommen, und zwar als eine Art königlicher Prokuratoren[13]. Jedenfalls waren sie durchaus erfolgreich bei der Wahrnehmung der königlichen Interessen, da sie am 27. Juli 1245 das päpstliche Mandat erwirken konnten, welches das Kanonisierungsverfahren einleitete, das 1250 schließlich zur Heiligsprechung Königin Margarets von Schottland führte[14]. Eigentlich waren sie aber wohl nach Lyon gekommen, um dem Papst bei dessen vornehm-

---

die Dokumente mit ihrem Siegel unterzeichneten (vgl. WOLTER, Lyon I, 71). Er mag sich indes durchaus persönlich um die der Diözese Glasgow vom Papst in der Zeit zwischen dem 13. Juli und dem 7. September 1245 verliehenen Privilegien bemüht haben (Glasgow Registrum I 152-154); und er hat wohl auch in gewisser Weise das Indult vom 4. August 1245 für seinen Sekretär „Master Hugh" erwirkt (THEINER, Monumenta 44, Nr. 115; CPL I 219; vgl. auch WATT, Dictionary 450 [Stichwort „Hugh Picard"], wo wahrscheinlich fälschlich angenommen wird, dass Bondington nicht am Konzil von Lyon teilgenommen hat).

[7] HBC 181; vgl. WATT, Dictionary 461f. [Stichwort „Peter de Ramsay"].

[8] CPL I 220; vgl. WATT, Dictionary 285.

[9] Glasgow Registrum I 155, Nr. 192; SES I, S. LIX Anm. 4; vgl. RYMER, Foedera I 263.

[10] WATT, Fasti 171, 174 [Stichwort „Irvine"]; vgl. WOLTER, Lyon I, 52, bezüglich des Beweises, dass wenigstens von einigen Kathedralkapiteln erwartet wurde, dass sie Vertreter entsandten.

[11] Vgl. WATT, Dictionary 559.

[12] CPL I 220.

[13] König Heinrich III. von England hatte sicherlich seine Vertreter zum Konzil entsandt (C&S II/1, 402).

[14] Dunfermline Registrum 181, Nr. 281. Man beachte jedoch, dass auch Vertreter der Abtei Dunfermline an der Kurie tätig waren, um eine Reihe von Privilegien für diese Abtei zu erwirken, so geschehen am 24. April und 6. September 1245 (ebd. 177-183, Nrr. 273-280, 282-286).

licher Absicht, Kaiser Friedrich II. abzusetzen, zu unterstützen; heimgekehrt sind sie jedoch mit wertvollen Privilegien für Schottland.

Zwei der in Lyon verabschiedeten Konstitutionen hatten finanzielle Auswirkungen auch für Schottland. Wie bereits auf dem 4. Lateranense, so war nun erneut angeordnet worden, dass der Klerus der abendländischen Kirche den zwanzigsten Teil seiner kirchlichen Einkünfte für drei Jahre als Abgabe zu bezahlen habe, um so dem Heiligen Land zu helfen[15]. Außerdem mussten Kleriker, die nicht wenigstens sechs Monaten im Jahr persönlich bei ihren Benefizien residierten, die Hälfte ihrer Einkünfte drei Jahre lang zugunsten des dahinsiechenden lateinischen Königreich von Konstantinopel abgeben[16]. In England riefen die eingeforderten Abgaben länger anhaltenden Widerstand hervor; eine Reihe von Zusammenkünften wurde veranstaltet, auf denen diese Opposition auch deutlich zum Ausdruck gebracht wurde. Eine davon war die Londoner Versammlung vom 1. Dezember 1246, an der offenbar ausschließlich Kleriker teilnahmen. Im Endeffekt wurde dieser Zwanzigste dann wohl doch nicht in England erhoben bzw. eingesammelt – und was die anderen Abgaben betrifft, auch von diesen wohl nur ein Teil des ursprünglich geplanten Umfangs[17]. Wie war demgegenüber die Situation in Schottland? Die 1215 auferlegte Steuer hatte 1220 zur Einberufung einer schottischen Synode geführt[18]; diesmal jedoch wurde der Zwanzigste eingesammelt, ohne dass eine Synode bekannt wäre, auf der über diese Steuer auf provinzialer oder diözesaner Ebene diskutiert worden ist. Was die anderen Abgaben betrifft, so gibt es hier keinen Hinweis darauf, ob sie je erhoben wurden oder nicht. Im Oktober 1247 wurde Bischof Klemens von Dunblane durch Rom zum Kollektor des Zwanzigsten und der anderen für das Heilige Land bestimmten Einkünfte im Königreich Schottland ernannt[19]. Noch im Mai 1254 wurden diese Abgaben durch einen ausländischen Kollektor mit Namen Johannes von Frosinone eingesammelt[20]. Es scheint auch keine besondere Klerikerversammlung in Schottland gegeben zu haben, die in irgendeinen Zusammenhang mit einer neuen Forderung nach einer karitativen Unterstützung für den Papst entsprechend den vom Legaten Otto 1239 ausgehandelten Prinzipien zu bringen ist[21]. Im Oktober 1246 wurde Fr. Johan-

---

[15] COD³ 299; TANNER, Decrees 299.
[16] COD³ 295; TANNER, Decrees 295.
[17] LUNT, Financial Relations 250-255; C&S II/1, 388-401.
[18] Vgl. oben S. 42f.
[19] THEINER, Monumenta 48, Nr. 128; Vgl. CPL I 237.
[20] RYMER, Foedera I 303. Bezüglich dieses Klerikers vgl. BAGLIANI, Cardinali I 169; FERGUSON, Papal Representatives 100.
[21] Siehe oben S. 54f.

nes Angelicus OFM damit beauftragt, diese Angelegenheit sowohl in Schottland als auch in England voranzutreiben. Bereits im Februar des folgenden Jahres war er in England tätig, wo er mit den Bischöfen über die Bezahlung einer runden Summe verhandelte, über die jeder einzelne von ihnen daraufhin mit seinem Klerus diskutieren sollte[22]. Johannes entsandte einen weiteren Franziskanerbruder – William de Basinches – nach Schottland, wo er im Laufe des Jahres 1247 bei der Wahrnehmung seiner Aufgabe von König Alexander III. volle Unterstützung erfuhr[23]. Auf welche Weise dieser päpstliche Gesandte den schottischen Klerus konsultierte, wozu er bei dieser Art von Steuererhebung schließlich verpflichtet war, und ob seine Mission etwa erfolgreich gewesen ist, darüber wissen wir indes nichts.

Oben[24] wurde bereits das Treffen der sieben Bischöfe erwähnt, das vielleicht um den 19. Juni 1250 stattfand und auf dem die Rechte des Klerus gesichert werden sollten, nachdem dessen Privilegien von der Regentschaftsregierung, die während der Minderjährigkeit des Königs die politischen Geschäfte ausübte, bedroht worden waren. Die komplizierten Zeitläufte mögen indes die Abhaltung der nach den Statuten des Kodex von 1242/49 jährlich anzuberaumenden Provinzialkonzilien verhindert haben. Auch dürfte die Spaltung des höheren Klerus in eine Comynite- und eine Durwardite-Partei, wie sie sich für 1255 eindeutig nachweisen lässt[25], einige Jahre der Heilung bedurft haben, bevor wieder an eine funktionierende Zusammenarbeit zu denken war. Überraschend ist vielleicht aber doch, dass erst mit der Zusammenkunft in Perth 1268 wieder eine Synode sicher nachzuweisen ist. Dort erwirkte der Bischof von St. Andrews die Verhängung der Exkommunikation über den Abt von Melrose und über einen beträchtlichen Teil des Konvents, wobei die Betroffenen alle aus der Diözese Glasgow stammten. Diese waren in einen blutigen Aufruhr auf dem bischöflichen Grundbesitz von Stow in Midlothian verwickelt gewesen[26]. Wenn allerdings – wie in diesem Fall – zwei Prälaten ihre Zwistig-

---

22 LUNT, Financial Relations 220-222; C&S II/1, 390.

23 Am 14. März 1247 oder 1248 wurde dem König vom Papst versichert, dass dieser durch seine kooperative Haltung nicht das Recht Schottlands aufs Spiel gesetzt habe, jeden nicht direkt von Rom entsandten Legaten auszuschließen (THEINER, Monumenta 49, Nr. 131; vgl. auch SES I, S. LX, wo die Arbeit dieses Legaten fälschlicherweise mit einer anderen päpstlichen Steuer in Verbindung gebracht wird).

24 Vgl. oben S. 76.

25 STONES, Documents 30-34, Nr. 10; vgl. auch die Diskussion dazu bei WATT, Minority 12-15.

26 Chron.Bower V 371; vgl. WATT, Dictionary, 213f., wo dem Abt von Melrose eine falsche Identität zugewiesen wird.

keiten miteinander ausfochten, so waren ihre Mitbrüder vor allem darauf bedacht, den Frieden wieder herzustellen, ohne dass gleichzeitig heikle Fragen bezüglich kirchlicher Privilegien zur Sprache kamen. Bekanntlich gab es ja keine andere kirchliche Schiedsinstanz im Land, vor die der Fall hätte gebracht werden können[27].

Dennoch kann man davon ausgehen, dass es einige und vermutlich nicht einmal seltene synodale Zusammenkünfte in jener Zeit gegeben hat, die zweifelos in Verbindung mit den Aktivitäten des Legaten Kardinal Ottobono Fieschi gestanden haben. Als nämlich dieser vielgerühmte Prälat, der ein Neffe Innozenz' IV. war und später selbst Papst werden sollte, am 5. Mai 1265 von dem damals neuen Papst Klemens IV. zu dessen Nachfolger im Amt des Legaten für England, Wales und Irland bestellt wurde, wurden seine Machtbefugnisse auch auf Schottland ausgedehnt[28]. Obwohl sein Aufenthalt in England, der in die Periode unmittelbar nach den Wirren der Adelskämpfe („Baron's Wars") fiel, von relativ langer Dauer und von große Wirkung war – er blieb dort vom 29. Oktober 1265 bis in den Juli 1268[29] –, existiert allerdings nicht ein Hinweis darauf, dass König Alexander III. von Schottland wegen dieser Ernennung konsultiert worden ist, und wahrscheinlich hatte auch der schottische Klerus seinen, dem Legaten vom Papst verliehenen ausgedehnten Machtbefugnissen gegenüber von Anfang an eine sehr ambivalente Position bezogen. Von erheblicher Brisanz erwies sich dabei, dass Ottobono dazu ermächtigt war, den Zehnten der kirchlichen Einkünfte in Schottland wie auch anderenorts zur materiellen Absicherung seiner Legation einzutreiben[30]. Es gab indes wohl keinerlei Ansinnen seinerseits, dass etwa Repräsentanten des schottischen Klerus an den in England im Dezember 1265 und im Februar und Juni 1267 abgehaltenen Legatenkonzilien hätten teilnehmen sollen[31]. Wahrscheinlich sandte der Legat im Lauf des Jahres 1266 seine ersten Gesandten zu König Alexander und ließ ihm ausrichten, dass er nicht in eigener Person kommen könne[32]. Diese Gesandten hätten vom schottischen Klerus ‚Prokurationen' für die Unterstützung ‚ihres Legaten' eingefordert. Der Betrag, so berichtete hundert Jahre später der Chronist John von Fordun, belief sich für Pfarrkir-

---

[27] Vgl. unten S. 101.

[28] THEINER, Monumenta 96-98, Nr. 245; CPL I 426-430; vgl. ebd. 396. Vgl. FERGUSON, Papal Representatives 108-113.

[29] C&S II/2, 725.

[30] THEINER, Monumenta 98, Nr. 246; CPL I 429; vgl. auch LUNT, Financial Relations 291f.

[31] Vgl. C&S II/2, 726-728, 732-738.

[32] GRAHAM, Letters 82-100, besonders 90, Nr. 4; einer der Gesandten war Magister Maurice (ebd. 95, Nr. 7).

chen auf 4 Mark und für Kathedralkirchen auf 6 Mark[33]. Es scheint, dass diese Abgabe auf eine breitere Bemessungsgrundlage gestellt worden war, als das etwa in England der Fall gewesen war[34]. Derselben schottischen Quelle können wir weiter entnehmen, dass man in Schottland bereits Gelder in einer Gesamthöhe von 2000 Mark gesammelt hatte, als schließlich der König eingriff und die Entsendung des Geldes Richtung Süden untersagte und dagegen Berufung in Rom einlegte[35]. Man nimmt an, dass es nach diesen Aktionen wenigstens zu einer Kirchenversammlung gekommen sein muss, ebenso wie dies auch bei einer Aktion des schottischen Klerus der Fall war, von der im darauffolgenden Jahr 1267 berichtet wird, als dieser nämlich versuchte, den König dazu zu bringen, von seiner Berufung abzulassen, während der Klerus seine Prokurationen an den Legaten Ottobono nunmehr auf einer anderen Basis entrichtete, was konkret hieß, dass man nur noch 6 Pence pro Mark bezahlte[36].

1267 soll dann Ottobono einen weiteren Gesandten – von römischer Herkunft – nach Schottland entsandt haben, um des Königs Erlaubnis einzuholen, selbst nach Schottland kommen zu dürfen. Nachdem dieser sich jedoch mit seinem Klerus beraten hatte, verweigerte der König dies dem Legaten[37]. Es ist durchaus möglich, dass dieser Gesandte von einigen Untergebenen des Königs Morddrohungen erhalten hat und dass sogar ein königlicher Erlass existierte, dass niemand ihm gehorchen möge[38]. Vielleicht hat man diese Vorgehensweise aber auch einem anderen Gesandten Ottobonos gegenüber verabredet, der in Zusammenhang mit einer weiteren Mission nach Schottland kam. Da die im Mai 1265 verfügte Zehntforderung wahrscheinlich wieder fallengelassen worden war, war dieser Legat am 8. und 22. Juni 1266 damit betraut worden, in Schottland zur Unterstützung von König Heinrich III. – besonders zur

[33] Chron.Fordun I 303.

[34] LUNT, Financial Relations 550-551; vgl. 555.

[35] Aus der später wohl ausgearbeiteten Version dieser aus dem 15. Jahrhundert stammenden Schriftquelle in Chron.Bower V 357 geht hervor, dass diese 2000 Mark vom Klerus entrichtet wurden, um die Ausgaben zu decken, die bei der in Rom eingelegten Berufung entstanden waren, und es scheint, dass Bower versucht hat, seine Version mit einer Passage von Fordun in Einklang zu bringen, die ihm schwer verständlich war (ebd. 472; vgl. auch SES I S. LXII sowie DUNCAN, Kingdom 291).

[36] Chron.Bower V 361. Dort heißt es verwirrenderweise, dass Prokurationen auch an Kardinal Hubert de Cocconato entrichtet wurden, was aber auf einer Verwechslung beruht, denn es ist nichts darüber bekannt, dass dieser damals als Legat in Britannien fungierte.

[37] Chron.Bower V 361; vgl. auch GRAHAM, Letters 95f., Nr. 7, was sich vielleicht auf diese Gesandtschaft beziehen könnte.

[38] Ebd. 117f., Nr. 34.

Deckung der Kosten, die für die Schuldenbegleichung der Königin notwendig waren – einen weiteren Zehnten zu erheben, vorausgesetzt König Alexander würde zustimmen[39]. In England führte die Erhebung dieser Steuer zur Einberufung mindestens eines Legatenkonzils, und zwar im Februar 1267 in Bury St. Edmunds in Suffolk[40]. Wahrscheinlich kam es auch in Schottland zu einer Lagebesprechung zwischen König Alexander und dem Klerus. Am 15. Juli 1267 war indes klar, dass der König die Entrichtung dieser Steuer untersagte[41]. Es ist nicht mehr möglich festzustellen, ob Ottobono vor oder nach diesen Ereignissen vorschlug, in eigener Person nach Schottland zu kommen, wie oben bereits erwähnt wurde. Bower berichtet im übrigen von zwei weiteren Versuchen, den schottischen Klerus zu besteuern, was dann aber wohl nichts mit den Ereignissen von 1265 und 1266/67 zu tun gehabt hätte. Seit allerdings Edward und Edmund, die Söhne Heinrichs III. im Juni 1268 das Kreuz genommen hatten[42], sollen der englische König und Ottobono Papst Klemens IV., der am 29. November 1268 starb, noch dazu überredet haben, ein Schreiben an den schottischen Klerus zu senden, welches die Entrichtung eines Zehnten an den englischen König anordnete. Von König Alexander heißt es, er habe in völligem Konsens mit dem schottischen Klerus seine Zustimmung zum Einzug dieser Sondersteuer verweigert mit der Begründung, dass Schottland aus eigenen Stücken einen adäquaten Beitrag zu diesem Kreuzzug leiste[43]. Von König Heinrich wird indes berichtet, er habe 1269 wiederholt versucht, diesen Zehnten dennoch zu erheben; jedoch trafen seine Gesandten auf den erbitterten Widerstand des schottischen Klerus, der sich seinerseits dazu entschlossen hatte, eigene Gesandte nach Rom, wo der päpstliche Thron damals gerade vakant war, zu schicken, um Widerspruch gegen diesen Zehnten einzulegen[44]. Es gibt jedoch keinerlei zeitgenössische Quellen, welche diesen weiteren Versuch, die schottische Kirche zu besteuern, verbürgen; und so gibt es denn auch keine gesicherte Erkenntnis über weitere Versuche Abgaben zu erheben, die über jene vier Male hinausgehen, wo dies vom Papst bzw. vom englischen König zwischen 1265 und 1269 versucht worden ist. Es gibt allerdings Gründe anzunehmen, dass zumindest einige davon auf kirchlichen Versammlungen, welcher Art auch immer diese

---

39 THEINER, Monumenta 99f., Nr. 249; CPL I 432f.

40 LUNT, Financial Relations 293f.

41 Auch wurden damals bezüglich der Schulden der Königin weitere Vereinbarungen getroffen (LUNT, Financial Relations 296; CPL I 434).

42 F. M. POWICKE, King Henry III and the Lord Edward, Oxford 1947, II 562.

43 Chron.Fordun I 303; Chron.Bower V 373.

44 Chron.Fordun I 303f.; Chron.Bower V 373.

gewesen sein mögen, in Schottland diskutiert wurden. Solche Versammlungen mussten jedoch von einer bestimmten Größe gewesen sein, wenn sie mit königlicher Unterstützung sogar die Verweigerung von Zahlungen beschließen konnten[45].

Mit einer etwas größeren Gewissheit kann man davon ausgehen, dass die schottischen Bischöfe zu einem gewöhnlichen Konzil („common council") zusammentraten, um die vermutlich im Dezember 1267 ergangene[46] Aufforderung zu erörtern, an Ottobonos für April 1268 in London einberufenen letztem Legatenkonzil teilzunehmen. Sicher nahm der Legat auf diesem Konzil die Gelegenheit wahr, seine Amtsgewalt in den Königreichen England, Wales und Irland wie auch dem von Schottland ausdrücklich zu betonen, als er seine berühmte Sammlung von 53 Kanones erließ, von der es heißt, dass sie „the most important single collection of local law for the English church" wurde[47]. Fordun berichtet[48], dass Ottobono die Anwesenheit aller schottischen Bischöfe in London gefordert hatte, die dann zusammen mit zwei Äbten und zwei Prioren im Namen des Klerus des gesamten schottischen Königreiches sprechen sollten. Von den Bischöfen heißt es, dass sie auf einem ‚gewöhnlichen Konzil' beschlossen hätten, lediglich die Bischöfe von Dunkeld und Dunblane zu diesem Legatenkonzil zu entsenden ‚aus Furcht, etwas könnte in deren Abwesenheit zum Schaden und Nachteil der Bischöfe bestimmt werden'. Zur Beschwichtigung nahmen die beiden Bischöfe etwas Geld mit, für deren Einsammlung ihnen offensichtlich die Verantwortung übertragen worden war und dessen Bestimmungszweck wohl die Deckung der Ausgaben des Legaten in Schottland gewesen waren[49]. Der übrige Klerus entsandte den Abt von Dunfermline und den Prior von Lindores als seine Vertreter. Man nimmt an, dass die Bischöfe Anfang 1268 zu einer ihrer jährlich stattfindenden Versammlungen zusammengekommen waren, jedoch ist nicht ganz klar, wie man dazu kam, vom ‚schottischen Klerus' (*clerus Scotiae*) zu sprechen. Am einfachsten dürfte wohl die Erklärung sein, dass damals – nicht zuletzt als Reaktion auf die jüngsten finanziellen Forderungen des Legaten – eine den niederen Klerus repräsentierende

[45] 1356 heißt es von der Abtei Fearn in der Diözese Ross, dass sie einer Art kirchlicher Besteuerung unterlag (im Unterschied zu einer königlichen Besteuerung) *secundum taxacionem domus predicte per Ottobonum editam Sedis Apostolice in Scotia judicem delegatum* (SES I, S. LIII Anm. 1). Vielleicht wird damit irrtümlicherweise Ottos karitative Steuer von 1239 gemeint (vgl. dazu oben S. 55).

[46] C&S II/2, 738.

[47] C&S II/2, 747-792; vgl. auch 739.

[48] Chron.Fordun I 303.

[49] WATT, Dictionary 281, vgl. Stichwort „Richard de Inerkeithing" (vgl. oben S. 97f.).

Gruppe gelegentlich mit den Bischöfen und Klostervorstehern als einem Teil des *concilium Scoticanum* zusammenkam[50].

Als dann aber der Bericht aus London über die 53 neuen Kanones, die Ottobono sowohl für den weltlichen als auch für den Ordensklerus vorgesehen hatte, einging[51], da verweigerten – nach Fordun – die Bischöfe deren Annahme, während die Chronik von Bower später interessanterweise berichtet, dass es nicht so sehr die Bischöfe als viel mehr der schottische Klerus (*clerus*) insgesamt war, der sich weigerte, die Kanones zu beachten[52]. Wir wissen heute nicht mehr, was für eine Art von Kirchenversammlung es war, dem die vier Vertreter, die am Londoner Konzil teilgenommen hatten, Bericht erstatteten, obschon es durchaus möglich ist, dass es das ‚Konzil' in Perth war, von dem man weiß, dass es im Lauf des Jahres 1268 über eine interdiözesane Streitigkeit verhandelte[53]. Obwohl davon auszugehen ist, dass auf alle Fälle der Abt von Dunfermline mit präzisen Kenntnissen der Kanones Ottobonos ausgestattet zurückgekehrt war[54], ging die Sammlung als Ganzes noch weniger in die Gesetzgebung und die Praxis der schottischen Kirche ein, als dies bei der Kanonessammlung des Legaten Otto 1237 oder 1239 der Fall gewesen war[55]. Ob dies eher positiv oder negativ zu bewerten ist, sei dahingestellt; Tatsache war wohl, dass der schottische Klerus während der Vakanz des Heiligen Stuhls, die immerhin von November 1268 bis März 1272 dauerte, sich selbst überlassen war und seiner eigenen Wege ging, denn es gibt keinerlei Anzeichen dafür, dass der am Ende gewählte Papst Gregor X. versucht haben soll, Ottobonos Kanones in Schottland die Rückendeckung zu geben, wie er es in England getan hatte[56]. Vielleicht war die Provinzialsynode zu fest in ihrer Haltung gewesen und zu sehr vom König gestützt, als dass man sie einfach hätte übergehen können.

Fast unmittelbar nach seiner Krönung zum Papst am 27. März 1272 kündigte Gregor X. nur wenige Tage später – es war der 31. März – an,

---

50 Vgl. oben S. 85f. und unten S. 128.

51 *Tam de secularibus quam religiosis personis Scotorum* (Chron.Fordun I 303).

52 Chron.Fordun I 303; Chron.Bower V 369.

53 Vgl. oben S. 96f.

54 Ottobonos Kanon Nr. 18 wurde in das Register der Abtei Dunfermline (Dunfermline Registrum 202) aufgenommen zusammen mit einer früheren päpstlichen Verlautbarung über Prokurationen, die an auf Besuch weilende Prälaten zu entrichten waren.

55 Vgl. oben S. 52 und S. 55-57. Es wird einmal der Kanon 12 über den Schutz von Kircheneigentum im Jahre 1442 vom Prior von Durham zitiert, der die Zelle von Durham in Coldingham/Berwickshire verteidigte, als jedoch kein Zweifel darüber bestand, dass es pässlich sei, ein aktuelles, in England wohl bekanntes Gesetz zu zitieren (SES I, S. LXIII-LXIV Anm. 2).

56 C&S II/2, 792 (27. Juli 1272).

dass er ein allgemeines Konzil für den 1. Mai 1274 einzuberufen gedachte, dessen Versammlungsort er indes noch nicht festgelegt hatte[57]. Eine Einladungsliste ist im päpstlichen Archiv nicht erhalten geblieben, doch man darf annehmen, dass damals Briefe an die Bischöfe und den König von Schottland verschickt worden sind. Es wurde bestimmt, dass alle Bischöfe einer jeden Provinz persönlich zu erscheinen hatten, bis auf einen oder zwei, ‚die zur Erledigung der bischöflichen Amtspflichten' zurückbleiben sollten. Überdies hatten die Bischöfe auf päpstliches Geheiß die Kathedralkapitel und anderen Kirchen ihres Sprengels dazu anzuhalten, Vertreter zu bestimmen, die diese als Prokuratoren zum Konzil entsenden sollten, da dort auch Angelegenheiten verhandelt werden sollten, die deren unmittelbare Interessen betrafen. In der Zwischenzeit sollte in jeder Kirchenprovinz eine Untersuchung der Angelegenheiten und Zustände stattfinden, die nach Korrektur und Reform verlangten. Das Ergebnis dieser Untersuchung sollte dann dem Konzil vorgelegt werden, so dass dieses entsprechende Maßnahmen ergreifen konnte[58]. Diese Konzilseinberufung fiel in eine Zeit, da der schottische Episkopat lediglich fünf amtierende Bischöfe vorweisen konnte[59]. Die übrigen sieben Bischofssitze waren vakant; ihre noch nicht vorgenommene Neubesetzung darf im Großen und Ganzen gesehen wohl als eine Konsequenz der päpstlichen Sedisvakanz betrachtet werden. Daher ist es unwahrscheinlich, dass die Instruktion, Untersuchungen auf diözesaner und provinzialer Ebene abzuhalten, allzu energisch verfolgt wurde. Als aber der Papst am 13. April abermals ein Rundschreiben entsandte, in dem er mitteilte, dass das Konzil erneut nach Lyon einberufen wurde, und in dem er auch weitere Einzelheiten über die Tagesordung bekannt gab[60], waren inzwischen Bischöfe für Aberdeen, Glasgow und Ross geweiht worden, während jene für Dunkeld und St. Andrews bald darauf im Herbst 1273 folgten. Wohl gegen Ende 1273 wird es zu einer Zusammenkunft der Bischöfe in Perth gekommen sein; dort beschloss man, dass die Bischöfe Robert de Stuteville

[57] Registres de Grégoire X, 53-56, Nrr. 160-161 (Briefe an den Erzbischof von Sens und den König von Frankreich).

[58] Bezüglich Reaktionen aus England und vom Kontinent auf diese Instruktionen vgl. C&S II/2, 804-809 und 810 Anm. 3.

[59] Argyll, Dunblane, Galloway, Isles und Moray (WATT, Fasti, passim [Stichwort zu jedem Bischof]). Davon waren Galloway und die Inseln kirchlich gesehen ausländischen Erzbischöfen unterstellt, obwohl sie politisch gesehen zum Königreich Schottland gehörten.

[60] Registres de Grégoire X, 118, Nrr. 307-308. Damals wurde dem König von Schottland eigens ein Brief übersandt. Jedoch schienen die päpstlichen Beamten der Ansicht gewesen zu sein, dass der rechte Weg, den schottischen Bischöfen zu schreiben, sei, dies über die irischen Erzbischöfe zu tun (Die vollständigen Texte sind veröffentlicht bei MANSI, Amplissima Collectio ... XXIV, Venedig 1780, 56-59!).

von Dunkeld, der gerade erst konsekriert worden war[61], und Archibald von Moray, der immerhin bereits seit 1253 im Amt war[62], in Schottland bleiben sollten[63]. Es wird ferner berichtet, dass alle übrigen Bischöfe nach dem 2. Februar 1274 Richtung Lyon abreisten[64]. In der Tat wurden die sechs Sessionen dieses Konzils zwischen dem 7. Mai und dem 17. Juli 1274 abgehalten. Es gibt einen erhaltenen Beleg, dass fünf schottische Bischöfe am 13. Juli persönlich „as a national group" anwesend waren, wo sie die neue Konstitution über das Papstwahlverfahren besiegelten. Es waren dies die Bischöfe von Argyll, Dunblane und Glasgow, der Bischof der Inseln und der von St. Andrews[65]. Auch der Bischof von Ross ging nach Lyon, denn er ist dort im Verlauf des Konzils gestorben[66]. Merkwürdigerweise wissen wir nicht, ob auch die Bischöfe von Aberdeen und Galloway in Lyon waren oder nicht, denn es lässt sich nicht mehr herausfinden, ob alle der anwesenden Bischöfe die Besiegelung des Dokuments am 13. Juli vornehmen sollten oder ob diese Aufgabe nur einer angemessen repräsentativen Gruppe von ihnen oblag[67]. Namen niederer Kleriker, die zum Ort des Konzils gereist waren, sind nicht bekannt. Als aber am 18. Mai 1274 den nichtbischöflichen Mitgliedern des Konzils die Erlaubnis erteilt wurde, nach Hause zu reisen, nachdem zuvor sichergestellt worden war, dass aus jeder kirchlichen bzw. politischen Region eine Minimumzahl an Prokuratoren zurückgelassen wurde, um jene weiterhin vertreten zu können, da wird von den Klerikern des schottischen Königreiches berichtet, dass sie gerade einen Prokurator zurückließen[68], so dass man wohl annehmen darf, dass zumindest einige anwesend gewesen waren. Denn man erwartete in Schottland einen genauen Bericht über den Verlauf des Konzils in Lyon[69].

---

61 WATT, Fasti 95.

62 WATT, Fasti 214.

63 Chron.Bower V 399.

64 Chron.Bower V 399.

65 BURNS (wie oben Anm. 4) 137-139; GALBREATH (ebd.) 127f. Vgl. B. ROBERG, Das Zweite Konzil von Lyon [1274] (= Konziliengeschichte Reihe A, hg. v. W. BRANDMÜLLER) Paderborn u.a. 1990, 54f.

66 Chron.Bower V 401.

67 Vgl. C&S II/2, 810. Die vollständige Liste aller Bischöfe aus den jeweiligen Ländern, die am 13. Juli mit ihrem Siegel unterzeichneten, ist veröffentlicht bei F. KALTENBRUNNER, Actenstücke zur Geschichte des Deutschen Reiches unter den Königen Rudolf I. und Albrecht I., in: Mitteilungen aus dem Vatikanischen Archiv I, Wien 1889; 58-60. Nr. 52 scheint selektiv zu sein, statt umfassend; vgl. WATT, Dictionary 40 [s.u. „Hugh de Bennum"]. Die Bischofssitze von Brechin und Caithness waren noch immer unbesetzt (vgl. WATT, Fasti 39, 58).

68 COD[3] 313; TANNER, Decrees, 313; HOLSTEIN, Lyon II, 173, 175, 191.

69 Der Chronist Bower war ungewöhnlicherweise im Stande, die Errungenschaften des allgemeinen Konzils im Detail aus ihm in Schottland in der Mitte des 15. Jahrhunderts zugänglichen Quellen aufzulisten (Chron.Bower V 399-401).

Eine im 13. Jahrhundert nicht ungewöhnliche Begleiterscheinung der allgemeinen Konzilien war die Festsetzung einer Kreuzzugssteuer, die der gesamten Christenheit des Okzidents auferlegt wurde. In Lyon wurde diese in Form eines Zehnten promulgiert, den der Klerus während der Dauer von sechs Jahren von seinem Einkommen zu entrichten hatte[70]. Über das, was diese Steuer in Schottland erbracht hat, wissen wir weit mehr als über irgendeine andere in diesem Land päpstlicherseits erhobene Steuer während des gesamten Mittelalters, weil ihre Einhebung mit neuen päpstlichen Verwaltungsmaßnahmen zusammenfiel, durch welche die Steuerkollektoren besser von der römischen Zentrale kontrolliert werden konnten. So wurden regelmäßige Berichte gefordert, und es wurde dafür gesorgt, dass die einschlägige Korrespondenz erhalten blieb und effektive Einnahmeüberprüfungen durchgeführt wurden[71]. Für das Königreich Schottland wurde daher ein eigens mit dieser Aufgabe beauftragter Kollektor bestellt. Es war dies der italienische Kleriker Baiamund de' Vicia, der bereits in den sechziger Jahren des 13. Jahrhunderts unter Ottobono in England gearbeitet hatte[72]. Am 20. September 1274 wurde er für sein neues Amt bestellt[73]. Einige Tage später verließ er Lyon[74]. Auch unter den nachfolgenden Päpsten sollte er dieses Amt bis zu seinem Tod behalten; vermutlich ist er in Schottland zwischen dem 1. September 1289 und dem 16. September 1291 gestorben[75]. Unter anderem wurde er instruiert, diese Steuer auf der Grundlage einer nachvollziehbareren Wertbemessung der Benefizien zu erheben, als dies zuvor üblich war. Auch konnte er wohl auf die Zusammenarbeit mit den schottischen Bischöfe hoffen, die in Lyon dieser Steuer zustimmt hatten. Auf einer Synode, die der Kollektor angeblich am 6. August 1275 nach Perth einberufen hatte, wurden jedoch oppositionelle Stimmen laut. Man brachte ihn schließlich dazu, an die römische Kurie mit dem Vorschlag zurückzukehren, dass die *antiqua taxacio* – d.h. der übliche Bemessungswert – als Berechnungsgrundlage dieses Zehnten verwendet werden sollte und dass der schottische Klerus ihn nicht, wie vorgesehen, für die Dauer von sechs, sondern von sieben Jahren entrichten konnte[76]. Dieser Vorschlag wurde aber nicht akzeptiert, und die Eintreibung der Steuer fand einige Jahre lang auf der Basis des ur-

---

70 COD³ 310; TANNER, Drecrees 310.

71 LUNT, Financial Relations 333f.

72 LUNT, Financial Relations 627.

73 THEINER, Monumenta 104, Nr. 258. Vgl. auch FERGUSON, Papal Representatives 114-117.

74 SHS.Misc. VI 30.

75 CDS II, Nr. 382; Rotuli Scotiae, London 1814-1819, I 5.

76 Chron.Fordun I 306; Chron.Bower V 403. Die hier verwendete Übersetzung unterscheidet sich von denen in Chron.Fordun II 301, SES I, S. LXVI und SHS.Misc. VI 5.

sprünglich Vereinbarten statt. Welcher Art diese Synode zu Perth gewesen ist, wird in den späteren Chroniken nicht genau ausgeführt: Fordun berichtet zum Beispiel sowohl von *episcopi et clerus* als auch von *episcopi et abbates*, während Bower von *prelati et clerus* schreibt. Wahrscheinlich war diese Kirchenversammlung aber einer Provinzialsynode sehr ähnlich, vielleicht sogar identisch mit dieser. Unter diesen Umständen ist es durchaus möglich, dass auf der Synode auch eine beträchtliche Repräsentanz von niederen Klerikern vertreten war, die ja im ganzen Land am stärksten durch den vorgeschlagenen höheren Besteuerungsgrad betroffen war. Es ist interessant, dass sich die Vertreter des schottischen Klerus, nachdem sie sich schon in den sechziger Jahren des 13. Jahrhunderts erfolgreich den Forderungen Ottobonos widersetzt hatten, den päpstlichen Kollektor dazu veranlassen konnten, eine unnütze Reise zurück nach Rom zu unternehmen, bevor sie dann schließlich doch bereit waren zur Zusammenarbeit. Interessant ist allerdings auch, dass sie letztendlich doch mit dem Kollektor erfolgreich kooperierten, denn dieser hatte schließlich unter Mithilfe des schottischen Klerus beträchtliche Summen einsammeln können[77]. Damit zeigte sich, dass ihr gemeinsamer Wille sowohl in die eine wie in die andere Richtung wirksam werden konnte.

Auf eine eher routinemäßige Zusammenkunft der Provinzialsynode 1280 in der Dominikanerkirche in Perth lenkt ein brauchbarer zeitgenössischer Hinweis unseren Blick. Der Bischof von Moray hatte mit William de Fenton, Lord von Beaufort in the Aird (Grafschaft Inverness), und dessen Frau eine Auseinandersetzung wegen einiger Ländereien, die der Kirche von Kiltarlity gehörten, und erwirkte bei drei von Rom delegierten Richtern, die mit diesem Fall befasst waren, am 26. März 1280 die Verhängung der Exkommunikation über seine Widersacher. Daraufhin schrieb er am 18. August an das ‚Konzil der Bischöfe, Äbte, Prioren, Dekane, Archidiakone und anderer Prälaten der Kirche', die in Perth am 26. August zusammenkommen sollten, und bat um eine Wiederholung dieser Exkommunikation, und zwar ‚in allen Kirchen eurer Diözesen'[78]. Es handelte sich eindeutig um einen ordentlichen Zusammentritt der Provinzialsynode, an die sich der Bischof gewandt hatte. Vorteilhaft wirkte sich hier in der Tat Statut Nr. 53 der Provinzialstatuten aus, welches einen jeden Bischof dazu ermächtigte, auf diese Weise um Hilfe nachzusuchen. Aber es waren nicht einfach nur seine Mitbischöfe, an die sich der Bischof

[77] Zum Teil sind diese Geldbeträge überliefert und veröffentlicht (THEINER, Monumenta 109-116, Nr. 264; SHS.Misc. VI 25-77; EHR 32 [1917] 59-61; vgl. auch SHS.Misc. V [1933] 87-106; X [1965] 7-9; The Innes Review 22 [1970] 9f.).

[78] Moray Registrum 140-142, Nr. 127; SES I, S. LXXI-LXXII.

von Moray gewandt hatte. Sogar eine solche dezidiert bischöfliche Angelegenheit wurde nun einem größeren, umfassenderen Gremium, d.h. der Provinzialsynode, angetragen, für die es wohl schon seit einiger Zeit üblich geworden zu scheint, sich mit finanziellen Dingen zu beschäftigen.

Wertvolle Einsicht in die Entwicklung des *Concilium Scoticanum* zu Ende des 13. Jahrhunderts erhalten wir durch einen nicht datierten königlichen Brief, der in einem Formular aus den zwanziger Jahren des 14. Jahrhunderts überliefert ist und verschiedene Modelldokumente enthält, die sich auf die Zeit des Interregnums in Schottland (1286-92) und auf die darauffolgende Herrschaft von König John Balliol (1292-96) beziehen[79]. Dieser spezielle Brief richtete sich an den Klerus, der in Perth am 1. Oktober – eine Jahreszahl ist nicht überliefert – zusammenkommen sollte. Dabei werden die Angesprochenen mit den selben Termini bezeichnet, wie das auch schon der Bischof von Moray 1280 getan hat[80]. Es heißt, dass es damals üblicher Brauch der Könige von Schottland gewesen sei, Ritter und Kleriker (*milites et clerici*) zu den ‚schottischen Konzilien' zu entsenden *ad allegandum, proponendum et appellandum*; wohl auch aus der Furcht heraus, dass irgendetwas gegen die Würde des Königs oder gegen die bis dato akzeptierten Gebräuche im Königreich getan oder gesagt werden könnte. Deshalb schickte der König eine unbestimmte Zahl Prokuratoren zur Synode, von denen mindestens zwei ständig teilzunehmen hatten und die, sollten die Rechte des Königs in irgendeiner Weise gefährdet oder gar missachtet werden, zu intervenieren hatten, indem sie im Namen des Königs an den Apostolischen Stuhl appellierten. Auch konnten sie im Namen des Königs Forderungen stellen und gegebenenfalls entgegennehmen. Leider bricht der Brief so, wie er im Formular überliefert wird, an dieser Stelle einfach ab, ohne zu erklären, was dies genauer bedeutete. Wahrscheinlich handelte es sich dabei um ein vorübergehendes und nicht um ein ständiges Anliegen.

Dieser Text wirft indes verschiedene Fragen auf. Wann auch immer er verfasst worden ist, er bietet auf alle Fälle Einsicht in die etwa für die Zeit zwischen 1225 und 1286, dem Todesjahr Alexanders III., bestehenden Beziehungen zwischen der Synode und dem König. Wir haben bereits gesehen, dass der König selbst auf der Synode von 1242 erschienen ist. Auch unterstützte er den im Klerus gegen Ende der sechziger Jahre des 13. Jahrhunderts aufkommenden Widerstand gegen die finanziellen Forderungen

[79] Formulary E, 31, Nr. 65. Vgl. Nrr. 1, 2, 4-6, 8-9, 10, 16, 20, 37, 41, 46, 59, 67, 68, 78, 82, 84-88, 90, 97, 99, 113.

[80] Vgl. oben S. 105. Der einzige Unterschied ist, dass die Archidiakone hier vor, statt nach den Dekanen aufgelistet werden.

Ottobonos und half der Synode mit seiner Appellation nach Rom, dass sie sich diesen Forderungen nicht zu beugen hatte[81]. Weiter sehen wir, wie der König, der wie überall in der westlichen Christenheit die Grundlage der ‚Freiheiten' oder Privilegien festlegte, welche die Institution Kirche in der Praxis genoss, durch die Entsendung von ‚Rittern und Klerikern' als Aufpasser eine grundlegende Kontrolle über die Synode ausübte. Wann immer also diese durch das päpstliche Dekret von 1225 installierte Einrichtung der Provinzialsynode ihre Arbeit aufnahm, so war es nur folgerichtig, dass die Drohung, eine Angelegenheit zur Entscheidung nach Rom weiterzureichen, die wirksamste Waffe des Königs gegen allzu ehrgeizige oder aufsässige Kirchenversammlungen war. Das bedeutete, dass die Bischöfen stets daran erinnert wurden, dass auch sie selbst der päpstlichen Autorität unterstanden und dass es ihnen im Rahmen der Synode nur insofern erlaubt war gemeinsam zu handeln, wie der Papst es ihnen gestattete. Sie hatten das allgemeine Kirchenrecht nicht in dem Maße auf ihrer Seite, wie es etwa die Metropoliten hatten, und man darf wohl annehmen, dass eine entsprechende Drohung seitens der königlichen Beauftragten ausgereicht hat, um die Synode dazu zu bringen, klein beizugeben. Es gibt keinen verbürgten Fall, in dem der König etwa seine Drohung hat wahrmachen müssen. Vielleicht kann man indes sein vorübergehendes Eingreifen 1266, als es um die Entrichtung von Prokurationen an Ottobono ging, als eine königliche Einmischung in das interpretieren, was die Synode selbst tun wollte – nachdem ja in der Tat schon beträchtliche Geldsummen eingesammelt waren. Es war mehr als nur eine stillschweigende Duldung und sollte zu beiderseitigem Vorteil sein.

Was die richtige Datierung dieses im Formular erhaltenen Briefes anbelangt, so schlägt A. Duncan den Zeitraum zwischen ‚1291 und 1296, allerdings nicht 1295' vor, wobei er König Edward I. mit größter Wahrscheinlichkeit als seinen Autor ansieht, und nicht Johannes Balliol. Dafür nennt er zwei Argumente: Erstens ist ein reichlich distanzierter und unverbindlicher Bezug zu den vorhergehenden Königen Schottlands festzustellen, was allerdings sowohl für den Sprachgebrauch Edwards als auch für den Johannes Balliols zutreffen könnte, da sie beide versuchten, eine Kontinuität auf dem schottischen Thron wiederherzustellen, welche aus der Vakanz nach 1286 folgte. Zweitens ist da die heikle Angelegenheit, das am Ende des Briefes – in der Form, in der er uns heute vorliegt – von den Prokuratoren gesagt wird, dass sie Forderungen stellen konnten und entgegennahmen („to ask for and receive"). A. Duncan interpretiert dies als

---

81 Vgl. oben S. 74f., 97f.

eine Bezugnahme auf die päpstlich angeordnete, verpflichtende Abgabe eines Zehnten für die Dauer von sechs Jahren, die dem Klerus von England, Schottland, Wales und Irland am 18. März 1291 auferlegt wurde, um den von Edward geplanten Kreuzzug finanziell zu unterstützen, der für Juni 1293 geplant war[82]. Obwohl Edward diesen Kreuzzug letztendlich nie unternommen hat, wurde die Steuer dennoch erhoben und in Schottland auch vier Jahre lang – anstatt der sechs Jahre – eingezogen, nämlich aller Wahrscheinlichkeit nach von Februar 1292 bis Mai 1295 zweimal jährlich. Das heißt aber auch über einen längeren Zeitraum, als dies in England der Fall war[83]. Allerdings wurde die Veranlagung und der Einzug von den Bischöfen von Caithness und Carlisle überwacht, deren Nominierung eher auf ihrem Amt als ihrer Person gründete, und es ist nicht ganz nachzuvollziehen, wie Edward durch das *consilium Scoticanum* etwa ‚versuchen konnte, die Besteuerung der Kirche unter seinen Einfluss zu bringen', wie dies A. Duncan annimmt[84]. Es ist durchaus möglich, dass die königlichen Prokuratoren ‚Forderungen erhoben und etwas erreicht' haben, und zwar weniger in Geld als wohl eher in dem Versprechen, die guten kirchlich-staatlichen Beziehungen aufrecht zu erhalten. Daher scheint es angebracht zu sein, keinen finanziellen Aspekt in den Brief hinein zu lesen, der sich auf eine Synode bezieht, die für den ersten Oktober anberaumt war. Außerdem scheint der Zusammenhang auch eher auf König Johannes Balliol als auf König Edward I. hinzuweisen und ist somit in den Zeitraum 1292-1295, wahrscheinlich sogar von 1292 bis 1294 zu datieren[85].

Nebenbei ist auch bemerkenswert, dass, wie die Zeugnisse über diese Steuer von 1291 ergeben, die Kollektoren nicht nur die Diözese Galloway zu dem ihrer Verantwortung unterstehenden Einzugsbereich zählten, sondern auch die Diözese Sodor, d.h. die Inseln. Obwohl Galloway kirchlich gesehen noch zur Provinz York gehörte und es anzunehmen ist, dass es damals noch nicht zur schottischen Provinzialsynode zugelassen war, so muss dennoch festgehalten werden, dass es zweifelsohne nicht nur zum Königreich Schottland gehörte, sondern dass es bereits in der Mitte des 13. Jahrhunderts zusammen mit den übrigen schottischen Diözesen

[82] CPL I 551-555.

[83] Register Halton I 153; vgl. 16-21, 41-46; Coupar Angus Chrs. I 139-141, Nr. 64; vgl. LUNT, Financial Relations 356.

[84] Formulary E, 31.

[85] Oktober 1295 ist eher unwahrscheinlich, da die Regierung des Landes seit Juli 1295 den Händen König Johannes entglitten gewesen zu sein scheint (BARROW, Bruce 63). Formelle Dokumente wurden damals jedoch weiterhin in des Königs Namen erlassen (G. G. SIMPSON, Handlist of the Acts of Alexander III, the Guardians and John 1249-1296, Edinburgh 1960, 60).

zum Zweck der kirchlichen Besteuerung veranlagt wurde und auch den Zehnten von 1274 entrichtet hatte[86]. Obwohl die Inseln 1266 dem Königreich Schottland angegliedert worden waren, wurde die Diözese Sodor von Baiamund de' Vicia allerdings noch nicht zusammen mit den übrigen schottischen Diözesen zur Steuer veranlagt. Doch der 1291 erhobene Zehnt wurde zumindest auf der „Isle of Man", einem Teil der Diözese, durch den Bischof von Carlisle eingesammelt, und zwar sechs Jahre lang und nicht, wie auf dem Festland, für vier Jahre[87]. Die ganze Diözese blieb vorerst dem Erzbischof von Trondheim in Norwegen in seiner Funktion als Metropolit unterstellt, so dass der Bischof dieser Insel wohl deswegen keinen Sitz im *consilium Scoticanum* hatte. Trotzdem pflegten die Bischöfe von Galloway und Sodor zu Ende des 13. Jahrhunderts beide ihren Sitz unter den Großen Schottlands einzunehmen, wenn es zu politischen Versammlungen kam, wie zum Beispiel jener von Birgham nahe Roxburghs im März 1290, welche den gescheiterten königlichen anglo-schottischen Ehevertrag bestätigte[88], oder als Vernehmungsrichter im „Great Cause" von 1291/92[89]. Daher muss die Frage offen bleiben, ob sie damals noch nicht zum *consilium Scoticanum* zugelassen waren. Bischof Mark von Sodor (1275/76-1303), der aus Galloway stammte, war von König Alexander als Bischof auserkoren worden[90]. Als überaus tatkräftiger Bischof erließ er am 10. März 1292 einen Kodex mit 36 Diözesanstatuten. Darunter befinden sich zwei Statuten, die wortwörtlich zwei Themen aus dem Kodex der schottischen Provinzialstatuten 1242/49 aufgreifen, während die restlichen Statuten bereits bekannte Angelegenheiten auf eigene Weise behandeln[91]. Zweifelsohne war der Eingliederungsprozess dieser Inseln, die solange unter norwegischer Herrschaft standen, längst in Gang gekommen.

---

86 St Andrews Liber 28, 360; SHS.Misc. VI 26, 74f.

87 Register Halton I 153.

88 J. STEVENSON, Documents Illustrative of the History of Scotland 1286-1306, Edinburgh 1870, I 129, Nr. 92.

89 F. PALGRAVE, Documents and Records illustrating the History of Scotland, London 1873, illustrations Nr 2; vgl. ebd. 53.

90 WATT, Fasti 201.

91 C. R. CHENEY, Manx Synodal Statutes, A.D. 1230(?)-1351, in: Cambridge Medieval Celtic Studies (1984) 7, 63-89, sowie 8, 51-63. Nr. 30 ist teilweise dem schottischen Kodex Nr. 29 entnommen, während Nr. 24 eine Vermischung der Nrr. 51, 47 und 52 mit besonderem Bezug auf ‚den Brauch der schottischen Kirche' ist.

8. Kapitel

Die Herrschaft König Roberts I. (1306-1329)

Zu dem Brief des Formulars von 1292/94 existiert eine Entsprechung in einem ähnlichen Brief, der mit einem Ereignis zu tun hat, das in die Regierungszeit Roberts I. datiert wird. Dieser Brief ist in einem anderen Formular überliefert, welches um 1330 angelegt wurde[1]. Danach soll es ein *generale consilium* der Bischöfe des Königreiches Schottland sowie ‚anderer niederer Prälaten' in der Dominikanerkirche zu Perth gegeben haben, und zwar ‚am Tage nach dem Sankt P.-tag' [sic]. Der hier verwendete Stil unterscheidet sich in einem solchen Maß von jenem im Brief des Formulars von 1292/94, dass man sehr wahrscheinlich davon ausgehen kann, dass zwischen der Abfassung der beiden Briefe einige Jahre verstrichen sind. Möglicherweise handelt es sich bei der Abkürzung des Heiligenfestes um das des hl. Palladius am 6. Juli, so dass sich dieses Dokument auf das in Perth am 9. Juli 1321 abgehaltene Konzil beziehen könnte[2], dessen Sitzungsbeginn durchaus schon am 7. Juli gelegen haben kann. Eine wahrscheinlichere Alternative ist, dass sich der Brief wegen der Erwähnung des ‚Status des Königreiches und der schottischen Kirche' (vgl. unten) auf ein Konzil bezieht, welches im Juli 1326 unmittelbar vor dem Zusammentritt des Parlaments von Cambuskenneth abgehalten wurde, auf dem der Laienstand am 15. Juli 1326 der Entrichtung einer Steuer an den König zustimmte[3]. Es werden weder Adlige noch Kleriker („knights and clerks") erwähnt, statt dessen entsandte der König zwei Rechtsgelehrte als seine Prokuratoren[4]. Man darf daraus wohl schließen,

---

[1] LORD COOPER, The Register of Brieves, Edinburgh (Stair Society) 1946, 47, Nr. 67; vgl. auch SES II 239 und PATRICK, Statutes 208. Prof. Duncan bringt diesen Brief mit der Regierung Roberts I. in Verbindung, weil er den Ausdruck *regia maiestas* enthält (Formulary E, 31).

[2] Vgl. unten S. 120. Vgl. Formulary E, 31 – dort wird der 2. August als Datum vorgeschlagen, welcher der Folgetag des Festes „Petri Kettenfeier", jedoch nicht das Jahresdatum war.

[3] Vgl. unten S. 122f.

[4] Der akademische Sprachgebrauch „iuris civilis professor", der in dem Text verwendet wird, war mit „iuris civilis doctor" identisch. Wenn dieser Text aus dem Jahre 1326 stammt, dann könnte es sich bei den beiden „doctores" durchaus um James Ben (D. C. L.) und Walter de Twynham (angeblich D. U. L.) gehandelt haben, die soeben von einer in königlichem Auftrag unternommenen Gesandtschaftsreise vom französischen König zurückgekehrt waren (WATT, Dictionary 37, 550).

dass er jetzt über besser qualifiziertes Personal verfügte, welches die Angelegenheiten des schottischen Klerus zumindest in diesem einen Fall überwachen konnte. Es lässt sich daraus indes nicht folgern, dass dem König entsprechend qualifizierte Prokuratoren immer zur Verfügung gestanden haben, da das, was aus den weiteren Formulierungen des Formularbriefs folgt, nicht eine besondere Qualifikation der königlichen Prokuratoren als unumgänglich oder zumindest als sicher gegeben verlangen würde. Immerhin haben die Prokuratoren nun einen positiveren Auftrag als zuvor zu überbringen: sie sollten dem Konzil mitteilen, was der König für angebracht hielt, den Klerus über den Zustand des Königreiches und über die schottische Kirche wissen zu lassen[5]. Sie hatten allerdings auch die Macht zu protestieren oder Widerspruch einzulegen, falls auf dem Konzil irgendetwas geschehen sollte, was der ‚königlichen Majestät' schaden könnte. Es geht in dem Brief um das gleiche zentrale Thema wie schon in dem Brief von 1292/94; doch darf man es als eine Folge der schwierigen Jahre des Unabhängigkeitskampfes werten, dass der König nun dem Konzil gegenüber souveräner auftrat. Die Tradition wird mit keinem Wort mehr erwähnt, und der König ergreift nun die Initiative, was die Tagesordnung auf dem Konzil anbelangt, selbst da, wo es sich um kirchliche Angelegenheiten handelt. Am Auffälligsten ist wohl, dass Einsprüche nun nicht mehr – wie zuvor – beim Papst eingelegt werden durften, der sich dem schottischen Königreich gegenüber während der ganzen Zeit der Wirren als ein sehr unzuverlässiger Freund erwiesen hatte und der noch in den zwanziger Jahren des 14. Jahrhunderts zögerte, die Bruce-Dynastie anzuerkennen. Aus genau diesem Grunde hat der König den Papst einfach ausgeschaltet, und man darf annehmen, dass Appellationen an den König selbst gerichtet werden mussten[6]. Im Grunde genommen hat das Konzil nie mehr als nur eine bedingte Freiheit genossen, doch jetzt musste es auch noch darauf achten, dass ihm der König möglichst gewogen war. Nach einer Revolution hätte es kaum anders gewesen sein können.

Dies jedoch bedeutet keineswegs, dass König Robert I. keine Gelegenheit gehabt hätte, seine Dankbarkeit für all die Hilfe zum Ausdruck zu bringen, die er von den meisten Bischöfen und Klerikern in führenden Positionen nach 1306 während des langen Kampfes um seine Anerkennung

---

[5] Es wird angenommen, dass der Ausdruck *pro statu regni*, wie er im Parlament von 1328 gebraucht wurde, auf Beratungen bezüglich einer finanziellen Beihilfe für den König hinweist. In diesem Falle wurden die Beratungen von Vertretern der freien Städte vorgenommen (DUNCAN, Early parliaments 36-58, bes. 52).

[6] Das scheint auch parallel dazu ein englischer Warnbrief an die englische Bischofs- und Prälatensynode beinhaltet zu haben, der jedoch früher und zwar im Jahre 1241 gesandt wurde (C&S II/1, 339).

erfahren hatte. Zumindest nahmen einige Bischöfe am 17. März 1309 an der ersten Parlamentssitzung in St. Andrews teil, zu dem sowohl ‚die Bischöfe, Äbte, Prioren und andere Kleriker des Königreiches Schottland' als auch die weltlichen Großen geladen waren, um ihre Zustimmung zum Thronanspruch Robert Bruce' als König von Schottland zu erklären[7]. Alles in allem waren vielleicht sechs oder acht Bischöfe darauf vorbereitet gewesen, ihr Siegel damals anzuhängen[8]. Ungefähr ein Jahr später wurde eine weitere Abschrift derselben Erklärung vorbereitet, die diesmal von zwölf Personen des *consilium generale Scoticanum* mit deren Siegel bestätigt werden sollte. Dieses Konzil fand wohl am 24. Februar 1310 in der Franziskanerkirche zu Dundee statt bzw. sollte jedenfalls zu diesem Zeitpunkt stattfinden[9]. Die Bezeichnung dieser Versammlung weist auf eine deutliche terminologische Veränderung hin, wie sie schon in den beiden erwähnten königlichen Briefen von 1292/94 bzw. von 1321 oder 1326 sichtbar wird. Indes sprechen gewichtige politische Gründe dafür, eine Abhaltung der Versammlung in Frage zu stellen, nicht zuletzt deshalb, weil die kleine Stadt Dundee damals in englischer Hand war[10]. Man kann lediglich feststellen, dass zumindest einige der Siegel, die sich auf dem Dokument befinden, von wenigstens einigen der Bischöfe benutzt worden sein dürften[11], obschon dies noch kein Beweis dafür ist, dass die Provinzialsynode auch tatsächlich zum erwähnten Zeitpunkt und am erwähnten Ort zusammengetreten ist. Es mag sich durchaus um einen zum Scheitern verurteilten Plan gehandelt haben, aus dem wir lediglich entnehmen können, dass diese Synode als eine Zusammenkunft betrachtet wurde, von der man sich eine größere Zustimmung des schottischen Klerus für den neuen König versprach, als dies noch auf der Parlamentssitzung von 1309 geschehen war. Es dürfte diese Zusammenkunft gewesen sein, von der man erwarten konnte, dass das Zusammengehörigkeitsgefühl des Klerus am stärksten empfunden wurde.

Es wurde aber noch ein weiterer Versuch unternommen, um die Zustimmung der Bischöfe zugunsten der Bruce zu erreichen, was gewiss aufgrund der vergleichsweise geringen Reaktion auf frühere Versuche geschah. Diesmal sind die Namen aller zwölf Bischöfe – auch die der Bischöfe von Galloway und Sodor – im Text aufgeführt. Man kann aus

---

7 APS I 459f. gemäß der Interpretation bei BARROW, Bruce 185f. Vgl. auch HUNTER MARSHALL, Supposed provincial council 280-293.

8 BARROW, Bruce 363f. Anm. 100.

9 APS I 460; BARROW, Bruce 268f.

10 Vgl. die Argumentation bei HUNTER MARSHALL, Supposed provincial council; vgl. auch SES I, S. LXXII Anm. 2 bezüglich der Sichtweise, dass es sich um eine Ständezusammenkunft handelte, vgl. dazu unten S. 117.

11 HUNTER MARSHALL, Supposed provincial council 282.

diesem Text schließen, dass er zwischen Oktober 1314 und November 1316 für die abschließende Siegelung vorbereitet worden war[12]. Aber auch in diesem Fall kann man nicht mehr mit Sicherheit sagen, ob alle zwölf Siegel angehängt wurden[13], was aber durchaus der Fall gewesen sein kann. Es ist jedoch nicht mehr festzustellen, ob dies auch bedeutet, dass alle oder eine Reihe von ihnen an einer eigens dafür einberufenenen Provinzialsynode teilgenommen haben oder aber ob ihre Siegel später im Rahmen einer anderen Zusammenkunft, vielleicht auch während solcher Treffen, wie es die Parlamentssitzung in Cambuskenneth im November 1314 oder die königliche Versammlung in Ayr im April/Mai 1315[14] waren, angehängt wurden oder ob die Siegel, so sich die Gelegenheit bot, Stück für Stück hinzugefügt worden sind.

Am 12. August 1308 erließ Papst Klemens V. die Einberufung zu einem allgemeinen Konzil, welches am 1. Oktober 1310 in Vienne zusammenkommen sollte. Man beachte allerdings, dass aufgrund der wirren Verhältnisse, durch die Robert Bruce im März 1306 auf den Thron gekommen war, die päpstliche Kanzlei dieses Mal nicht an den schottischen König schrieb, was noch bei der Einberufung des Konzils von Lyon 1274 aller Wahrscheinlichkeit nach geschehen sein dürfte[15], obwohl der König von England, wie gewöhnlich, ein Schreiben erhielt[16]. Diesmal gab es für die Bischöfe keine generelle Aufforderung zum Besuch. Stattdessen wurde nur eine kleine Zahl von Prälaten geladen. Verbunden mit dieser Einladung erging die Empfehlung, die anderen könnten zu Hause bleiben, sofern sie dies wünschten, nur hätten sie einen aus dem Kreise derer, die am Konzil teilnehmen würden, zu ihrem Vertreter zu ernennen[17]. Aus Schottland wurden allein die Bischöfe von St. Andrews, Glasgow und Galloway geladen[18]. Die Ladung der beiden Ersteren markiert eine Rückkehr zur Praxis der vierziger Jahren des 13. Jahrhunderts[19], wobei Galloway eine interessante Ergänzung darstellt[20]. Es besteht kein Zweifel darü-

---

12 APS I 460f.; Barrow, Bruce 269. Oktober 1314 stellt den terminus a quo dar, weil damals Bischof Wischard von Glasgow aus der englischen Gefangenschaft zurückkehrte.

13 Hunter Marshall, Supposed provincial council 282f.

14 Vgl. APS I 464f.; vgl. ebd. 289f. bezüglich der Liste der Bischöfe, die an diesen beiden Zusammenkünften teilgenommen haben. In Ayr wurden Vorkehrungen für die zukünftige Thronfolge der Bruce-Dynastie getroffen, was eine günstige Gelegenheit geboten haben könnte, um die frühere Zustimmungserklärung zu erneuern.

15 Vgl. oben S. 102.

16 CPL II 49; vgl. auch Lecler, Vienne 25.

17 Lecler, Vienne 27f.

18 Regestum Clementis V, III 396, Nr. 3631; vgl. auch CPL II 49.

19 Vgl. oben S. 93.

20 Vgl. oben S. 108f.

ber, dass der damalige Bischof Thomas Dalton/Kirkcudbright ein Suffraganbischof von York gewesen ist, der bei seiner Weihe 1294 Gehorsam gelobt hatte[21]. Da nun aber aus den Jahren 1286, 1290 und 1297 schriftliche Nachrichten über die in York einberufene Provinzialsynode erhalten sind, können wir daraus entnehmen, dass der Bischof von Galloway nicht zur Synode geladen war. Der Grund dafür – so nimmt man an – war, dass die Erzbischöfe von York in ihrer Funktion als Metropoliten sich mit dem Bestreben des englischen Königs auseinanderzusetzen hatten, der von seinem Klerus Subventionen erwartete[22]. Es bestand indes kein Zweifel darüber, dass Galloway innerhalb des Königreiches Schottland gelegen war. Die römische Kurie verhandelte weiterhin mit Galloway im Rahmen der anderen schottischen Bischofssitze in Sachen Kreuzzug oder Besteuerung[23]. Es waren womöglich diese Anomalien, die dazu geführt haben, dass insbesondere auch dieser Bischof nach Vienne geladen wurde. Zunächst wurde jedoch die Eröffnung des Konzils vom 4. April 1310 auf den 1. Oktober 1311 verlegt[24]. Als es dann schließlich zusammentrat, fanden drei allgemeine Sitzungen statt und zwar am 16. Oktober 1311, am 3. April und am 6. Mai 1312, während zwischenzeitlich die einzelnen Kommissionen zu Sitzungen zusammentraten.

Inwieweit wurde dieses Konzil von den schottischen Bischöfen besucht? Als die Einladung zum Konzil im August 1308 ausgesandt wurde, da entließ man gerade Bischof William Lamberton von St. Andrews, dem man zu Last gelegt hatte, dass er Partei für Robert I. ergriffen hatte, aus englischer Gefängnishaft, in der er fast zwei Jahre verbracht hatte[25]. Wenigstens bis November 1313 verhielt er sich nun Edward II. gegenüber loyal, während er offenbar die meiste Zeit in Schottland war. Edward war es auch, der am 24. Juli 1311 in einem Schreiben den Papst bat, er möge Lamberton von seiner Teilnahmepflicht am Konzil zu Vienne entbinden. Derselbe König schrieb im Laufe des Jahres 1312 noch drei weitere Male und ersuchte den Papst darum, den Bischof von den Strafauflagen für die versäumte Teilnahme am Konzil zu befreien, da dieser in Schottland dringend gebraucht würde[26]. Ganz offensichtlich war Lamberton nicht nach Vienne gegangen. Wahrscheinlich ging aber Bischof Robert Wischard von Glasgow trotz ungewöhnlicher Umstände nach Vienne. Als im August

---

21 WATT, Fasti 129f.; WATT, Dictionary 308.

22 C&S II/2, 978-982, 1093-1096, 1185f.; vgl. 944, 1113-1115, 1162 Anm. 2.

23 Z.B. CPL II 43 vom August 1308.

24 Regestum Clementis V, V 397-399, Nr. 6293; dort wird der Bischof von St. Andrews fälschlicherweise als Erzbischof betitelt; CPL II 78.

25 WATT, Dictionary 322.

26 WATT, Dictionary 323.

1308 die Einladung erging, saß er immer noch im englischen Gefängnis, doch er wurde alsbald entlassen und unter päpstliche Obhut gestellt, solange die Untersuchungen der Anklagen, die König Edward gegen ihn erhoben hatte, im Gange waren. Es ist nicht auszuschließen, dass er sich die meiste Zeit, d.h. von Ende 1308 bis Anfang 1313, am päpstlichen Hof aufhielt, wo er einer gewissen Aufsicht unterlag, obschon er vom Papst niemals verurteilt wurde. Daher ist es auch durchaus möglich, dass er am Konzil teilgenommen hat, auch wenn es keinen direkten Beleg dafür gibt[27]. Bischof Kirkcudbright von Galloway hat sicher nicht am Konzil teilgenommen, denn er war seit März 1306 ein erklärter Feind Roberts I. und daher gezwungen, für mehr als acht Jahre außerhalb Schottlands zu leben. Er wählte Nordengland als seinen Aufenthaltsort und betätigte sich vorläufig in den Diözesen York und Durham als Suffraganbischof. Bemerkenswerterweise kehrte er in seiner Eigenschaft als Bischof von Galloway mindestens dreimal auf der Provinzialsynode zu York in den Jahren 1310, 1311 und 1314 gewisse Trends um, die in jüngster Zeit dort aufgekommen waren. Unter solchen Umständen wird er wohl kaum ein geeigneter Repräsentant der schottischen Kirche auf dem Konzil zu Vienne gewesen sein, und es wird ihm in seiner problematischen Lage eine große Hilfe gewesen sein, als Erzbischof Greenfield ihn im Juli 1311 zu seinem Vertreter in York ernannte, während der Erzbischof selbst nach Vienne ging[28].

Daher nahm vielleicht von den drei schottischen Bischöfen, die zum Konzil geladen waren, lediglich Bischof Wischard teil. Selbst wenn weitere Bischöfe sich zur Teilnahme entschlossen haben sollten, so kann doch kein Beweis dafür erbracht werden, dass von den damals amtierenden ein weiterer in Vienne gewesen wäre[29]. Und da König Edward II. von September 1310 bis Juli 1311 einen Feldzug nach Schottland unternahm, dürfte wahrscheinlich keiner von den Bischöfen, die hinter Robert I. standen, frei für eine Teilnahme am Konzil gewesen sein. Allerdings ist William de Sinclair am päpstlichen Hof gewesen und hat dort versucht, als erwählter Bischof der Diözese Dunkeld Anerkennung zu erlangen. Er sollte auch tatsächlich unmittelbar nach Beendigung des Konzils, am 8. Mai 1312, in Vienne bestätigt und geweiht werden[30], so dass er durchaus als

---

[27] WATT, Dictionary 589.

[28] WATT, Dictionary 309.

[29] Die Bischöfe von Brechin und Dunblane weilten am 12. September 1311 in St. Andrews (WATT, Dictionary 304); der Bischof von Argyll stand unter der Protektion von König Edward II. (DOWDEN, Bishops 380); der Bischof von Moray war am 7. April 1312 in Inchture in Perthshire, wie auch die Bischöfe von Aberdeen und Dunblane (Scone Liber 97, Nr. 131). Was die Bischöfe von Sodor, Ross und Caithness anbelangt, so ist nichts Näheres bekannt.

[30] WATT, Dictionary 496.

erwählter Bischof an den Angelegenheiten des Konzils beteiligt gewesen sein könnte[31]. Auf alle Fälle scheinen damit immerhin zwei Schotten in Vienne am Konzil teilgenommen zu haben, so dass wohl etwas Wahres an jenem Bericht dran ist, der besagte, dass sich ‚einige schottische Prälaten' unter jenen befunden hätten, die Anfang Dezember 1311 auf dem Konzil dafür plädierten, die Verteidigung der Templer anzuhören[32].

In Anbetracht der Umstände des Auswahlverfahrens, dass zur Nominierung jener Bischöfe führte, die an diesem allgemeinen Konzil teilnehmen sollten, gab es für die schottischen Bischöfe keine Aufforderung, sich – wie 1273 – zusammenzusetzen und dabei zu entscheiden, wer nun zum Konzil reisen und wer im Lande bleiben sollte[33]. Die Einberufungsbulle vom 12. August 1308 folgte jedoch im Wortlaut jener Einberufungsbulle, die die Bischöfe 1272 zum zweiten Konzil von Lyon geladen hatte[34], was zumindest die Aufforderung betraf, auf Ebene der Ortskirche Untersuchungen darüber durchzuführen, was der Korrektur und Reform bedürfe und als Thema auf dem Konzil vorgebracht werden solle. In England wurde zu diesem Zweck von einer Synode der Provinz Canterbury, die im November/Dezember 1309 zusammentrat, eine Reihe von Beschwerden (*gravamina*) zusammengestellt[35]. Gleiches geschah auf einer Yorker Provinzialsynode im Mai 1310[36]. Auch in Schottland dürfte es ähnliche Diskussionen gegeben haben. Möglicherweise waren diese Erörterungen bei dem auf den 24. Februar 1310 angesetzte Treffen in Dundee geplant gewesen, das aber wohl bereits im Vorfeld gescheitert ist[37], allerdings zu einem späteren Zeitpunkt zwischen Ende 1308 und dem Sommer 1311 irgendwo stattgefunden haben kann, denn es existiert auch eine schottische (*ecclesia regni Scocie*) Liste dieser *gravamina*, die auf eine nicht näher bekannte Weise nach Vienne gelangt ist. Sie wurden nämlich zusammen mit einer ähnlichen, aus Irland stammenden Liste protokolliert, die als *XVII rotulus* bezeichnet wurde[38]. Es waren wohl bis zu vierundzwanzig Beschwerdeartikel auf dieser Liste ver-

---

[31] Es heißt, dass neun namentlich nicht genannte erwählte Bischöfe teilgenommen haben (LECLER, Vienne 54).

[32] S. BALUZIUS, Vitae Paparum Avenionensium I, hg. v. G. MOLLAT, Paris 1914, 42; ALKG 4 (1888) 421.

[33] Vgl. oben S. 102f.

[34] C&S II/2, 1350f.; vgl. oben S. 102.

[35] C&S II/2, 1264-1269.

[36] C&S II/2, 1278, 1284. Diese Angelegenheit wurde auf der nächsten Konzilssitzung weitergeführt. Es scheint aber, dass sie auf den im Mai und Juli 1311 stattfindenden Sitzungen nicht behandelt wurde (ebd. 1319-1348).

[37] Vgl. oben S. 113.

[38] ALKG 4 (1888) 430.

zeichnet[39]; doch ist der Inhalt von nur zwei Artikeln bekannt (Nrr. 2 und 8), da einzig und allein diese beiden aus dem *rotulus* ausgewählt wurden von einer Konzilskommission, deren Aufgabe es war, eine Zusammenfassung aus den mehr als dreißig aus verschiedenen Provinzen stammenden *rotuli* zu erstellen und sie zu einer Hauptliste unter verschiedenen, nach Themen geordneten Rubriken zu vereinen, die dem Papst zur Ansicht vorgelegt werden sollte[40]. In dem Abschnitt, der das unerlaubte Einmischen von Laien in die kirchlichen Freiheiten behandelte, beklagten die beiden schottischen Artikel erstens unsachgemäße Vorgehensweisen in Kriminalprozessen gegen Kleriker, und zweitens unzulässigen Druck auf die Bischöfe und Prälaten, damit diese ihr Placet zu neuen Amtsinhabern gäben, die von den militärischen Anführern für Benefizien nominiert wurden, die infolge der wechselhaften Kriegslage vakant geworden waren. Es wurde diesen sogar damit gedroht, sie beim „Staatsoberhaupt" (*presides regni*) als Verräter zu denunzieren, falls sie dem Druck nicht nachgäben. Es ist indes nicht klar, von welcher Seite in Schottland diese Klagen eingereicht worden sind; jedoch lässt sich an ihnen ablesen, welcher Art die Probleme waren, denen die höheren Kleriker in Schottland zur Zeit des Bürgerkriegs gegenüberstanden. Man schlug zunächst eine halbherzige Lösung für diese Probleme vor[41]; doch am Ende wurde das Konzil abrupt beendet, ohne dass eine päpstliche Stellungnahme zu den vorgetragenen *gravamina* erfolgte. Als dann 1317 durch Papst Johannes XXII. endlich Reformdekrete erlassen wurden, streiften diese nur kurz das Problem des durch Laien ausgeübten Drucks, welches auf dem Konzil noch eine Angelegenheit von allgemeinem Interesse gewesen war[42].

Es gibt noch zwei weitere Angelegenheiten, die in Vienne vorgelegt wurden und die ebenfalls auf einer schottischen Provinzialsynode, welche jedoch keine Spuren in den Quellen hinterlassen hat, behandelt worden sein können. Zum einen betraf es die Untersuchung und Verurteilung der Tempelritter. Die Einberufungsbullen des Konzils zu Vienne von August 1308 ordneten eine rasche Überprüfung der Aktivitäten der Templer an und gleichzeitig wurden auch die Provinzialsynoden ermächtigt, über einzelne Ritter eventuell Strafen zu verhängen[43]. Man weiß von einer Un-

---

39 Die erhaltenen irischen Beschwerdepunkte zählen von Nr. 25 an, während die schottischen mit niedrigeren Nummern bezeichnet sind.

40 ALKG 4 (1888) 376, 383; vgl. LECLER, Vienne 60f. Es ist aber nur ungefähr die Hälfte dieser Zusammenfassungen erhalten (ebd. 115).

41 ALKG 4 (1888) 403, 407; vgl. LECLER, Vienne 118.

42 LECLER, Vienne 146, 148f.; vgl. COD[3] bzw. TANNER, Decrees 363f., Nr. 7; 388-391, Nrr. 33-36.

43 C&S II/2, 1241.

tersuchungskommission unter Bischof Lamberton, die am 17. November 1309 in der Abtei Holyrood in Schottland eine Sitzung abgehalten hat, um Beweismaterial zu sammeln[44]. Da indes Krieg drohte, setzte man diese Untersuchung nicht weiter fort. Ob man in Schottland Strafen verhängte, wie dies in England der Fall war[45], ist nicht bekannt, obschon es nicht auszuschließen ist, dass die Provinzialsynode, als die Order nach Auflösung des Templerordens – wie auch andernorts – erging, daran beteiligt war. Zum Zweiten ist da die Frage der päpstlichen Besteuerung. Diese neue Steuer – die sog. Annaten – war aus den Einkünften aller Pfründen zu entrichten, welche binnen drei Jahren – beginnend mit dem 1. Februar 1306 – vakant wurden. Man erhob sie sowohl in Schottland als auch in England zu der Zeit, als das Königreich Schottland wie das Königreich England und die „provinces" (*partes*) Irland und Wales[46] in den Händen Edwards I. zu sein schienen und der Hauptkollektor des Papstes, William Testa, den John de Solerio zu seinem Gehilfen für Schottland ernannt hatte[47]. In Anbetracht der damaligen Umstände überrascht es nicht, dass die Zahlungen sehr niedrig ausfielen, wie aus Rechnungsbelegen („accounts") hervorgeht, die von Juni 1308 bzw. aus dem Zeitraum Juni/September 1310 stammen[48]. Die veranschlagte Höhe dieser Steuern gab in Vienne Anlass zu einer Beschwerde, auch wenn nicht bekannt ist, ob diese seitens der Engländer, der Schotten oder der Iren erhoben wurde[49]. Zu einer Entscheidung kam es indes nicht[50]. Allerdings verfügte das Konzil für die Dauer von sechs Jahren die Erhebung eines Zehnten, welcher der Finanzierung eines Kreuzzugs dienen sollte. Mit Schreiben vom 1. Dezember 1312 wurde der Einzug dieser Abgabe angekündigt. In England wurde diese Aufgabe – jedenfalls in diesem Fall – den jeweiligen Diözesanbischöfen auferlegt. Doch wurde der Zehnt nur sieben Monaten lang eingezogen, und zwar von Oktober 1313 bis April 1314, da in der Zwischenzeit der Papst gestorben war[51]. Nicht bekannt ist unterdessen, was angesichts dieser Steuerforderung in Schottland genau geschah[52].

---

44 WATT, Dictionary 322.

45 C&S II/2, 1242, 1278, 1285f., 1298, 1319, 1356.

46 LUNT, First levy 48-64, bes. 63.

47 LUNT, First levy 56f. Er nahm auch an der Visitation der Abtei Holyrood im November 1309 teil.

48 W. E. LUNT, William Testa and the parliament of Carlisle, in: EHR 41 (1926) 353f.; vgl. 355-357.

49 ALKG 4 (1888) 412.

50 LECLER, Vienne 133.

51 LUNT, Financial Relations 396-399.

52 Das Konzil approbierte auch ein Unterrichtsschema für orientalische Sprachen, das für missionarische Zwecke in den verschiedenen Zentren vorgesehen war (COD[3] bzw. TANNER,

Nachdem sich König Robert – besonders nach der Schlacht von Bannockburn 1314 – in Schottland weitgehend durchgesetzt und der Loyalität der meisten Schotten versichert hatte, setzte eine Periode des politischen Wiederaufbaus ein, der geprägt wurde von der Einberufung verschiedener nationaler Versammlungen nach parlamentarischem Muster, zu dessen Mitgliedern auch der führende Klerus des Landes zählte[53]. Auch in St. Andrews kam es am 5. Juli 1318 zu einer allgemeinen Versammlung anlässlich der Weihe der dortigen Kathedralkirche, auf der in einem zeremoniellen Akt nationaler Danksagung der gewonnenen Schlacht von Bannockburn gedacht wurde. Außer dem König, sieben Bischöfen und fünfzehn Äbten war ‚nahezu der gesamte' Adel des Könireiches anwesend[54].

Bis in die zwanziger Jahre des 14. Jahrhunderts gibt es allerdings keinerlei Hinweise darauf, dass eine Provinzialsynode zusammengetreten wäre. Auffällig ist, dass dann jedoch zwei dieser Zusammenkünfte zur gleichen Zeit und am selben Ort stattfanden wie Parlamentssitzungen. Die erste Synode tagte am 9. Juli 1321 in Perth. Von ihr weiß man überhaupt nur[55], weil durch Zufall eine Urkunde erhalten geblieben ist, die uns Auskunft gibt über eine ganz besonders auffällig vollzogene Übertragung von Landbesitz in der Grafschaft Aberdeen. Die Verkäuferin des Landes leistete zuerst einen öffentlichen Eid, das Geschäft *in presencia universorum prelatorum in concilio apud Perth* abzuschließen. Daraufhin legte sie das Land formal in die Hände des Königs, der sich zu jener Zeit in Perth *in pleno parliamento* aufhielt[56]. Bischof Lamberton wird als der Vorsitzende dieser Synodensitzung genannt, obschon er nicht ausdrücklich als Konservator bezeichnet wird. Er und vier weitere Bischöfe befanden sich mit Sicherheit unter jenen, deren Siegel am darauffolgenden Tage auf die Urkunde dieser Transaktion gesetzt wurden. Warum um diese eher zweitrangige kommerzielle Angelegenheit ein solches Aufheben gemacht wurde, ist nicht ganz klar. Vielleicht darf man irgendeine juristische Denkschrift dahinter vermuten, da die Verkäuferin womöglich versucht hatte, aus einem bereits vollzogenen Geschäft wieder auszusteigen, was

Decrees 379f., Nr. 24). In Oxford sollten die dafür anfallenden Ausgaben aus Steuern beglichen werden, die man für den englischen, schottischen, irischen und walisischen Klerus erhob, jedoch war das Schema zum Scheitern verurteilt (vgl. R. WEISS, England and the decrees of the Council of Vienne on the teaching of Greek, Arabic, Hebrew and Syriac, in: Bibliothèque d'humanisme et renaissance 14 [1952] 1-9).

53 DUNCAN, Early parliaments 49ff.

54 Chron.Bower VI 413.

55 Vgl. jedoch oben S. 111.

56 APS I 478f.; RMS I 24f., Nr. 84; SES I, S. LXXII.

bedeuten würde, dass die Angelegenheit in diesem Falle nach Kirchenrecht zu behandeln sei. Aus der Form der Bekanntmachung ist indes darauf zu schließen, dass es mehr um Sicherheiten für die beiden beteiligten Parteien, die das Geschäft miteinander getätigt hatten, ging, als dass es in irgendeiner Weise in besonderem öffentlichen Interesse gelegen hätte. Doch darf man darin vielleicht ein Beispiel dafür erblicken, wie die Synode ebenso wie das Parlament neben ihren eigentlichen Funktionen auch noch einem allgemein nützlichen und möglicherweise populären Nebenzweck dienten. Es besteht weiters die Möglichkeit, dass es sich hier um einen Fall gehandelt hat, bei dem der König und die Bischöfe aus unbekannten Gründen gemeinsam Druck auf die Verkäuferin des Landes ausgeübt haben. Der Käufer scheint danach ein Anhänger und Günstling des Königs gewesen zu sein, der beträchtliches Eigentum im Nordosten des Landes erworben hatte und der 1319 dem König als eine Art Justiziar gedient hatte[57]. 1328 sollte er schließlich Gerichtsherr („Sheriff") von Aberdeen werden[58].

Die zweite Provinzialsynode, deren Spuren sich in die zwanziger Jahren des 14. Jahrhunderts zurückverfolgen lassen, wurde am 21./22. März 1325 in Scone abgehalten, unmittelbar bevor das Parlament dort am 28. März zusammentrat[59]. Am 21. März stellten vier Bischöfe und fünf Äbte sog. *inspeximus*-Briefe für die Abtei Coupar Angus aus, die ein päpstliches Privileg betrafen, welches die Zisterzienser von der Zahlung bestimmter Zehntabgaben befreite. Dies geschah *in concilio Scoticano*, und außerdem hielt man fest, dass dieses Privileg vor Bischof William de Sinclair von Dunkeld und seinem Klerus *in concilio provinciali* ausgestellt wurde[60]. Demnach war es Bischof Sinclair, der der Zusammenkunft eindeutig vorgestanden hatte, und er tat dies in seiner Eigenschaft als *Conservator tocius cleri Scoticani*, was auch eindeutig aus einer Urkunde über eine andere geschäftliche Transaktion hervorgeht, welche vor dem sog. *concilium generale* am darauffolgenden Tag, dem 22. März, verhandelt wurde[61]. Der Konservator setzte sein Siegel unter eine Erklärung, die der neue Bischof von Glasgow, John de Lindsay, abgab, dass er nämlich zum jetzigen Zeitpunkt das Recht des Königs akzeptiere, wodurch dieser Kandidaten für Benefizien – die in seiner, d.h. des Bischofs von Glasgow Ver-

---

57 BARROW, Bruce 295; RMS I 460, Anhang I, Nr. 67.

58 ER I 107; vgl. auch S. CLXXXI.

59 APS I 483; vgl. eine königliche Verleihung „in full parliament" mit Datum vom „26 March an. 20", d.h. 1325 (RRS V 532f., Nr. 269; vgl. 127-131 bezüglich der Datierung).

60 Coupar Angus Chrs. I 225-228, Nrr. 105-106.

61 Glasgow Registrum I 230f., Nr. 270; SES I, S. LXXVI Anm. 1. Der Vorname des Konservators wurde fälschlicherweise als „Walter" in das Glasgower Register übertragen.

fügung stehen – während einer Vakanz (des Bischofssitzes) präsentieren könne bis zu dem Zeitpunkt, an dem der neue Bischof den Treueid für die Temporalien geleistet habe. Er stellte aber auch den jüngst vom Papst erhobenen Anspruch nicht in Frage, eine jede durch einen neu ernannten Bischof freigemachte Pfründe päpstlicher Provision vorzubehalten. Lindsay schlug einen ‚Mittelweg' ein, da ihm bewusst war, dass der König Druck ausüben würde, und dies gab zweifelsohne Anlass zu heftigen Diskussionen bei der Provinzialsynode. Es ist anzunehmen, dass auch die Prokuratoren des Königs auf der Synode auf eine Erklärung drängten, die sich deutlicher zu Gunsten des Königs als des Papstes ausnahm[62]. Es war dies eine Belastungsprobe von neuen Ausmaßen, da der Papst nun mehr denn je seinen Anspruch als universaler Patron gültig machte. Alle Würdenträger waren von der Lösung dieses Problems betroffen, und dies sollte zum Präzedenzfall für weitere Probleme dieser Art werden, die sich im Königreich Schottland ergeben sollten[63]. Es dürfte kein Zufall gewesen sein, dass bei dieser Gelegenheit erstmals der Name des amtierenden Konservators sicher überliefert wurde, obschon dieses Amt bereits seit mehr als hundert Jahren existierte.

Bevor wir nun auf die seit 1225 erzielten Fortschritte zurückblicken, gilt es noch ein weiteres Fundstück in Betracht zu ziehen[64]. Wieder ist es ein in einem Formular überlieferter Brief, in welchem ein König von Schottland anordnet, dass seine nicht namentlich genannten, wahrscheinlich ortsansässigen Beamten den für die Steuereintreibung verantwortlichen Helfern eines Bischofs beim Einsammeln einer Steuer von gewissen Pächtern eines Abtes und von einem Spitalmeister assistierten und zwar durch Beschlagnahmung deren gesamter Habe oder – wenn nötig – direkt durch deren Inhaftierung. Das Hauptthema dieses Briefes betrifft nun diese Instruktionen zur Unterstützung und Stärkung der bischöflichen Behörden durch die weltlichen, um die der Bischof selbst gebeten hatte, nachdem sich die von ihm verhängten kirchlichen Strafen als ineffektiv erwiesen hatten. Doch worin bestand diese Steuer, und wie und wann wurde sie erhoben? Es war eine Steuer auf die weltlichen Güter von Klerikern, deren Ertrag *pro statu regni nostri et cleri Scocie* an den Papst gesandt werden sollte, die dem Klerus des ganzen Königreiches auf dem letzten *consilium Scoticanum* auferlegt worden war. Es ist dies ein erster Hinweis darauf, dass die Provinzialsynode eine Körperschaft war, die offenbar aus eigenem

[62] Vgl. oben S. 112.

[63] Bezüglich der Diskussion über dieses Thema vgl. SES I, S. LXXIII-LXXVI sowie DONALDSON, Church History 38.

[64] Formulary E, 5-52, Nr. 114.

Machtanspruch heraus eine Steuer erheben konnte, da hier keine Formulierung benutzt wurde, wie man sie etwa bei einer vom Papst verordneten Steuer verwendete, der man hätte zustimmen müssen, wie dies in den Jahren 1215, 1245, 1274, 1291, 1306 und 1312 der Fall gewesen war und hier bereits erörtert wurde. So mag also diesem Text eine ähnliche Situation zu Grunde liegen, wie damals, als am 15. Juli 1326 der Klerus nicht auf der Parlamentssitzung erschienen war, als die Grafen, Barone, Bürger und Grundherren zum erstenmal ihrem König den zehnten Teil ihrer Einkünfte auf Lebenszeit zugestanden[65]. Es ist unwahrscheinlich, dass nicht auch der Klerus dazu aufgefordert worden war, seinen Beitrag zu leisten, als dieser Versuch einer breitangelegten Besteuerung unternommen wurde. Und der schottische Klerus wird wohl auf dieselbe Weise reagiert haben, wie dies zur gleichen Zeit der englische Klerus tat, der es vorzog, auf das Ansuchen des Königs um Gelder durch die eigene Synode zu antworten. Vielleicht traf man sich eine Woche vor Zusammentritt des Parlaments, wie dies bereits 1325 der Fall gewesen war, wenn auch diesmal an einem anderen Ort; und es ist durchaus wahrscheinlich, dass bei dieser Gelegenheit der König zwei Rechtsgelehrte – Doktoren des Zivilrechts – als seine Vertreter entsandte, um die eigenen Anliegen *pro nobis et statu regni statuque vestro et ecclesie Scoticane* vorzubringen[66]. Trotz allem kann man dieses Dokument wohl kaum mit dem 1326 zusammengetretenen Konzil in Verbindung bringen, da in diesem Fall nichts von den Steuern, die damals zur Diskussion standen, nach Rom geschickt werden sollte. 1328 dagegen versprach der höhere Klerus gemeinsam mit den weltlichen Großen und dem schottischen König eine Summe von £ 20.000 an König Edward III. von England als eine Art ‚Friedenskontribution' zu entrichten, gemäß einer Bestimmung des Vertrags von Edinburgh-Northhampton vom 17. März desselben Jahres[67]. Sicherlich hatte der Klerus bei dieser Gelegenheit seinen Anteil durch die Diözesen bezahlt[68]. Anders ging man bei den Laien vor: das Eintreiben der Beträge erfolgte auf der Ebene der Gerichtsbezirke („sheriffdoms"), wie man das auch für den Zehnten von 1326 vereinbart hatte[69]. Daher ist nicht auszuschließen, dass der Klerus zum wiederholten Male Anfang 1328 – kurz vor der Parlamentssitzung vom 28. Februar bis zum 12. März – zu einer Synode in Perth zusammentrat[70],

[65] APS 475f.; vgl. NICHOLSON, Later Middle Ages 114f.
[66] Vgl. oben S. 111f.
[67] STONES, Documents 168.
[68] ER I 181.
[69] ER I, S. CVI.
[70] APS I 483f.

um zu entscheiden, auf welche Weise der eigene Beitrag erhoben werden sollte. Und man kam überein, ganz nach der Vorgabe von 1326 zu handeln, wie dies auch bei den Laien der Fall war. Dies könnte auch einige Übereinstimmungen erklären bezüglich der Wortwahl in diesem Text und jenem, der vermutlich vom Konzil des Jahres 1326 stammte. Da seit August 1329 ein Teil dieser Gelder – man geht von £ 2.000 aus – für die Römische Kurie abgezweigt[71] und im Oktober 1329 an den Papst entrichtet wurde als finanzielle Abgeltung eines Geschäfts, welches königliche Gesandte zwischen Mai und dem 28. Juli 1328 für die päpstliche Anerkennung von Robert I. ausgehandelt hatten[72], erscheint es denkbar, dass die durch die Provinzialsynode festgelegte Geldsumme als der Beitrag des Klerus zu den ‚zum Wohle unseres Königreiches und des Klerus von Schottland' erhobenen Gelder zu betrachten ist, dieser aber an Rom bezahlt werden sollte[73]. Auch wenn die im Brief des Formulars erwähnte Synodensitzung nicht exakt zu datieren ist, so wurde sie doch höchstwahrscheinlich Anfang 1328 oder aber, was indes weniger wahrscheinlich ist, im Herbst des Jahres abgehalten[74]. Besteuerungen dieser Art blieben indes in Schottland, im Gegensatz zu England, ein extremer Ausnahmefall[75]. Das *consilium Scoticanum* genoss aber beim Tode Roberts I. den notwendigen königlichen Rückhalt, um weiterhin die Aufgabe, den finanziellen Beitrag des Klerus zu organisieren, zu übernehmen.

Bleiben wir einen Moment beim Tode Roberts I. (1329) stehen und blicken noch einmal auf die ersten 100 Jahre der schottischen Provinzialsynode zurück, um uns zu fragen, welche allgemeinen Züge hervorgehoben werden können. In toto gibt es lediglich 15 Begebenheiten, aus denen heraus Einberufung und Zusammentritt der Provinzialsynode nachgewiesen bzw. als wahrscheinlich gemacht werden können, was aber nicht heißen soll, dass die Zusammenkünfte einer gewissen Regelmäßigkeit entbehrt hätten. Die Einrichtung des Amtes des Konservators scheint jedenfalls dazu geführt zu haben, dass solche Zusammenkünfte routinemäßige in gewissem Abstand abgehalten wurden und zwar in einem Maß, das sich deutlich von anderen Provinzen abhob, wo der Metropolit weit we-

[71] ER I 181f.

[72] ER I, S. CLXXXIII-CLXXXIV; vgl. 211. Bezüglich der Datierung vgl. WATT, Dictionary 37 (Stichwort „James Ben"), 550 (Stichwort „Walter de Twynham").

[73] Diese Sichtweise schlägt auch Prof. Duncan in Formulary E, 52, vor.

[74] Die zweite Möglichkeit würde auch auf eine Zusammenkunft hinweisen, die einberufen wurde, um die Abzweigung von Geldern zu autorisieren, die man als ‚Beitrag zum Frieden' auf der Sitzung zu Jahresbeginn vereinbart hatte, und nun der Summe beigesteuert werden sollte, die an den Papst zu entrichten war.

[75] NICHOLSON, Later Middle Ages 115.

niger unter dem Druck stand, eine Synode einzuberufen. Einige der Anhaltspunkte bezüglich der schottischen Provinzialsynode sind allerdings so zufällig, dass man nur vermuten kann, dass diese anfangs jährlich zusammentrat, so wie es das vierte Laterankonzil vorgesehen hatte. Dieses Konzil hatte in Kanon 6 zur erneuten Überprüfung der Missstände und zur Bestrafung von Gesetzesübertretern auf der Grundlage des allgemeinen Kirchenrechtes aufgerufen. Es gibt selbstverständlich keinen Beleg dafür, dass die in Kanon 30 festgelegte Vorgehensweise für eine jährliche Überprüfung kirchlicher Ernennungen durch ‚Prälaten der Kirchen' in den jeweiligen Kirchenprovinzen auch jemals in die Wege geleitet wurde, was auch äußerst schwierig gewesen wäre, da in der Provinzialsynode keinem Bischof permanente Autorität über die anderen Bischöfe zukam. Auch gibt es keine Hinweise darauf, dass die regelmäßige Verlesung der kanonischen Bestimmungen zur Tagesordnung einer jeden Sitzungsperiode gehörte. Dennoch behielt man Anschluss an die Entwicklung der zentralen Definitionen des Kirchenrechts, und zwar einerseits durch die Anwesenheit von Vertretern der schottischen Kirche auf den allgemeinen Konzilien von 1215, 1245, 1274 und 1311/12, andererseits durch die Einsetzung von Bischöfen und Domkapitularen in kirchliche Ämter, die ihre akademischen Studien des Kirchenrechtes an Universitäten auf dem Festland absolviert hatten[76]. Als die schottische Provinzialsynode zusammentrat, gehörten ihr etliche Synodenväter an, die Fachleute in Sachen Kirchenrecht waren. Infolgedessen verstummte nach 1239 der Ruf nach Legaten, die wie früher nach Schottland kommen sollten, um die dortige Ortskirche – kirchenrechtlich gesehen – auf internationalen Standard zu bringen.

Die Synode war also gerüstet, um ‚bei Gesetzesübertretungen Zensuren vorzunehmen und die *mores* zu korrigieren'[77], indem sie für ganz Schottland allgemeine Statuten zur Leitung der Kirche von beachtlichem Rang erließ. All diesen Statuten gingen zweifelsohne gewisse Voruntersuchungen voraus, wie es der Kanon 6 von 1215 vorsah. Diese Voruntersuchungen scheinen auch in größerem Umfang den allgemeinen Konzilien von 1274 und 1311 vorausgegangen zu sein. Dieser Prozess trug dazu bei, bei den Synodenvätern ein Gemeinschaftsgefühl auf nationaler Basis zu entwickeln. Auch hatten die Bischöfe durch ihre jeweilige Übernahme des Amtes als Konservatoren wohl gelernt, die Verantwortung für die Verteidigung der kirchlichen Gesetze zu übernehmen, an deren Ein-

---

[76] Das kann nachverfolgt werden bei WATT, Fasti, und DERS., Dictionary.

[77] Vgl. oben S. 48.

haltung sie ja alle gemeinsam interessiert waren. Dies zeigte sich vor allem dann, wenn sie die der Kirche gewährten Privilegien bedroht sahen, wie das zum Beispiel 1242, 1250 und 1325 der Fall gewesen war. Obwohl wir beobachten konnten, wie das Konzil im Jahr 1280 gebeten wurde, einen der anwesenden Bischöfe bei einer Exkommunikation zu unterstützen, gibt es indes keine weiteren Hinweise darauf (eine Ausnahmen bildet vielleicht ein Fall aus dem Jahr 1321), ob die Synode kollektiv oder durch ihren Konservator vorging, wenn ‚bei Übertretungen Kirchenstrafen verhängt' werden sollten, wie dies nach Kanon 6 des 4. Lateranense vorgesehen war. Und wenn die Synode nach der Untersuchung von 1309 gegen die Templer vorgegangen ist, dann handelt es sich dabei um einen Präzedenzfall für zukünftige Fälle von Häresie. Eindeutig positiv zu bewerten ist auch, dass die Synode als ein Forum fungierte, auf dem Streitfragen ausdiskutiert werden konnten, die sich zwischen den Mitgliedern verschiedener Orden, zwischen zwei Diözesen – wie 1230 und 1268 – oder zwischen einem Bischof und einem Grafen („Earl") 1238 ergeben hatten.

Da sich während dieser Periode das päpstliche Steuersystem gerade entwickelte, ist es nicht auszuschließen, dass sich der Widerstand, der durch die damals neuen Forderungen in Schottland ausgelöst wurde, in der Provinzialsynode formierte. Eindeutig ist dies 1275 und wahrscheinlich auch schon früher in den Jahren 1266-1269 der Fall gewesen. 1275 erhielt der synodale Widerstand maßgebliche Unterstützung durch den König, und es ist eine typische Erscheinung der damaligen Zeit, dass König und Synode Hand in Hand arbeiteten. Der Mechanismus, der dieses System festigte, bestand darin, dass der König Prokuratoren zu den Synodensitzungen entsandte, um die Interessen der Krone zu wahren; doch konnte er der Synode in Krisenzeiten, wie beispielsweise 1242, auch durch seine eigene Person Rückendeckung geben. Die Kehrseite dieser Beziehung zwischen Synode und König war, dass man umgekehrt auch von der Synode politische Unterstützung einfordern konnte, so 1309 zugunsten Roberts I. und vielleicht auch in den Jahren 1314-16. Dieses Verhältnis nahm sich allerdings wesentlich einfacher aus als in England, da der schottische König keine finanziellen Forderungen an die Kirche seines Landes stellte. Er konnte daher auch den kirchlichen Widerstand gegen päpstliche Steuerforderungen unterstützen, da er im Gegensatz zum englischen König keinerlei Hoffnungen und Absichten hegte, finanziell davon zu profitieren. Auch gab es damals in Schottland noch keine Bestrebungen, den niederen und höheren Klerus in das Parlament zu bringen und damit den gesamten Klerikerstand zu besteuern, wie dies Edward I. von England in den neunziger Jahren des 13. Jahrhunderts – zeitweise sogar mit Erfolg – getan hatte. Dadurch gestaltete sich das Verhältnis wesentlich einfacher, denn der schottische König begnügte sich im Normalfall damit, auf der herkömmlichen Einkommensgrundlage zu regieren und hatte auch kaum die Absicht, ein außerordentliches Steuersystem zu entwickeln[78]. Selbstverständlich berieten und unterstützten Kleriker in führenden Positionen ihren König auch, wenn er größere Synoden wie jene beiden von 1227 und 1276[79] einberief oder aber solche Zusammenkünfte, die zuerst *colloquia* und später dann Parlament genannt wurden[80]. Letztere führten jedoch nicht dazu, die Zahl der Einberufungen von Provinzialsynoden zu verringern, und tatsächlich fanden in den zwanziger Jahren des 14. Jahrhunderts Synoden- sowie Parlamentssitzungen nebeneinander statt. Es ist von einigem Interesse zu beobachten, dass der Klerus offenbar eine separate Versammlung einberief, als der König 1326 und erneut 1328 eine Politik betrieb, welche eine Besteuerung auf nationaler Ebene notwendig machte. Die Kirche entschied damals Kraft eigenen Willens, in welcher Form sie dazu beitragen wollte, wobei der König auch nichts anderes erwartet hatte[81]. Schließlich wurden aber Schritte unternommen, die auf eine sich anbahnende Entwicklung der schottischen Provinzialsynode hindeuteten, die sie mehr in Richtung ihres englischen Pendants rückte. Als Ergebnis häufiger Auseinandersetzungen mit dem englischen König wegen dessen permanenter Steuerforderungen und den diesem im Gegenzug präsentierten Beschwerdekatalog hatte die englische Provinzialsynode zumindest seit den achtziger Jahren ihre innere Geschlossenheit erheblich gestärkt. Es gab aber wohl einen wichtigen strukturellen Unterschied in der Zusammensetzung der jeweiligen Provinzialsynoden von England und Schottland. Dieser ergab sich vielleicht daraus, dass im Vergleich zu England die ständige Beschäftigung mit finanziellen Angelegenheiten bei den Schotten nicht auf der Tagesordnung stand. Seit Anfang der fünfziger Jahre des 13. Jahrhunderts hatte man der englischen Provinzialsynode zumindest bei einigen Zusammenkünften ein repräsentatives Element, durch welche auch der niederen Klerus vertreten wurde, hinzugefügt[82]. In Schottland nahmen an den Konzilssitzungen nicht mehr nur die 1225 erwähnten Bischöfe teil, zugelassen waren auch Äbte, Prioren, Dekane,

---

78 Vgl. DUNCAN, Scotland 338f., 486, 523, 602f.
79 APS I 406, 427.
80 H. G. RICHARDSON – G. SAYLES, The Scottish Parliaments of Edward I, in: SHR 25 (1928) 300-317; DUNCAN, Early parliaments 36-58.
81 Vgl. DUNCAN, Early parliaments 51f.
82 KEMP, Counsel 70f.; vgl. auch ebd. 72.

Archidiakone und manchmal sogar fachkundige Kleriker. Doch gibt es für diese Zeit keinen Hinweis auf ein reguläres, durch Wahl oder Ernennung erfolgtes repräsentatives Element[83]. Im Grunde blieb die schottische Provinzialsynode eine Versammlung höherer und niederer Prälaten[84], die ein Amt innehatten, welches über Jurisdiktionsgewalt verfügte. Der Grund, warum man an diesem Brauch solange festhielt, muss wohl gewesen sein, dass die schottische Kirche lange Zeit nicht mit königlichen Steuerforderungen behelligt wurde.

[83] Vgl. oben S. 100f.

[84] Vgl. die Definitionen, die auf den Dekretalen Gregors IX. basieren, in: DDC 7 (1965) 176; vgl. auch APS I 466 bezüglich einer Parlamentsdefinition aus dem Jahre 1318, wo ein Prälat gleichgesetzt wurde mit anderen Personen, die befugt waren, Gericht zu halten.

9. Kapitel

Die Provinzialsynode und die ‚Versammlung der drei Stände' (1329-1424)

Der Versöhnung zwischen dem Papsttum und König Robert kurz vor dessen Tod folgten seitens des Papstes gewaltige Anstrengungen, um das Verhältnis zwischen Avignon und Schottland zu normalisieren. Zu diesem Zweck wurden am 25. April 1329 die beiden Nuntien Bertrand Cariti und Raymund de Quercu zu Kollektoren für Schottland ernannt, um dort zwei dem Klerus auferlegte Steuern zugunsten des Papstes einzuziehen. Es handelte sich dabei um die sog. Annaten aus nichtbesetzten Pfründen für den Zeitraum von drei Jahren und den Zehnten aller Klerikereinkünfte, ebenfalls über drei Jahre[1]. Als die Abgesandten später im Jahr aufbrachen, wurden ihnen noch weitere Kompetenzen erteilt, die sie ermächtigten, eine größere Anzahl von Angelegenheiten zu behandeln, die nicht unbedingt etwas mit ihrer Hauptfunktion als Kollektoren zu tun hatten: zum Beispiel konnten sie denen, die, weil sie für König Robert Partei ergriffen hatten, exkommuniziert worden waren, die Absolution erteilen; auch konnten sie für irreguläre Eheschließungen von Adligen Dispens erteilen sowie Stiftungen bestätigen, die an religiöse Häuser ergingen, jedoch in irgendeiner Hinsicht fraglich waren[2]. Legatengewalt war ihnen indes nicht gegeben worden. Und obwohl man sie seit dem April 1330 in Schottland nachweisen kann[3], existiert kein Hinweis darauf, dass die beiden Kollektoren ein Konzil abgehalten hätten, da dies offensichtlich außerhalb ihres Kompetenzbereiches lag. Auch ist nicht bekannt, ob sie an einer Provinzialsynode teilgenommen haben. Jedoch brachten sie das Ansehen der päpstlichen Autorität in Schottland erneut zur Geltung.

Nach 1329 gibt es dreißig Jahre lang keinen Beleg für ein Zusammentreten der Provinzialsynode[4], was indes nicht bedeutet, dass sie nicht

1 CPL II 489f.
2 CPL II 496, 493f., 304, 310f.
3 Theiner, Monumenta 253-258, Nrr. 502-504.
4 Ein namentlich nicht genannter Konservator war im Zeitraum von 1338 bis 1350 aktiv und wahrscheinlich sogar zwischen 1341 und 1346 (vgl. unten S. 143 Anm. 74).

trotzdem regelmäßig zusammentrat. Immerhin galt es im April 1343 und abermals im November 1345 als nicht ungewöhnlich, dass sich der Bischof von Moray und später auch der Bischof von Aberdeen auf die Autorität eines *concilium Scoticanum* beriefen, als es um Bestimmungen ging, die die Exkommunikation derer betrafen, die gegen die Freiheits- und Eigentumsrechte der Kirche verstoßen hatten, bzw. als es um die Notwendigkeit ging, alle Pfarrkirchen mit Pfarrherren („rector") oder Pfarrverwesern zu besetzen[5]. Jedoch fanden genau in dieser Zeitspanne, in der hinsichtlich der Aktivitäten der schottischen Provinzialsynode nichts bekannt ist, erhebliche Veränderungen bezüglich der Beteiligung des schottischen Klerus am Parlament statt. Zweifellos spiegelte sich darin eine Veränderung des Wesens der Provinzialsynode, zumindest was einen Aspekt der Kompetenzen betraf, wider. Es lässt sich beobachten, dass der Klerus nicht mehr separat über eine Synode konsultiert wurde, als beim nächsten Mal sowohl Laien als auch Kleriker um die Zahlung von Sondersteuern zugunsten des Königs gebeten wurden. Damit verfuhr man jetzt anders, als dies vermutlich 1326 und 1328 geschehen sein dürfte. Aktuell geschah dies zweimal in Verbindung mit den Ausgaben, die für die Rückreise König Davids II. von Frankreich nach Schottland 1341 zu bestreiten waren. Wahrscheinlich hatte man Ende 1340 oder Anfang 1341 auf einer Parlamentssitzung in Dundee hierfür eine ‚Kontribution' vereinbart. Eine weitere wurde wohl nach Davids Rückkehr nach Schottland auf einer von ihm selbst abgehaltenen Parlamentssitzung in Scone im September 1341 beschlossen[6]. Den Abrechnungen der eingesammelten Gelder lässt sich entnehmen, dass die königlichen Beamten jede dieser beiden ‚Kontributionen' als vom Parlament bewilligt (*concessa*) betrachteten und davon ausgingen, dass sie vom Klerus, den Kommunen (hier sind die Gerichtsdistrikte, die „sheriffdoms", gemeint) und den freien Städten eingezogen worden waren[7].

Diese Veränderung in der Praxis der Steuereinziehung setzte sich durch, als die Schotten sich bald darauf ungewöhnlich großen finanziellen Belastungen gegenübergestellt sahen: 1357 musste nämlich Lösegeld für die Entlassung König Davids aus der englischen Gefangenschaft entrichtet werden. Die Vereinbarungen, die man im Vorhinein bezüglich des Vertrages traf, der diesen Loskauf regeln sollte, wurden schließlich am 3. Oktober 1357 in Berwick definitiv beschlossen. Davon zeugt ein Dossier, dass zahlreiche gesiegelte Dokumente verschiedener Vertreter des Klerus, der

5 Moray Registrum 127, Nr. 114; Aberdeen Registrum I 77.
6 Bezüglich der späteren ‚Kontribution' vgl. APS I 512f.
7 ER I 501-503; vgl. S. CLXV-CLXVI.

weltlichen Großen und der freien Städten in Schottland enthielt. Sie bestätigten damit, dass sie gewillt waren, diesen Vertrag zu akzeptieren, und verpflichteten sich, das Lösegeld in zehn Jahresraten à 10.000 Mark zu entrichten[8]. Was den Klerus anbelangt, so wurden wahrscheinlich der jeweilige Bischof und das Kathedralkapitel sowie zumindest einige Äbte samt ihrer Konvente ersucht, einen gesonderten Brief zu verfassen, um Prokuratoren innerhalb ihres Verantwortungsbereiches mit einer entsprechenden Vollmacht zu versehen. Von diesen Briefen sind jedoch nur wenige erhalten geblieben. Außerdem siegelten sieben Bischöfe am 26. September 1357 in Edinburgh ein Dokument im eigenen Namen und im Namen ihrer Domkapitel, wodurch sie drei weitere Bischöfe mit den ihnen bereits obliegenden Kompetenzen ausstatteten[9]. Dies wird wohl kaum das Ergebnis einer Provinzialsynode gewesen sein, da der Stellvertreter des Königs in Edinburgh damals ein *plenum consilium* abgehalten hatte, um die gesamte Aktion zu koordinieren[10]. Auch steht die von den Bischöfen publizierte Urkunde im Einklang mit den von den weltlichen Großen und den vom Bürgertum publizierten Dokumenten[11]. Als der König schließlich zurückgekehrt war, hielt er am 6. November 1357 in Scone ein *plenum consilium* ab, wo die ‚drei Kommunitäten' (*tres communitates*), die später gewöhnlich als die ‚drei Stände' bezeichnet wurden, zusammenkamen. Es handelt sich hier um die erste aktenkundige öffentliche Ständeversammlung von Klerus, Adel und Bürgertum, die damals gemeinsam eine neue Veranlagung festlegten, auf deren Grundlage alle drei Stände besteuert werden sollten, um das Lösegeld für den Freikauf des Königs aufzubringen[12].

Wir besitzen damit eine Bestätigung dafür, dass der Klerus, der unter Robert I. kurzfristig einer Besteuerung in einer eigenen Synodensitzung zustimmte, nunmehr – 1341 wie 1349 – gewillt war und es vielleicht sogar begrüßte, durch die Ständeversammlung des Königs besteuert zu werden, welche entweder als ‚Parlament', als ‚Plenarkonzil' oder als ‚Allgemeines Konzil' zusammentrat[13]. Ein Grund für diese Veränderung dürfte gewiss in der Art und Weise zu sehen sein, in der die Ständeversammlung

---

8 CDS III, 299-304, Nrr. 1642-1648, 1650-1654.

9 APS I 515f. Es ist auffallend, dass die Bischöfe von Galloway und Sodor nicht in die Vereinbarungen mit einbezogen wurden. Beide Bischöfe waren wohl damals eher in Richtung England als nach Schottland orientiert (vgl. DOWDEN, Bishops 282-285, 361f.).

10 APS I 518.

11 APS I 516-518.

12 APS I 518-521, 491. Vgl. NICHOLSON, Later Middle Ages 166.

13 Dieser letzte Begriff (*consilium generale*) wird seit 1365 benutzt (APS I 495). Vgl. oben S. 111, 113 und 121 hinsichtlich eines zuvor schon existierenden Sprachgebrauchs dieser Art.

entsprechend ihrer Entwicklung seit den späten zwanziger Jahre des 14. Jahrhunderts, als Repräsentanten der freien Städte mit Bischöfen, Äbten, Grafen, Baronen und Großgrundbesitzern auf einigen Parlamentssitzungen gemeinsam tagten[14], nicht nur die höheren und niederen Prälaten miteinbezog, wie dies für die Provinzialsynoden zutraf[15], sondern auch Vertreter des niederen Diözesanklerus. Möglicherweise hatten diese auch schon 1341 und 1357 teilgenommen; nachweisbar ist ihre Beteiligung allerdings erst seit Mitte der sechziger Jahre. Indes weiß man sehr wenig über das Auswahlverfahren, über die Zahl der Teilnehmer und die Häufigkeit der Teilnahme bzw. wie lange sie bei diesen Sitzungen anwesend waren[16]. Eine breite Repräsentation zum Zwecke der Besteuerung wurde in Schottland lediglich in der Versammlung der ‚drei Stände' erreicht. Es ergab sich daher für die Provinzialsynode kein zwingender Anlass, sich zu einer teilweise repräsentativen Körperschaft zu entwickeln, wie das etwa in England hinsichtlich der ‚Konvokationen' der Fall gewesen war.

Die Bereitschaft des Klerus, sich an der durch die Stände erhobenen nationalen Besteuerung zu beteiligen, muss jedoch im Kontext jener Steuerpflicht betrachtet werden, die er dem Papst gegenüber zu erfüllen hatte. Mannigfache Forderungen wurden nun regelmäßig zugunsten des päpstlichen Fiskus erhoben, was sich als besonders ertragreich in den Jahren von 1345 bis 1389 erwies, als mehrere Schotten nacheinander, nämlich Bischof William de Deyn von Aberdeen, Archidiakon William de Grenlaw von St. Andrews und Bischof John de Peblis von Dunkeld[17], das Kollektorenamt in Schottland innehatten. Zudem ergab sich für die schottische Kirche auch etwas ganz Neues: um die Mittel für das Lösegeld zu beschaffen, ersann König David im August 1359 den Plan, eine von zwei Laien angeführte Gesandtschaft nach Avignon zu schicken, die den Papst dazu bringen sollte, dem schottischen Klerus die Entrichtung eines Zehnten ihres Einkommens aufzuerlegen. Obschon dieses Verfahren in England an der Tagesordnung war, hatte noch kein Papst zuvor in Schottland die Er-

[14] DUNCAN, Early parliaments 51f.

[15] Vgl. oben S. 127f.

[16] R. S. RAIT, The Parliaments of Scotland, Glasgow 1924, 172-174. Ein Beispiel vom Januar 1399 (APS I 574), wo Rait glaubt, dass ein ‚Kirchenkonzil' den Beitrag sanktioniert habe, der seitens des Klerus erhoben wurde, bevor das Parlament die zur Debatte stehende Besteuerung auferlegte, darf nicht in diesem Sinne verstanden werden (vgl. NICHOLSON, Later Middle Ages 217f.).

[17] WATT, Dictionary 149f., 243-246, 440-443. Man beachte, dass für einen Teil der Amtsperiode Grenlaws Abrechnungen existieren (Vatikanisches Archiv, Collectorie 14, fol. 158-193), die einen Überblick über alle schottischen Bischofssitze einschließlich Galloway, aber ausgenommen Sodor geben. Vgl. A. D. M. BARRELL, William de Grenlaw, papal collector in Scotland and his account, in: The Innes Review 42 (1991) 1-18.

mächtigung für eine Zwangsabgabe an den königlichen, statt an den päpstlichen Fiskus gegeben. Papst Innozenz IV. genehmigte diesen Zehnten für die Dauer von drei Jahren unter der Bedingung, dass dies der einzige Beitrag sei, den der Klerus zur Auftreibung der Lösegeldforderung zu leisten habe. Und es heißt, die Gesandten seien sehr erfolgreich (*hilares*) nach Schottland zurückgekehrt[18]. Es ist wahrscheinlich, dass sie rechtzeitig zum *concilium Scoticanum* zurückgekehrt sind, von dem man weiß, dass es in der Dominikanerkirche von Aberdeen am 26. November 1359 abgehalten worden ist, und worüber man nur deshalb etwas weiß, weil man bei dieser Gelegenheit ein päpstliches Privileg aus dem 12. Jahrhundert, das im Archiv der Kathedrale von Aberdeen aufbewahrt wurde, revidiert hat (*inspeximus*)[19]. Offensichtlich gab es damals keinerlei Widerstand, denn die Listen des Schatzamtes zeigen, dass für jede einzelne Diözese in der Zeit zwischen Mai 1360 und Dezember 1364 Einnahmen aus diesem Zehnten verzeichnet worden sind, selbst wenn einige Außenstände etwas später eingingen[20]. Da nicht bekannt ist, dass der Klerus vorher irgendwelche Zahlungen auf das Lösegeld hin erbracht hatte, während die Gerichtsbezirke und die freien Städte die Beträge für drei Jahre leisteten[21], scheint sicher zu sein, dass die grundsätzliche Bereitschaft, gemeinsam mit allen anderen zu zahlen, sich auf der Ständeversammlung vom November 1357 dahingehend änderte, dass man nun den Wunsch hegte, entsprechend der vertrauten Linien kirchlicher Besteuerung zu zahlen. Die Realisierung dieses Vorhabens dauerte dann allerdings noch zwei Jahre. Sicherlich hatte man die Ertragsbemessung dieser Steuer so hoch angesetzt, dass dabei erheblich mehr zusammen kam als das, was der König eigentlich vom Klerus erwarten durfte, weshalb es dieser auch für wert hielt, eigens eine päpstliche Bewilligung zum Einsammeln der Steuergelder einzuholen.

Diese Vereinbarung scheint jedoch daran gescheitert zu sein, dass 1365 ein neuer Waffenstillstand mit England eine Wiederaufnahme von Zahlungen nötig machte, die 1360 eingestellt worden waren. Daher ordnete die Ständeversammlung im Mai und Juli 1366 eine weitere Besteuerung sowohl auf den kirchlichen Besitz als auch den der Laien an, welche auf einer völlig

18 Chron.Fordun I 378; vgl. Chron.Bower VII 312, wo man dieses Adjektiv *hilares* gegen *leti* (zufrieden) ausgetauscht hat. Hinsichtlich einer Datierung vgl. ebd. VII 488.

19 Aberdeen Registrum I 84-86; SES I, S. LXXVI.

20 ER II 75f., 109-111, 153, 163, 171f.; vgl. 219f., 256. Man beachte, dass diese Steuer in Galloway und Sodor trotz der Abwesenheit ihrer Bischöfe 1357 eingesammelt wurde (vgl. oben S. 131 Anm. 9). Um 1359 gab es einen neuen Bischof in Galloway (WATT, Fasti 130).

21 ER II 5, 34-44, 46-48, 73-75.

neuen Einschätzung basierte[22]. Diesmal leistete der Klerus seine Zahlungen mehrere Jahre lang direkt an den König, ebenso wie es die Gerichtsbezirke und die freien Städte taten[23]. Es gibt Hinweise darauf, dass die Stände die Ansicht vertraten, die allgemeinen Steuerlasten des Landes sollten von nun an unter Klerus, Adel und Bürgertum im Verhältnis 6:10:4 aufgeteilt werden[24]. Unter diesen Umständen erachtete man es wohl als notwendig, das päpstliche *caveat* aus dem Jahre 1359 außer Acht zu lassen, das besagte, dass der Klerus nicht dazu aufgefordert werden solle, mehr als den Zehnten für drei Jahre zum Lösegeld beizutragen. Trotz Protest war er nun gezwungen, auf Ländereien und Temporalien in gleicher Weise Abgaben zu leisten wie die Barone und Gutsherren[25]. Unter Zustimmung des Parlaments wurden die Gelder nun, statt lediglich für die Bereitstellung des Lösegelds zu dienen, in der Tat für eine Reihe von unterschiedlichen Zwecken verwendet[26], so dass der Klerus allmählich aufhörte, diese Spitzfindigkeiten zu beanstanden. Die Geistlichkeit war nun so sehr in das nationale System von Konsultation und Besteuerung eingebunden, dass ihre traditionell privilegierte Stellung völlig an Gewicht verlor (*nullo privilegio obstante*)[27]. Was indes die Besteuerung anbelangt, so sollte diese nicht so sehr eine regelmäßige als vielmehr eine gelegentliche Bürde darstellen. Obschon der Klerus und die anderen Stände im letzten Regierungsjahr König Davids II. regelmäßige Zahlungen entrichteten, dann aber von 1373 bis 1399[28] – sowie abermals in späterer Zeit – offensichtlich nicht besteuert wurden, musste 1424 im Zusammenhang mit der Heimkehr von König Jakob I. aus der englischen Gefangenschaft eine weitere Kaution aufgebracht werden[29]. Allerdings gehörte die direkte Besteuerung noch nicht zum regelmäßigen Instrumentarium der schottischen Regierung, obwohl die drei Stände nahezu jedes Jahr im Parlament oder auf Generalsynoden zusammenkamen, um darüber sowie über weitere geschäftliche Angelegenheiten zu debattieren. Erhalten geblieben sind hierüber nur bruchstückhafte Zeugnisse.

---

22 NICHOLSON, Later Middle Ages 165-168, 172, 174-176; die Einschätzung, die in APS I 499f. aufgeführt wird, schließt auch die Diözese Galloway, nicht aber die Diözese Sodor mit ein.

23 ER II, 255-258, 287f., 303f., 342f.

24 ER II, S. LXX Anm. 1.

25 Wie von einem zeitgenössischen Chronisten angemerkt wurde (Chron.Fordun I 378). Diese Passage des Textes wurde jedoch aus unbekannten Gründen nicht in die Chron.Bower (VII 312, vgl. 488) übernommen, als diese zwischen 1440 und 1450 abgeschrieben wurde.

26 NICHOLSON, Later Middle Ages 176.

27 Chron.Fordun I 378.

28 NICHOLSON, Later Middle Ages 188, 217f.

29 NICHOLSON, Later Middle Ages 282f.; BALFOUR-MELVILLE, James I, 108-110; vgl. auch Chron.Bower VIII 241, und ER IV, S. CXXX-CXXXIII.

Gegen Ende seiner Regierungszeit hatte König David II. im Parlament dem Druck der Bischöfe nachgegeben und mit Zustimmung der drei Stände auf den königlichen Anspruch, beim Tode eines Bischofs dessen Besitzungen zu übernehmen, verzichtet. Nun war es den Bischöfen erlaubt, über ihre Besitzungen testamentarisch selbst zu verfügen[30]. Offenbar war dies das Zugeständnis des Königs, um die schottischen Bischöfe zu besänftigen.

Wie stand es daraufhin um die Provinzialsynode? Tatsache ist, dass es aus dieser Zeit nur wenige Nachrichten über ihren Zusammentritt gibt. 1369 wurde an der römischen Kurie ein Sonderfall aktenkundig, in dem es darum ging, dass ein Kleriker der Diözese Durham durch Protektion der weltlichen Macht die an der englischen Grenze gelegene und zur Diözese Glasgow gehörende Kirche von Yetholm unrechtmäßig in Besitz genommen hatte. Bei dieser Gelegenheit äußerte sich der Papst zur Entscheidung einer jüngst abgehaltenen schottischen Provinzialsynode, dass alle jene, die unerlaubt in fremde Benefizien eingedrungen waren, der Exkommunikation anheimfallen sollten[31]. Daraus mag den Eindruck gewinnen, dass die Synode, wie gewöhnlich, in regelmäßigen Abständen zusammengetreten ist. Es überrascht jedoch, dass nur wenige Zeugnisse über die Aktivitäten der Synode erhalten geblieben sind, als diese mit dem Großen abendländischen Schisma von 1378 konfrontiert wurde. Nachdem die Wahl Urbans VI. am 8. April 1378 erfolgt war und am darauffolgenden 20. September die seines Rivalen Klemens VII., wetteiferten nun zwei Päpste um die Anerkennung ihrer Rechtmäßigkeit durch die Christenheit, und überall waren die Regierungen nun vierzig Jahre lang gezwungen zu entscheiden, welchen Papst sie nun unterstützen würden und wann und wie man sich den verschiedenenorts gemachten Versuchen zur Lösung des Schismas anschließen könnte. Die meisten Könige riefen ihren Klerus in Synoden zusammen, auf dass dieser sie mehr oder weniger ungezwungen berate, welchen Papst sie anerkennen sollten. Der König von Frankreich entschied schon im November 1378, Klemens VII. als rechtmäßig anzuerkennen, was abermals – nun allerdings formeller – im Mai 1379 geschah[32]. Schottland war mit Frankreich verbündet, daher entsandte König Karl V. alsbald

[30] RMS I 129f., Nr. 372; vgl. auch DONALDSON, Church History 31-39, bes. 38f., was zeigt, dass dadurch die Angelegenheit noch nicht beendet war. Es waren ,alle Bischöfe des Königreiches Schottland', die sich an Papst Gregor XI. gewandt hatten, um die Bestätigung dieses königlichen Aktes zu erlangen, welche am 1. Januar 1372 auch gegeben wurde (THEINER, Monumenta 346, Nr. 694; vgl. auch Aberdeen Registrum II 122-124).

[31] Dieser Fall wird zitiert bei A. D. M. BARRELL, The Papacy, Scotland and Northern England 1342-1378, Cambridge 1995, 251.

[32] DELARUELLE, L'église I 22.

einen Botschafter zu König Robert II., um die Anerkennung desselben Papstes zu sichern[33]. Bereits im Februar 1379 befanden sich Bevollmächtigten von John de Peblis, dem Kanzler des schottischen Königs, am Hofe Klemens', der sich damals noch in Italien befand, doch schon bald nach Avignon verlegt wurde. Dieser Besuch diente der Vorbereitung für seine zweite Weihe zum Bischof von Dunkeld. Im Juli 1379 war man im Begriff, die Gelder, die Peblis in seiner weiteren Funktion als päpstlicher Kollektor in Schottland eingesammelt hatte, in die sich nun in Avignon befindende päpstliche Schatulle einzubezahlen[34]. De facto bedeutete das, dass Schottland Klemens in einem sehr handgreiflichen Sinn als rechtmäßig anerkannt hatte. Offensichtlich waren die Beweggründe für diese Entscheidung politischer Natur, da die Auffassung, Klemens sei ein direkter Nachfahre der hl. Margaret, und zwar weil deren Tochter noch vor dem Tod Margarets im Jahr 1115 einen Grafen von Boulogne geheiratet hatte, wohl kaum der entscheidende Faktor für Schottland gewesen sein kann[35]. Im Juli 1379 schickte Klemens dann die beiden Schotten Thomas de Rossy OFM und Hugh de Dalmahoy von Avignon nach Schottland, die Abschriften diverser propagandistischer Schriften, die seinen Anspruch auf das Papstamt legitimieren sollten, mit sich führten. Aus einem von Rossy selbst verfassten Traktat erfahren wir, dass dieser am 2. Februar 1380 vor dem König in Dundee predigte, *coram maxima multitudine populi notabilis*[36]. Obschon diese Angelegenheit eine zentrale Rolle auf einer Provinzialsynode gespielt haben müsste, kann man jedoch vom Wortlaut und Sprachgebrauch dieser Quelle nicht auf den Zusammentritt einer Synode in jener Zeit zurückschließen. In der Tat wissen wir nicht, welche politische Haltung man Robert II. gegenüber dem Schisma einzunehmen anriet.

Im Laufe der Zeit ergriffen indes einige führende Geistliche in Schottland eindeutig Position zugunsten einer Unterstützung der pro-klementinischen Linie, der die Schotten schließlich bis 1418 ununterbrochen anhängen sollten. Bischof Walter de Wardlaw von Glasgow nahm am 23. Dezember 1383 die Ernennung zum Kardinal Papst Klemens' an, während er weiterhin Diözesanbischof in Schottland blieb und seit dem 24. November 1384 auch zum päpstlichen Legaten *a latere* für Schottland und Irland bestellt war[37]. Er war der erste Schotte überhaupt, dem diese

[33] VALOIS, La France I 197.
[34] WATT, Dictionary 442f. Peplis wurde ursprünglich kraft der Autorität Urbans VI. geweiht, bevor Zweifel an der Rechtmäßigkeit dieses Papstes auftauchten.
[35] Chron.Bower III 407; vgl. 488.
[36] WATT, Dictionary 472, 141; St. Andrews Copiale XXXVII.
[37] WATT, Dictionary 571.

hohe Würde zuteil wurde. Papst Klemens hatte er kennengelernt, als sie beide in den siebziger Jahren des 14. Jahrhunderts gemeinsam an der päpstlichen Kurie zu Avignon waren. Auch war er wohl – noch vor September 1379 – einer der ersten Besucher am Hof des neuen Papstes[38]. Innerhalb nur weniger Jahre wurden die meisten schottischen Bischofssitze zudem mit neuen Bischöfen besetzt, die ihre Ernennung Klemens VII. zu verdanken hatten, und die folglich sehr daran interessiert waren, ihm die Loyalität Schottlands zu erhalten. Da war einmal Peblis in Dunkeld, und auch Thomas de Rossy war mit einem päpstlichen Mandat ausgestattet, das ihn letztendlich in den Besitz der Diözese Galloway setzen sollte, was allerdings erst nach der Vertreibung des von Urban ernannten Bischofs möglich wurde, welcher daraufhin nach England ging[39]. Die Diözese Aberdeen wurde im Oktober 1380 durch einen weiteren Schotten aus Klemens' Kurie besetzt[40], während sich zur gleichen Zeit ein schottischer Besucher der avignonesischen Kurie den Bischofsstuhl zu Dunblane sichern konnte[41]. Die Diözesen Caithness und Brechin sandten Ende 1381 und im Juni 1383 ihre neuen Bischöfe nach Avignon, um sie dort vom Papst bestätigen zu lassen[42]. Um 1383 waren es damit insgesamt sieben von zwölf Bischöfen, die einen besonderen Grund hatten, Papst Klemens' die Loyalität der schottischen Kirche zu erhalten. Als dann die Diözese St. Andrews durch den Tod des hochbetagten Bischofs Laundels am 23. September 1385 vakant wurde[43], handelte Klemens rasch und ernannte zu dessen Nachfolger den Schotten Walter Trayl, der als hoher Beamter an der Kurie tätig war – zuerst als Auditor des Heiligen Apostolischen Palastes und seit 1383 als Referendar der päpstlichen Kanzlei – und der ab 1386 die kirchliche Politik in Schottland maßgeblich bestimmte[44]. Im April 1387 machte sich auch der neue Bischof von Argyll nach Avignon auf, um in seinem Amt bestätigt zu werden[45]. Die Bischöfe von Moray und Ross blieben bis 1397 bzw. 1398 in ihrem Amt, ohne die Autorität des Papstes in Avignon in Frage zu stellen[46]. Lediglich der Amtsinhaber der Diözese Sodor (Diözese der Inseln) entschied, dem von England un-

38 WATT, Dictionary 574.
39 WATT, Dictionary 472.
40 WATT, Dictionary 552, vgl. Stichwort „Adam de Tyningham".
41 WATT, Dictionary 359, vgl. Stichwort „Dugal de Lorn".
42 WATT, Dictionary 379, vgl. die Stichworte „Alexander Man" und „Stephen de Cellario".
43 WATT, Fasti 294.
44 WATT, Dictionary 539-542.
45 WATT, Dictionary 157, vgl. Stichwort „John Dugaldi".
46 WATT, Dictionary 70, Stichwort „Alexander Bur"; ebd. 315f., Stichwort „Alexander de Kylwos".

terstützten Urban die Treue zu halten, woraufhin er von Klemens im Juli 1387 seines Amtes entsetzt und durch einen irischen Franziskaner namens Michael ersetzt wurde, der wohl darüber glücklich war, von der Erzdiözese Cashel, welche Urban die Treue hielt und wo er nicht willkommen gewesen sein dürfte, versetzt zu werden[47]. Michael kam also nach Schottland und noch 1409 begleitete er aktiv den schottischen „Lord of the Isles“[48]. In der Unterstützung Papst Klemens' VII. war der schottische Episkopat mithin so auf einer Linie, dass Schottland unter seiner Führung – ob dies nun durch Provinzialsynoden zum Ausdruck kam oder nicht – nicht nur ihm, sondern auch seinem Nachfolger Benedikt XIII. die Treue hielt, obgleich das verbündete Frankreich diesem von 1398 bis 1403 und abermals seit 1407 die Obödienz aufgekündigt hatte. Die schottische Kirche war jedoch in sich ausreichend einig, um in dieser Frage ihre eigene Linie zu verfolgen.

Einige dauerhafte Veränderungen können allerdings was die damaligen jurisdiktionellen Grenzziehungen dieser Kirche angeht festgestellt werden. Die Diözese Galloway löste sich immer mehr aus ihrer Unterstellung unter die Erzdiözese York. Seit 1355 leistete kein Bischof von Galloway mehr den Gehorsamseid gegenüber dem Metropoliten; seit 1359 wurden die Bischöfe durch päpstliche Provision ernannt, wobei York nurmehr über die getroffenen Entscheidungen informiert wurde[49]. Endgültig rissen die Bande zu York, als der Zisterzienser Oswald, der von Anhängern Urbans VI. ernannt worden war, gezwungen wurde, die Zeit von 1381 bis 1417 lediglich als Suffraganbischof in den Diözesen York und Durham zu verbringen, während Bischöfe der avignonesischen Obödienz den Bischofsstuhl dieser schottischen Diözese besetzten, ohne irgendwelche Beziehungen zu York aufzunehmen[50]. 1430 ordnete König Jakob I. für seinen Teil an, dass der Klerus von *Candida Casa* (= Galloway) in derselben Weise zu behandeln sei, wie der restliche Klerus des Königreiches *sic quod clerus ubique infra regnum de cetero non in disparitate et differentia, sed uno jure unoque privilegio et libertate generali toti ordini clericorum indultis gauderet et uteretur*[51].

Ganz anders verlief die Entwicklung in Sodor. Bereits um 1331 gibt es Belege über die Ansprüche ‚der Kanoniker von Snizort und des Klerus

---

47 WATT, Fasti 202; DOWDEN, Bishops 287; CPL Clement VII, 130.

48 RMS II 479, Nr. 2264.

49 THEINER, Monumenta 314f., Nr. 638.

50 WATT, Fasti 131; DOWDEN, Bishops 364-368, 375f.; CPL Clement VII, 26, 70; CPL Benedict XIII, 151, 318. Selbst Papst Martin V. informierte York nicht mehr, als er 1422 einen Bischof für Galloway ernannte (CPL VII 287).

51 RMS II 35, Nr. 164. Vgl. auch unten S. 147 hinsichtlich der Repräsentation eines Bischofs von Galloway auf einer schottischen Provinzialsynode im Jahre 1420.

von Skye', die ausnahmsweise das Recht der Bischofswahl beanspruchten im Gegensatz zu dem traditionell zuständigen ,Klerus von Man', welcher 1349 und 1374 die gültigen Wähler stellte[52]. Wahrscheinlich wurde Bischof Michael im nördlichen Teil dieser weit zerstreuten Diözese als ein von der avignonesischen Obödienz Ernannter ab 1387 aufgenommen, obschon sein Rivale von der römischen Obödienz die Insel Man mit der Kathedrale in Peel in seiner Hand hielt. Erst um das Jahr 1421 herum gelang es Bischof Richard Payl, der seit 1410 auf Man amtierte, seinen Autoritätsbereich möglicherweise eine Zeit lang weiter nach Norden bis nach Iona auszuweiten. Als daher Papst Martin V. im April 1422 einen Schotten mit der Diözese, die als „Sodor in Scotland" bezeichnet wird, providierte, wurde dies nicht rechtswirksam[53]. Doch unternahm der Papst im Juni 1426 mit der Providierung des Angus de Insulis einen weiteren Versuch, den Bischofssitz ,Sodor bzw. die Inseln' zu besetzen, von dem es hieß, er sei direkt Rom unterstellt[54]. Obwohl es in Rom darüber zu einigen Debatten kam, die Angus im Februar 1428 persönlich beilegen musste, war er jedenfalls, als er Islay im Juni 1427 besuchte, im Besitz des Bistums. 1433 erwähnte er seine Kathedrale zu Snizort, und zu diesem Zeitpunkt hatte er sich eindeutig als Bischof einer separaten schottischen Inseldiözese etabliert, während zur selben Zeit eine Reihe englischer Bischöfe von Sodor als rechtmäßige Amtsinhaber der „Isle of Man" anerkannt wurden[55]. Als Martins Nachfolger Eugen IV. 1441 einen Bischof für die Inseln ernannte, sorgte er dafür, dass der Erzbischof von Trondheim in Norwegen in seiner Eigenschaft als Metropolit darüber unterrichtet wurde[56]. Dennoch dürfte man wohl seit der Zeit des Schismas den schottischen Bischofssitz ,der Inseln' als ebenso zur schottischen Kirche gehörig betrachtet haben wie schon den Bischofssitz Galloway.

Die dritte Diözese, die infolge des Schismas allmählich in die Einflusssphäre der schottischen Kirche geriet, war Orkney. Dies stellte allerdings insofern etwas Besonderes dar, weil dieser Teil des norwegischen Känigreiches unter dem Erzbischof und Metropoliten von Trondheim während des Schismas faktisch der Obödienz Urbans VI. und seiner Nachfolger die Treue hielt. Jedoch war die Grafschaft Orkney, zu der auch die Shetland-Inseln gehörten, obschon politisch ein Teil Norwegens,

---

52 WATT, Fasti 202.

53 WATT, Fasti 203.

54 CPL VII 478.

55 WATT, Fasti 203, 207. Noch Ende 1498 hoffte man in Schottland, dass die Kirche von Peel auf der „Isle of Man" eines Tages als Kathedralkirche einer wiedervereinten Diözese zurückgewonnen werden könne (ebd. 207).

56 CPL IX 225.

bereits seit der Mitte des 14. Jahrhunderts in den Händen schottischer Adelsfamilien, und die dortigen Bischöfe erfreuten sich mindestens seit Beginn des Jahres 1328 eines jährlichen Einkommens aus den Einkünften der zur schottischen Krone gehörigen freien Stadt Aberdeen[57]. Als 1384 der Bischofsstuhl von Orkney vakant wurde, ergriff Papst Klemens VII. sogleich die Gelegenheit, ihn durch Robert de Sinclair zu besetzen, der höchstwahrscheinlich zum Clan des damals regierenden Grafen Henry de Sinclair gehörte und der angeblich zuvor vom Domkapitel von Kirkwall erwählt worden war[58]. Zwar wurde er geweiht, doch konnte er niemals von seinem Bischofssitz Besitz ergreifen[59]. Nachdem eine Zeit lang – soweit bekannt – nur Bischöfe der römischen Obödienz den Stuhl von Orkney besetzt hatten, ernannte der avignonesische Papst Benedikt XIII. 1408, 1414 und 1415 jeweils Schotten für diese Diözese[60], die sich jedoch wahrscheinlich höchstens teilweise, wenn überhaupt, behaupten konnten. Nach Beendigung des Schismas besetzte Papst Martin V. den Bischofsstuhl von Orkney mit Thomas de Tulloch, der aus der Diözese Brechin stammte. Dieser und sein Nachfolger William Tulloch sollten sich dort von 1418 bis 1477 behaupten[61]. Zweifelsohne taten sie das als Untertanen des Königs von Dänemark und Norwegen, bis diese nördlichen Inseln in den Jahren 1468/69 politisch zu Schottland geschlagen wurden. Da beide indes schottischer Abstammung waren, so waren sie als Bischöfe auch den Schotten bald vertraut. Während ihres Episkopats ging die Diözese Orkney zunehmend in der schottischen Kirche auf.

Diese Ereignisse lagen allerdings noch in ferner Zukunft, als Walter Trayl Anfang 1386 vom Hofe Klemens' VII. aus Avignon zurückkehrte, um seine Ernennung als Bischof von St. Andrews anzunehmen. Als ehemaliger Auditor an der päpstlichen Kurie kam er mit der besonderen Fähigkeit nach Schottland zurück, gerichtliche Berufungen, welche die schottischen Bischöfe und andere Ordinarien am Apostolischen Stuhl einlegten, sowie durch delegierte bzw. subdelegierte Richter getroffene Entscheidungen anzuhören und darüber zu entscheiden[62]. Am 8. Januar 1389 ernannte er einen Kommissar, der ihm bei seiner Tätigkeit helfen sollte[63]. Das wird wohl dazu geführt haben, dass er als Bischof von St. Andrews

---

57 ER I 60, 90, u.ö.

58 CPL Clement VII, 101f.

59 WATT, Fasti 251; DERS., Dictionary 495f.

60 WATT, Fasti 252.

61 WATT, Fasti 252f.

62 CPL Clement VII, 116.

63 Registrum Monasterii S. Mariae de Cambuskenneth, ed. W. FRASER, Edinburgh (Grampian Club) 1872, 101-103, Nr. 77; vgl. 95f., Nr. 75 (mit falscher Datierung).

unter seinen bischöflichen Mitbrüdern eine besonders herausragende Position nach dem Tode des Kardinalslegaten Wardlaw einnahm. Er verstärkte auch die Justizverwaltung in seiner Diözese, indem er einen zweiten Beamten ernannte, der seinen Sitz im Archidekanat von Lothian, dem südlich des Firth of Forth gelegenen Teil der Diözese St. Andrews, nahm[64]. Höchstwahrscheinlich dürfte auch die in Lambeth MS enthaltene zweite Sammlung von Synodalstatuten[65] aus der Zeit seines Episkopates stammen, auch wenn allein gesichert ist, dass diese Sammlung dem 14. Jahrhundert angehört[66]. Diese Statuten knüpfen gewissermaßen an die älteren Synodalstatuten von 1242 an, und ganz offensichtlich hat die Person, von der diese Sammlung zusammengestellt worden ist, eine beträchtliche Anzahl von solchen Statuten, die in den Edikten der Provinzialsynoden ihren Ursprung hatten, für ihre Aufgabe herangezogen. Außerdem gab sie ihnen dadurch mehr Gewicht, dass sie bestimmte Punkte im Detail ausführte und spezifische Strafen für diejenigen festlegte, die zuwider handelten, so beispielweise gegen das Statut Nr. 142, wo die Bereitstellung eines Pfarrhauses angeordnet wird (vgl. Nr. 12), oder Nr. 143, welches das Verbot von Konkubinen enthält (vgl. Nr. 8); Nr. 144, welches Rücktritts- und Absetzungsschreiben anordnet (vgl. 14). Nr. 148 handelt über die Beichtväter von Klerikern (vgl. Nr. 16), Nr. 150 von der Klerikerkleidung (vgl. Nr. 10), Nr. 153 über die Verpachtung von Eigentum an Laien (vgl. Nr. 17), Nr. 154 verbot die Einmischung von Klerikern in weltliche Angelegenheiten (vgl. 22) und Nr. 157 untersagte das Eingreifen von Laien in die Angelegenheiten kirchlicher Gerichtshöfe (vgl. Nr. 55). Aus diesen Beispielen geht eindeutig hervor, dass die Gesetzgebung der Provinzialsynoden des 13. Jahrhunderts einem energischen Bischof gegen Ende des 14. Jahrhunderts, sofern es sich bei der Erlassung dieser Statuten tatsächlich um Bischof Trayl gehandelt hat, immer noch als Rahmen und Grundlage dienen konnte, dass aber einzelne Punkte ergänzt werden mussten, um diesen Statuten in der Praxis mehr Gewicht zu verleihen. In der Tat zeichnen diese Statuten das Bild eines überaus aktiven Diözesanbischofs, der

---

64 WATT, Dictionary 541; DERS., Fasti 325.

65 SES II 64-72, Nrr. 140-163.

66 Nr. 161 endet mit einer unvollständigen Datumsangabe. Das Exemplar, von welchem das gesamte Lambeth-Manuskript später abgeschrieben wurde, könnte durchaus für Bischof Trayl verfasst worden sein, wobei seine eigenen Statuten am Ende angefügt wurden. Dies könnte auch die Erklärung dafür liefern, warum auf zwei von Bischof Bernham stammende Statuten von 1242 (Nrr. 130 und 132) Bezug genommen wurde, und warum das Wort „officials" im Plural verwendet wurde. Der Schreiber verfolgte damit wohl die Absicht, seine Texte auf den neuesten Stand zu bringen, indem er in ähnlicher Weise bei den neuen Statuten den Plural verwendet hat (Nr. 140; vgl. Nrr. 144, 159, 161).

ständig Visitationen machte (Nrr. 142, 160), jährliche Konsistorien für den Klerus jedes Archidekanats abhielt (Nrr. 140, 144, 159, 160) und dabei von tatkräftigen Beamten assistiert wurde[67].

Es überrascht insofern auch nicht, wenn man Hinweise auf die Aktivitäten einer Provinzialsynode zu einer Zeit findet, als Trayl dort als Bischof wirkte. So dürfte es zu einer Zusammenkunft gekommen sein, bei der er zum Konservator bestimmt wurde. Dieses Treffen wird in die Zeit vor den 18. Juli 1388 zu datieren sein, da Trayl damals als *privilegiorum et jurium ecclesie Scoticane conservator* fungierte. William de Busby OSB, ein Mönch aus dem Priorat Urquhart in der Diözese Moray, appellierte damals in der Kathedrale von Elgin im Namen seines Priorats und anderer gegen die Einsetzung eines gewissen John Mason, eines Mönchs aus Dunfermline, zum Prior von Urquhart am 11. Juli durch Bischof Alexander Bur von Moray. Der Grund der Anzeige war, dass dieses Amt damals noch durch den Prior Adam de Hadyngton besetzt und somit überhaupt nicht vakant war. Diese Appellation wurde durch den gelehrten Kirchenrechtler William de Spyny bezeugt[68] und basierte wohl auch auf einer ausreichenden Rechtsbegründung; denn am 16. August 1388 gab Bischof Bur sein Einverständnis, diese Angelegenheit voranzuteiben[69]. Interessanterweise hatte man sich an Bischof Trayl in seiner Eigenschaft als Konservator und nicht als denjenigen gewandt, der dazu bestimmt war, Appellationsfälle der schottischen Bischöfe nach Rom zu bringen. Dies beweist die nicht zu bestreitende und angeblich auf Gewohnheitsrecht basierende juristische Seite des Konservatorenamtes in einem Fall, der ganz offensichtlich allgemeine Fragen in Sachen Kirchenrecht aufgeworfen hat, wie etwa

---

67 Unter Nr. 164 enthält die Sammlung ein Statut, dass die Art und Weise, wie Schulden beglichen werden müssen, wenn eine korrumpierte Ortskirche sich wieder mit dem Bischof auszusöhnen hatte, regelt. Dieses Statut findet sich alleinstehend auch in MS Ethie (auf fol. 14), allerdings von anderer Hand als der des Kodex-Schreibers aus dem 13. Jahrhundert. Es ist durchaus möglich, daß dieses Statut im 14. Jahrhundert hinzugefügt wurde (wie SES I, S. CXCIII Anm. 2 vorschlägt) und als Statut von St. Andrews galt, jedoch weiß man nichts Bestimmtes darüber.
Zwei Synodalstatuten aus der Diözese Moray hinsichtlich eines von Holzfällern und Müllern zu entrichtenden Zehnten sind aus einem ‚Generalkapitel‘ bekannt, welches ‚am 6. März 1370 in Elgin abgehalten wurde‘ (Moray Registrum 167f., Nrr. 151-152).
Am 23. Februar 1351 wurden für Sodor einige Synodalstatuten erlassen (CHENEY, Manx Synodal Statutes VII 86-89; VIII 60-63). Sie sind deshalb erwähnenswert, weil sie mit derselben Präambel beginnen, wie sie bereits Bischof Bernham von St. Andrews 1242 benutzt hatte. Einige davon behandeln in etwas ausgeprägterer Weise solche Themen, die in den Provinzialstatuten Nrr. 3, 4, 5, 6 und 12 vorkommen, jedoch nur begrenzt denselben Sprachgebrauch aufweisen. Das letzte Statut zitiert das Zweite Konzil von Lyon, und zwar Kanon 25 (COD[3] 328; TANNER, Decrees 328f.).

68 WATT, Dictionary 503-506.

69 Moray Registrum 350f., Nrr. 267-268.

die Frage, unter welchen Umständen eine Klosterprälatur – juristisch korrekt – als vakant zu betrachten ist. Demnach basierte das Amt des Konservators mehr auf seiner juristischen Kompetenz als auf einigen nachweisbaren Leitungsfunktionen in der Provinzialsynode. Wir wissen nicht, wie Bischof Trayl in diesem Fall verfahren ist[70]. Wie es scheint, hat er zugunsten des Antragstellers entschieden, da nämlich Prior Hadyngton im Amt blieb. Doch dann zerstritt sich Busby mit Hadyngton, und am 23. Januar 1391 erlangte er einen Brief der Krone, in dem von Bischof Bur in ungewöhnlicher Form gefordert wurde, Hadyngton als Prior durch ihn selbst, Busby, zu ersetzen[71]. Diese Entwicklung der Ereignisse führte zu einer Beschwerde des Klerus, der auf dem nächsten königlichen Parlament im März 1391 zusammenkam, als Bischof Trayl selbst dort anwesend war[72]. Der König ordnete damals die Annullierung seines früheren Briefes, die Wiedereinsetzung Hadyngtons als Prior und ein Disziplinarverfahren gegen Busby durch Bischof Bur unter Mithilfe der örtlichen königlichen Beamten an, falls er diese benötigen sollte[73]. Für den Klerus zeigte es sich eindeutig als Vorteil, über das Parlament einen Zugang zum König zu haben; auf diese Weise besaß er die Möglichkeit, in einem Fall Recht zu bekommen, in dem die Machtbefugnisse der Krone fälschlich eingesetzt worden waren. Man beachte an dieser Stelle auch, dass unabhängig davon, wer das Amt des Konservators 1391 bekleidete, es offensichtlich seit Mitte des 14. Jahrhunderts der gängigen Praxis entsprach, dass der Konservator, soweit Repräsentanten des Klerus im Parlament erschienen, normalerweise als deren Leiter oder sogar als Sprecher des Klerus betrachtet wurde[74].

Man weiß nicht, ob Bischof Trayls Sonderbefugnis, im Namen des Papstes in erster Instanz entscheiden zu können, unter Benedikt XIII., nachdem dieser 1394 den Thron bestiegen hat, verlängert wurde[75]. Wenn dem so war, dann dürfte es sein bevorstehender Tod gewesen sein[76], aufgrund

---

70 Die Resumees dieses Falles in SES I, S. LI Anm. 4, und in NICHOLSON, Later Middle Ages 238, sind beide falsch.

71 Moray Registrum 351f., Nr. 269 (Man beachte die fast zeitgenössische Rubrik: *Litera indiscreta in defectu notarii*!).

72 APS I 577-579.

73 Moray Registrum 352f., Nr. 270 (Die Rubrik erklärt den königlichen Akt als *juxta canonem Si De Prebendis*, was möglicherweise Bezug auf Clem. 2.1. [CIC II 1158] nimmt.)

74 SES I, S. LIII Anm. 1. Dieses Dokument aus dem Jahr 1356 bezieht sich auf eine Parlamentssitzung, die in der Zeit zwischen 1338 und 1350 abgehalten wurde (vermutlich zwischen 1341 und 1346, während König David II. in Schottland weilte). Damals wurde eine gewisse Angelegenheit *in presentia Conservatoris et cleri et ... procerum* vorgebracht.

75 Vgl. CPL Benedict XIII, 60, 63.

76 Trayl starb irgendwann zwischen dem 5. März und dem 1. Juli 1401 (WATT, Dictionary 542).

dessen sich das Parlament am 21. Februar 1401 gezwungen sah, gewisse Notstandsgesetze zu verabschieden[77]. Es waren dies besonders schwierige Zeiten für die Ausübung der päpstlichen Macht. Die Franzosen hatten Papst Benedikt im Juli 1398 den Gehorsam aufgekündigt, ein Schritt, dem Schottland – jedoch aus unbekannten Gründen – nicht folgte. Schottlands Kontakte zu diesem Papst waren allerdings auf das Äußerste beschränkt, da dieser bis zu seiner geglückten Flucht im März 1403 von französischen Truppen in seinem Palast in Avignon belagert wurde[78]. Das Schisma hatte in Schottland ganz praktische Auswirkungen auf die kirchliche Gerichtsbarkeit, insbesondere wenn niemand kraft päpstlicher Autorität letztinstanzlich handeln konnte, der in Schottland ansässig war. Mit Zustimmung des Klerus verabschiedete daher das Parlament ein Gesetz, das besonders solche Fälle betraf, bei denen die Rechtmäßigkeit einer Exkommunikationsstrafe durch irgendwelche Vasallen des Königs in Frage gestellt wurde. Er konnte von dem *judex*, der das entsprechende Urteil erlassen hatte, an den *Conservator Cleri* appellieren, der die Angelegenheit interessanterweise mit seinen Beratern (*cum suo consilio*) zu behandeln hatte. In nächster Instanz konnte ein weiterer Einspruch *ad generalem cleri congregacionem* erfolgen, womit offenbar die Provinzialsynode gemeint war, obschon sich diese präzise Bezeichnung an keiner anderen Stelle findet. Für die Dauer des Schismas wurde also dort in letzter Instanz entschieden. Dies war sicher zunächst als eine vorläufige Lösung gedacht, die sich allerdings in der Praxis bewährt hat, da Appellationen an die Kurie damals de facto nicht durchführbar waren. Jedoch sind die allgemeineren Implikationen dieser Entwicklung durchaus zweideutiger Natur[79]. War es in der Tat so, dass der normale, d.h. dem kanonischen Recht entsprechende Weg, Berufungen gegen das bischöfliche Diözesangericht bei der Kurie einzulegen, sofern das Bistum Rom direkt unterstand, vorläufig durch einen internen Appelationsweg ersetzt wurde, was eben nicht dem normalen Procedere entsprach? Oder – da es sich bei dem Gegenstand der Appellation um eine in Frage gestellte Exkommunikation handelte (und viele Provinzstatuten legten für diesen Bereich allgemein verbindliche Regeln fest) – finden wir hier ein Beispiel für eine üblicher-

[77] APS I 576. Trayl war in dieser Parlamentssitzung zugegen (SHS.Misc. V 46f.).

[78] Selbst *littere communes* für Schottland schienen zwischen November 1398 und Oktober 1402 nicht erhältlich gewesen zu sein. Vgl. CPL Benedict XIII, 89-93, wo lediglich drei päpstliche Urkunden zugunsten schottischer Empfänger aus dieser Zeit verzeichnet sind, welche zur völligen Ausführung gelangten. Doch selbst diese Urkunden können durchaus in späterer Zeit rückdatiert worden sein.

[79] Es ist zu einfach, diese Umstände lediglich als „secular interference in ecclesiastical matters“ zu betrachten (NICHOLSON, Later Middle Ages 238).

weise praktizierte Prozedur bei Einsprüchen, welche denen offen stand, die der Meinung waren, dass die Statuten der Provinzialsynode falsch interpretiert würden, mit der nur vorläufigen Einschränkung, dass diese Angelegenheiten einstweilen als erledigt zu gelten hatten, nachdem sie auf synodaler Ebene behandelt worden waren, was eine weitere Appellationsmöglichkeit ausschloss? Es gibt keine verbindliche Auslegung für diesen Text; es gibt auch keinen Beleg aus früherer Zeit dafür, dass der Konservator sich der Synode bediente, um hinsichtlich seiner gerichtlichen Befugnisse Rat einzuholen[80], noch dafür, dass aufgrund seiner zwischen den einzelnen Plenarsitzungen getroffenen Entscheidungen Einsprüche eingingen, die man bei Zusammentritt der ganzen Synode vorbrachte. Es ist allerdings anzunehmen, dass beides vorgekommen ist. Es könnte sich hierbei durchaus um eine Illustration dessen handeln, wie der juristische Apparat, in den Konservator und Provinzialsynode eingebunden waren, funktionierte.

Es gibt ein etwas Verwirrung stiftendes Dokument für die Zusammensetzung der Synode, das aus den neunziger Jahren des 14. Jahrhunderts zu stammen scheint. Dabei handelt es sich um ein formelles Schreiben, welches ursprünglich wohl von einem nicht namentlich genannten Bischof von Moray in seiner Eigenschaft als *conservator consilii Scoticani* versandt wurde. Es handelte sich dabei um eine Einladung zur Provinzialsynode, die im Dominikanerkloster von Perth an einem bestimmten Tag im Oktober (dem Mittwoch nach dem Fest des hl. Lukas) zusammentreten sollte, wobei das Jahr jedoch nicht genannt wird[81]. Korrekterweise nahm man an[82], dass dieser Brief voraussetzt, dass zuvor eine Provinzialsynode stattgefunden haben muss, bei der ein Bischof von Moray zum Konservator gewählt wurde, ebenso eine weitere, für die er jetzt einlud. Das genaue Jahr konnte bislang aber noch nicht mit Sicherheit identifiziert werden. Joseph Robertson schlug vor, dass die zweite Synodensitzung „about 1390" datiert werden sollte. Dies würde zeitlich kurz nach dem Brand der Kathedrale von Elgin fallen, welchen der Earl von Buchan, der sog. Wolf von Badenoch, im Juni 1390 verursacht hatte[83]. So nimmt denn der Bischof in seiner Präambel auf die Lasten (*onera*) Bezug, die man damals den Kirchen in seiner Gegend (*in partibus nostris*) auferlegt hatte. Dieser zeitliche Rahmen scheint wohl etwas zu eng gespannt zu sein; man sollte sich lediglich auf die Annahme beschränken, dass die Synode irgendwann in dem Zeitraum von 1390 bis 1397 einberufen wurde, also in den letzten

[80] Vgl. oben S. 89f.
[81] Moray Registrum 375, Nr. 295.
[82] SES I, S. LXXVII.
[83] Vgl. Chron.Bower VII 447.

Regierungsjahren von Bischof Alexander Bur[84] oder möglicherweise in den ersten Jahren seines energischen Nachfolgers William de Spyny (1397-1406)[85]. Wie auch immer die Frage der Datierung zu lösen ist, liegt doch das Hauptinteresse dieser Synodeneinberufung bei der Bestimmung, wer denn überhaupt zur Synode geladen werden sollte. Jeder Bischof hatte die höheren Würdenträger seiner Diözese sowie ‚geeignete Repräsentanten der Domkapitel, Kollegien und Konvente' (*capitulorum collegiorum et conventuum procuratoribus ydoneis*) mitzubringen. Dies kontrastiert auffällig mit älteren Belegen, die keinerlei Hinweise auf derartige reguläre repräsentative Elemente enthalten, die eher für die Provinzialsynoden in England und auf dem Kontinent typisch waren[86]. Es scheint so, dass erste Versuche einer repräsentativ Vertretung des Klerus im Zusammenhang mit finanziellen Konzessionen im Parlament in der Mitte des 14. Jahrhunderts[87] zu einer Ausweitung des Kreises der Kleriker geführt haben, die zu Provinzialsynoden einzuladen waren. Neben den *ex officio* zur Teilnahme aufgeforderten Würdenträgern – den höheren und niederen Prälaten – werden nun auch die Repräsentanten klerikaler Körperschaften, also der Kathedralkapitel, Kollegiatskirchen und Klöster, miteinbezogen, nicht jedoch Vertreter des Pfarrklerus. In den neunziger Jahren des 14. Jahrhunderts scheint sich dieser Usus jedenfalls eingebürgert zu haben, selbst dann, wenn sich die Tagesordnung der Synodensitzungen nicht spezifisch mit Finanzfragen befasste.

Eine weitere ergänzende Erklärung der synodalen Vorgangsweise erhalten wir durch das frühest überlieferte Protokoll einer Synodensitzungen, das uns erhalten ist. Dieses berichtet über das Procedere einer Sitzung des *Synodus Provincialis et Consilium cleri regni Scotie*, welche am 16. Juli 1420 in der Dominikanerkirche zu Perth abgehalten wurde[88]. Erstmals wird darin – nach fast 200 Jahren ihres Bestehens – das Bild von Zusammensetzung und Ablauf einer Synode gezeichnet, welches mit den spärlichen Hinweise, die oben erörtert wurden, verglichen werden kann. Sechs Bischöfe (Dunblane, St. Andrews, Glasgow, Dunkeld, Aberdeen und Brechin) waren persönlich anwesend, während vier weitere Prokuratoren entsandten (Moray, Galloway, Caithness und der für Ross erwählte Bischof)[89]. Interessanter-

---

[84] WATT, Dictionary 70; vgl. oben S. 92.

[85] WATT, Dictionary 503-506, bes. 506.

[86] Vgl. oben S. 85f., 100f., 127f.

[87] Vgl. oben S. 131f.

[88] Brechin Registrum I 38-40, Nr. 29; SES II 77f., Nr. 166; PATRICK, Statutes 80-82, Nr. 166.

[89] Es handelte sich dabei um John Bulloch, der offensichtlich im darauffolgenden Monat geweiht wurde (vgl. Moray Registrum 475 Anm. 23), obschon er von Martin V. bis zum 1. Februar 1423 nicht anerkannt worden war (WATT, Fasti 268).

weise befindet sich unter ihnen auch der Bischof von Galloway[90], während Bischof Finlay de Albany von Argyll wahrscheinlich noch nicht von seiner Weihe am päpstlichen Hof in Florenz zurückgekehrt war, die früher im Jahr stattgefunden hatte[91]. Auf den Inseln war damals möglicherweise kein einziger Bischof im Amt, der von der schottischen Krone anerkannt wurde[92]. Fünf Klostervorsteher aus St. Andrews, Cambuskenneth, Lindores, Coupar Angus und Newbattle sowie weitere acht Prokuratoren für Dunfermline, Kelso, Melrose, Holyrood, Arbroath, Jedbourgh, Dryburgh und Paisley waren anwesend[93]. Die übrigen Teilnehmer werden nur ganz allgemein beschrieben: ,sehr viele Dekane, Archidiakone, Klostervorsteher und ein größerer Teil der Kleriker, die gewöhnlich zum Konzil und zu den Generalsynoden geladen werden'. Die Zusammensetzung der Synode scheint seit dem 13. und 14. Jahrhundert nicht geändert worden zu sein: es handelte sich in erster Linie noch immer um eine Versammlung der höheren und niederen Prälaten, die von Amts wegen zur Teilnahme berechtigt waren; dazu kamen noch ein paar niedere Kleriker, die zum damaligen Zeitpunkt durchaus die Repräsentanten religiöser Körperschaften gewesen sein könnten[94].

Außerdem erfahren wir einiges über die Stellung, die der Konservator bei der Synode einnahm. Sein Titel wird als *Conservator Privilegiorum* wiedergegeben[95]. Wir wissen nicht, welcher Bischof dieses Amt gerade innehatte, wer daher die Synode einberufen und die Eröffnungszeremonien abgehalten hatte[96]. Bekannt ist hingegen, dass Bischof William Stephenson von Dunblane[97] zu dessen Nachfolger als Konservator gewählt wurde, was offensichtlich – wenn das Latein des Notars eine genaue Ausdeutung dieser Passage zulässt – nur durch die Bischöfe und die Vertreter der abwesenden Bischöfe geschah[98]. Es ist ersichtlich, dass diese Wahl nach der Eröffnungsansprache stattgefunden hat und dass der neue Kon-

---

[90] Vgl. oben S. 138.

[91] WATT, Dictionary 4f.

[92] Vgl. oben S. 139. Auf alle Fälle betrafen einige der Programmpunkte dieser Synodensitzung, wie zum Beispiel die bischöflichen Rechte in testamentarischen Rechtsangelegenheiten, die Inseldiözese gar nicht, wo bis 1552 nach norwegischen Rechtsgepflogenheiten verfahren wurde (SES II 130 Anm. 243).

[93] Es handelt sich dabei um alle Klöster, die im 12. Jahrhundert gegründet worden waren, die jedoch nicht in besonderer Rangfolge aufgelistet scheinen.

[94] Vgl. oben S. 146.

[95] Vgl. oben S. 87, 121, 142 hinsichtlich Variationen dieses Titels.

[96] Vgl. oben S. 88.

[97] WATT, Dictionary 506-509, Stichwort „Stephani".

[98] Vgl. oben S. 87f.

servator von da an definitiv der Synode vorstand. Das mag wohl seit langem so Usus gewesen sein, doch war es bis zu diesem Zeitpunkt nicht möglich, einen Beleg dafür anzuführen[99]. Man begann mit der Verlesung der Statuten und Privilegien, was vielleicht nichts weiter als die Verlesung der Akten jüngst abgehaltener Synodensitzungen bedeutete[100]. Danach führte der Konservator den zentralen Gegenstand der Verhandlungen ein, um den es auch in der erhaltenen Quelle geht, welche lediglich als Kopie des Originals in einem Register der Kathedrale von Brechin erhalten ist. Konkret ging es um eine Revision der traditionellen Jurisdiktion der Bischöfe und anderer Ordinarien bei der Verwaltung des persönlichen Eigentums verstorbener Personen, die bei ihrem Tod ein Testament hinterlassen hatten, aber auch dann, wenn ein Testament fehlte. Die führenden Mitglieder des Klerus einer jeden Diözese wurden nun aufgefordert, in dieser Angelegenheit unter Eid als Zeugen auszusagen. Diese Aussagen wurden miteinander verglichen und zu einem Bericht zusammengefasst, der die längst gängige Praxis bestätigte und überdies festlegte, wie die Gerichtsgebühren zu bestreiten wären. Man gewinnt aus der Darstellung der gewählten Vorgehensweise den Eindruck, dass sich der letztlich gefasste Beschluss, die vorangegangene Definition, aus der sog. Diskussion ergeben habe, doch kann durchaus von Anfang an der Entwurf eines Dokumentes hinsichtlich solch einschlägiger Bestimmungen als Basis für die Diskussion existiert haben. Der Konservator bestimmte, dass die Definition des Brauchs weiterhin sowohl vom Klerus als auch vom Volk beachtet werden sollte. Die anwesenden Bischöfe fügten diesem notariellen Bericht ihre Siegel hinzu, und zwar *cum congregatione Synodi,* was wohl ‚im Namen der Synodenversammlung‘ bedeutete. Damit erhalten wir ein klares Bild, wie die Provinzialsynode arbeitete, wenn sie zum allgemeinen Wohl aller der sie konstituierenden Diözesen etwas entschied, das vielleicht in einigen Diözesen unterschiedlich gehandhabt wurde oder worüber mancherorts gewisse Zweifel bestanden haben mögen. Diese Verfahrensweise war zweifellos notwendig, um eine gemeinsame Definition für das gesamte Königreich zu erzielen. Indes ist uns lediglich eine einzige Kopie eines mit Siegel unterzeichneten notariellen Dokumentes erhalten geblieben, weil es, wie der Zufall es wollte, als einziges in das Register an einem Diözesansitz abgeschrieben wurde. Es wurde indes, soweit man

---

99 Vgl. oben S. 88f., 121.

100 Vgl. oben S. 88f. bezüglich einer Interpretation des Modus Procedendi des 13. Jahrhunderts, der im Licht dieser Beweisstücke falsch sein könnte, denn es findet sich hier nichts über eine Exkommunikationszeremonie in Verbindung mit der Verlesung der Statuten.

weiß, kein Register der Provinzialsynode angelegt. Auch existierte natürlich kein ständiges Sekretariat, da die Inhaber des Konservatorenamts regelmäßig wechselten. Es gab aber vielleicht irgendwo eine Truhe, in der die mit Siegel unterzeichneten Originalkopien derartiger *acta* und solcher ,Statuten' und ,Privilegien' aufbewahrt wurden, die man auf den Synodensitzungen vorlas und die als Referenz dienten. Möglicherweise befand sich besagtes Archiv sogar in der Blackfriar-Kirche zu Perth, jedoch bleibt dies alles pure Spekulation. Es gibt jedenfalls keinerlei Hinweise darauf, und unsere Kenntnis über die Aktivitäten dieser Synoden basiert konkret auf nur einem einzigen erhaltenen Dokument, welches vielleicht die verschiedenen Vorgangsweisen, wie die Synode die ihr vorgelegten Probleme insgesamt behandelte, nicht ganz objektiv wiedergibt.

Einige etwas allgemeinere Hinweise über Wesen und Zweck der Provinzialsynode erhalten wir aus einem Brief, den Prior James de Haldeston von St. Andrews etwa hundert Jahre später am 3. Juni – eine Jahreszahl wird nicht angegeben, jedenfalls während seiner Amtszeit von 1418 bis 1443 – schrieb[101], wobei er einem namentlich nicht genannten Konservator antwortete[102]. Dieser hatte ihn wohl hinsichtlich der Einberufung eines *consilium cleri* konsultiert und ihn gebeten, die Eröffnungsansprache zu halten. Haldeston willigte ein und drängte auf die althergebrachte Strenge[103], indem er gesichert wissen wollte, dass die Prälaten und niederen Kleriker, die zu dieser Versammlung kommen sollten, diesmal so schnell wie möglich und in geziemendem Aufzug erscheinen mögen. Die Betonung liegt auf dem ,der Gewohnheit entsprechenden Ort und Zeitpunkt', womit wahrscheinlich Perth als Ort und der Monat Juli hinsichtlich des Zeitpunktes gemeint waren, auch wenn die anderen bekannten Provinzialsynoden zwischen 1408 und 1472 ebenfalls in Betracht gezogen werden müssen. Der Zweck einer solchen Versammlung wird folgendermaßen wiedergegeben: ,zum Schutz und zur Wiederherstellung der Privilegien der schottischen Kirche sowie zur umfassenden Reform an Haupt und Gliedern, das heißt, der höheren und des niederen Prälaten und der diesen Unterstellten'. Haldeston scheint demnach einem unbekannten

---

101 St. Andrews Copiale 104f., Nr. 57.

102 Vielleicht verweist der Satz *conservabitis alme vestre professionis honorem* auf Bischof John Bulloch von Ross (1418-1439/40), der in St. Andrews demselben Augustinerchorherrenstift angehört hatte wie Haldeston (WATT, Fasti 268; vgl. WATT, Dictionary 52, Stichwort „James Biset", Paragraph 6).

103 Vgl. den Satz: *sicut facere consueverant temporibus retroactis*, der so eher allgemein verstanden wird, anstatt ihn als einen Neuanfang zu interpretieren (vgl. St. Andrews Copiale 445, mit Baxters Kommentar, der eine Datierung auf das Jahr 1420 vorschlägt).

Konservator, der seinen Rat suchte, Richtlinien an die Hand zu geben und ihm zugleich Mut zuzusprechen. Gleichzeitig bewahrte er eine Abschrift dieses Antwortbriefes auf, da ihm die Art gefiel, wie er diesen verfasst hatte. Es handelt sich hier also um die Ansicht eines Einzelnen darüber, wie die Provinzialsynode abgehalten werden sollte und aus welchen Gründen, obschon es nicht mehr möglich ist, das genaue Jahr auszumachen, in dem der Brief abgefasst wurde.

Außerdem existiert die zufällige Erwähnung einer Synodenzusammenkunft in der Blackfriar-Kirche zu Perth vom 18. Juli 1408, weil nämlich damals, als die Synode zusammentraf, formal eine bedeutende Resignation über Ländereien in der Grafschaft Aberdeen und anderswo durch deren Erbin Elizabeth de Gordon veranlasst wurde. Das Ziel war wohl, größtmögliche Publizität für ihre Bereitschaft zu erlangen, ihrem Gatten Alexander de Seton zwei Tage später gemeinsam mit ihr einen Verfügungstitel über diese Ländereien zukommen zu lassen. Soweit wir wissen, waren sechs Bischöfe (aus den Diözesen St. Andrews, Aberdeen, Dunkeld, Moray, Dunblane und Ross) sowie der Prior von St. Andrews, die dort als Zeuge für diese Transaktionen fungierten, bei diesem Akt anwesend. In Vertretung des jungen Königs Jakob I., der sich in England in Gefangenschaft befand, hielt damals auch Herzog Robert von Albany als Statthalter („governor") von Schottland eine separate Ratsversammlung in Perth ab. Zweifelsohne hatte er diese Landübereignung veranlasst[104]. Albany wird durch seinen Zeitgenossen, den Chronisten Wynton, als einer beschrieben, der die Lollarden und Ketzer hasste[105], und diesen Ruf hatte er sich höchstwahrscheinlich zurecht verdient, da er führende Kleriker dazu ermutigte, gerichtlich gegen den Engländer James Resby vorzugehen und ihn zu verurteilen, weil er den Lehren von Wycliff anhing. Unter dem Schutz des weltlichen Arms erlitt Resby anschließend den Tod auf dem Scheiterhaufen. Es war dies der erste bekannte Fall einer Ketzerverbrennung in Schottland. Der Prozess hatte in Perth unter der Leitung des Theologen und Inquisitors Laurence de Lindores auf einer Klerusversammlung (*in consilio cleri*) stattgefunden[106] und wird auf „1408",

---

[104] Scottish Record Office, Calendar of Gordon Castle Writs (GD.44, Nr. 4; das Originaldokument fehlt); RMS I 383f., Nr. 905. Dies war wohl eine vollständige Liste der an der Synode teilnehmenden Bischöfe. Die beiden neu ernannten Bischöfe von Brechin und Glasgow weilten damals wahrscheinlich gerade im Ausland (WATT, Dictionary 198, 332); die Bischöfe von Argyll und den Inseln hielten beide zum „Lord of the Isles" und werden daher wohl Albany in jener Zeit eher aus dem Wege gegangen sein (vgl. ebd. 287f.; WATT, Fasti 202); wo sich damals die Bischöfe von Caithness und Galloway gerade aufhielten, ist unbekannt (WATT, Dictionary 379f.; DOWDEN, Bishops 366f.).

[105] Chron.Wynton VI 417.

[106] Vgl. WATT, Dictionary 343-345.

genauer in den Zeitraum zwischen dem 25. März 1408 und dem 24. März 1409, datiert[107]. Höchstwahrscheinlich war dieser Prozess das zentrale Thema der Provinzialsynode, die am 18. Juli 1408 zusammentrat. Es ist dies das erste Beispiel für einen neuen Handlungsbereich der Synode[108]. Es überrascht kaum, dass ein Ketzerprozess von solcher Bedeutung und auf einer so ungewohnten Basis nicht gerade das war, was ein einzelner Bischof im Alleingang hätte unternehmen wollen. Die von dem Statthalter unterstützte Provinzialsynode sorgte für das Forum, welches im ganzen Land Rückhalt fand. Es dürfte noch einen weiteren Häresieprozess gegeben haben, der 1420 oder 1422 ebenfalls zu einer Hinrichtung führte[109], auch wurde im Juli 1433 dem Prager Hussit Pavel Kavar in St. Andrews der Prozess gemacht[110]. Wiederum leitete Laurence de Lindores die Verhandlung. Ob solche Prozesse aber im Verlauf weiterer Synodensitzungen geführt wurden, ist nicht bekannt. Danach wurden jedenfalls bis zum Ende des 15. Jahrhunderts in Schottland keine weiteren Ketzerprozesse von größerer Bedeutung mehr veranstaltet[111].

Seit Ende 1408 war auch Schottland in höherem Maß in das internationale diplomatische Geschehen eingebunden, welches die sog. konziliare Epoche der ersten Jahrzehnte des 15. Jahrhunderts einläutete. Die Diözese St. Andrews wurde inzwischen von Henry de Wardlaw, einem Neffen des vormaligen Kardinals, geleitet. Er war ebenfalls – wie sein Onkel – ein Anhänger der avignonesischen Obödienz, die jetzt Benedikt XIII. als ihr Oberhaupt anerkannte. Benedikt war es auch, der die Besetzung des Bischofsstuhles von St. Andrews durch Wardlaw durchsetzte, während dieser als treuer Anhänger am päpstlichen Hof weilte[112]. In Schottland wurde er akzeptiert. Nahezu zwanzig Jahre lang war er nun Kollege von Bischof Gilbert de Grenlaw von Aberdeen, der selbst bei seiner Ernennung 1403 der örtliche Favorit für den Bischofsstuhl von St. Andrews gewesen war. Gilbert war ein enger Vertrauter des Herzogs von Albany und sollte dies auch bleiben; länger als vierundzwanzig Jahre diente er ihm als Kanzler von Schottland (1397-1421)[113]. Diese beiden Männer dürften sich sehr dafür eingesetzt haben, dass Schottland – länger

---

107 Chron.Bower VIII 67-73; vgl. L. MOONAN, in: The Innes Review 27 (1976) 9 Anm. 15, hinsichtlich einer korrekten Datierung (vgl. aber auch Glasgow Registrum II 316, wo wahrscheinlich irrtümlicherweise das Jahr „1407" vorgeschlagen wird).

108 Vgl. PATRICK, Statutes XLV (falsche Datierung).

109 J. A. F. THOMSON, The Later Lollards, Oxford 1965, 203.

110 Chron.Bower VIII 277.

111 NICHOLSON, Later Middle Ages 561f.

112 WATT, Dictionary 566f.

113 WATT, Dictionary 237f.

als man es irgendwo anders in Europa für vorteilhaft ansah – Papst Benedikt unverbrüchlich die Treue hielt. Wardlaw erfreute sich gewisser Vollmachten als in Schottland ansässiger päpstlicher Legat Benedikts, Vollmachten, die er zumindest von Juni 1410 an für zwei Jahre oder mehr besessen hat[114]. Gegen Ende 1408 kehrten auch die beiden anderen neu ernannten Bischöfe nach Schottland zurück, die offensichtlich nicht bei der im Juli gehaltenen Synodensitzung dabei sein konnten. Es waren dies Bischof Walter Forrester von Brechin, der als „clerk of the rolls and registers" (1403-1425) ebenfalls mit der Regierung Albanys auf Engste verbunden war[115], und Bischof William de Lawedre von Glasgow, der Albany als Diplomat gedient hatte und der wahrscheinlich auch maßgeblich dafür gesorgt hatte, dass Forrester von der Kurie Benedikts bestätigt wurde[116].

Diese vier Bischöfe waren es, die damit beschäftigt waren, eine Antwort auf die beiden Einladungsschreiben zu den parallel einberufenen allgemeinen Konzilien von Pisa und Perpignan zu verfassen, die inzwischen eingegangen waren. Benedikt hatte seine Konzilseinladung an den schottischen König und an den Klerus gesandt. Dieses Schreiben war mit Datum vom 15. Juni 1408 in der üblichen Form abgefasst und forderte die Anwesenheit von Repräsentanten auf der für November 1408 in Perpignan (heute in Südfrankreich, unweit der spanischen Grenze gelegen; damals gehörte es zur Krone Aragóns, der Heimat Benedikts) vorgesehenen Synode[117]. Zwar war die Vorbereitungszeit sehr knapp bemessen, dennoch wäre es eigentlich normal gewesen, dass sich die Provinzialsynode damit befasst und erörtert hätte, wer von den Bischöfen zum Konzil gehen solle. Es entzieht sich unserer Kenntnis, ob dies geschehen ist oder nicht. Allerdings zog das Konzil während seiner Sitzungsperioden, die vom 15. November 1408 bis zum 26. März 1409 dauerten, nur eine geringe Zahl von Teilnehmern an[118], und es ist nicht bekannt, ob schottische Bischöfe daran teilgenommen haben. Den König und das Königreich Schottland vertrat indes Simon de Mandeville, Archidiakon von Glasgow, der am Hofe Benedikts als Auditor tätig war[119]. Schon dies verdeutlicht, wie beschränkt die politische Anziehungskraft Benedikts damals war, obgleich während der Dauer des Konzils auch weiterhin persönliche

[114] Vgl. CPL Benedict XIII, 224-226.
[115] WATT, Dictionary 198f.
[116] WATT, Dictionary 332.
[117] CPL Benedict XIII, 176f.
[118] DELARUELLE, L'église I 143.
[119] ALKG 7 (1900) 671, 691; vgl. WATT, Dictionary 380-382, Stichwort „Mandeville".

Angelegenheiten, die einzelne Schotten betrafen, durch die päpstliche Kanzlei erledigt wurden[120]. Jedenfalls war es nicht so, dass Perpignan von Schottland aus unerreichbar gewesen wäre, weil man in Frankreich, dessen Regierung im Mai 1408 Benedikt die Anerkennung als Papst entzogen hatte, entsprechenden Reisebeschränkungen unterlegen hat[121].

Doch gab es andere Komplikationen, die von Frankreich her ihre Schatten auf Schottland warfen, und sich sehr wohl auf die geringe schottische Präsenz in Perpignan ausgewirkt haben könnten. Jene Kardinäle, die inzwischen Gregor XII., den Papst der römischen Obödienz, wie auch Benedikt XIII. verlassen hatten, beriefen im Juli 1408 kraft eigener Autorität ein allgemeines Konzil nach Pisa ein, dessen Beginn sie auf den 25. März 1409 festsetzten. In der Tat trat dieses Konzil auch zusammen. Man wählte mit Alexander V. einen dritten Papstprätendenten, bevor sich das Pisanum am 7. August 1409 auflöste[122]. Die Kardinäle, die ehemals Benedikt anhingen, baten nun König Karl VI. von Frankreich, er solle versuchen, die Schotten dazu zu bringen, Repräsentanten zu diesem Konzil zu entsenden[123]. Die von der französischen Regierung am 27. Oktober 1408 für Robert l'Heremite erlassenen Instruktionen bezüglich der mit Albany und dem schottischen Klerus aufzunehmenden Verhandlungen in dieser Angelegenheit existieren[124]. Damit stellt sich die Frage, ob vielleicht aus diesem Grund eine Provinzialsynode – möglicherweise im Dezember 1408 – zusammengetreten ist. Wir wissen nichts darüber; allerdings begaben sich keine Schotten nach Pisa, und Schottland hielt auch weiterhin Benedikt XIII. die Treue.

Dennoch kamen in den darauffolgenden Jahren immer wieder Gesandte aus Frankreich nach Schottland, zuerst um die Unterstützung der Schotten für den in Pisa gewählten Papst Alexander V. und seinen im Mai 1410 gewählten Nachfolger Johannes XXIII. zu gewinnen, und später, als durch diesen letztgenannten Papst am 9. Dezember 1413 ein weiteres Generalkonzil einberufen wurde, welches am 1. November 1414 in Konstanz zusammentreten sollte, um für die Anwesenheit einer schottischen Delegation auf diesem Konzil zu werben. Diese diplomatische Offensive wurde durch die immer noch andauernde Gefangenschaft des jungen Königs Jakob I. in England und dessen Regierungsvertretung in der Person

120 CPL Benedict XIII, 192-198.

121 Delaruelle, L'église I 140.

122 Delaruelle, L'église I 147f., 154. Vgl. Angaben in der folgenden Anmerkung zur Datierung dieser Einberufung.

123 Valois, La France IV 19 Anm. 1.

124 St. Andrews Copiale 228-230.

seines Onkels, des Herzogs von Albany, während seiner Abwesenheit erschwert. In den meisten Ländern führten indes solch weitreichende Angelegenheiten zur Einberufung von Kirchenversammlungen, um so dem weltlichen Herrscher zu Rate zu stehen. Kann aber in Schottland auch nur irgendeine Spur für die Einberufung einer Provinzialsynode gefunden werden? Im Januar 1410 verließ die französische Hauptstadt eine Gesandtschaft, die sich aus den Abgesandten des Königs von Frankreich und der Universität Paris zusammensetzte, nämlich ein Magister Thomas und der Abt von Pontigny in Frankreich. Sie führten Briefe an bestimmte schottische Prälaten mit sich, die vormals an der Pariser Universität einen akademischen Grad erworben hatten. Man weiß nicht, wie diese Gesandtschaft in Schottland empfangen wurde, bekannt ist lediglich, dass sie die Anerkennung Alexanders V. in Schottland nicht erreichen konnte[125]. Dennoch behauptete die Universität im Dezember 1412, dass durch diese Gesandtschaft ein schottischer Prälat – ein Doktor der Theologie[126] – aus der Anhängerschaft Benedikts herausgelöst werden konnte. Nun schrieb man abermals an Albany und drängte ihn, sich mit seinem Land und dem schottischen Klerus Papst Johannes XXIII. anzuschließen und ihm Gehorsam zu leisten. Man hoffte dadurch, die Schotten dazu bewegen zu können, zu einem Konzil nach Rom zu kommen, welches der Papst dort einzuberufen suchte[127]. Abermals lehnten die Schotten eine Zusammenarbeit ab, nachdem die Angelegenheit immerhin diskutiert worden war[128].

Als dann der Zeitpunkt der Eröffnung des Konzils zu Konstanz näher rückte, entsandte die Universität Paris Johannes von Österreich und den schottischen Magister John Gray sowohl zu König Jakob I. in England als auch nach Schottland, um die Schotten zu einer Teilnahme zu veranlassen. Man nimmt an, dass die beiden Anfang August 1414 bei König Jakob I. gewesen sind, nachdem ihnen sicheres Geleit für die Reise nach Schottland gewährt worden war. In ihrer Begleitung befand sich auch der Bischof von Lodi als Nuntius Papst Johannes' XXIII. Bereits im November

---

[125] AUP II 66f., 107, 118, 123. Vgl. auch ER IV 132 hinsichtlich der an John oder auch Ryver genannten Zahlungen. Er war Gesandter des französischen Königs in Dundee in der Zeit von Mai 1409 bis Juli 1410. Vgl. auch WATT, Dictionary 183, 364f. hinsichtlich einer möglichen Identifizierung von „Magister Thomas“, der im Text erwähnt wird.

[126] CUP IV 249, Nr. 1964. Wahrscheinlich handelte es sich dabei um Bischof Michael von den Inseln, der ohnedies der politischen Linie der Bischöfe, durch die Albany unterstützt wurde, feindlich gegenüber stand (vgl. oben S. 137f., 150 Anm. 104).

[127] Ebd., AN Paris MSM.65A, Nr. 7 (Dieses Schreiben wurde zur selben Zeit wie der in Anm. 126 zitierte Brief an Johannes XXIII. abgefasst; vgl. ANDERSON, Beginnings 347.).

[128] Lediglich ein Ritter und ein Gutsherr sind als Gesandte des französischen Königs in der Zeit von Juni 1412 bis Juli 1413 bekannt (ER IV 189).

1414, sicher aber im April 1415 waren sie wieder zurück in Paris[129]. Die Anweisungen, welche die Gesandtschaft erhalten hatte, sind erhalten geblieben[130], und für unsere Zwecke ist es erwähnenswert, dass sie angehalten wurden, in Schottland den Versuch zu unternehmen, eine ‚Versammlung der drei Stände' zu arrangieren, so ‚wie bei solchen Angelegenheiten für gewöhnlich verfahren wird'. Vor dieser sollten sie sodann ihren Auftrag in allen Details erörtern. Sollte dieser Versuch indes scheitern, dann sollten sie sich mit dem schottischen Adel und den Prälaten einzeln in Verbindung setzen, soweit sie diese ausfindig machen könnten. Kein einziges Wort fällt in diesem Zusammenhang über eine Provinzialsynode: die Gesandtschaft sollte Laien wie Kleriker in gleicher Weise aufsuchen, und dafür war sie mit verschiedenen Briefen ausgestattet worden, die sie auf die Reise mitzunehmen hatten und die in verschiedenen Versionen erhalten geblieben sind: Briefe an König Jakob[131], an den König von England[132] sowie an den Herzog von Albany und die Grafen von Douglas und March[133]. Es existieren auch drei Briefe an einzelne Prälaten, darunter einen an Bischof Walter Forrester von Brechin, von dem es in einer Version heißt, er habe Johannes von Österreich in Paris kennengelernt[134] und er sei in der Tat Benedikt XIII. zum Zeitpunkt, als Frankreich 1398 die Obödienz entzog[135], feindlich gesinnt gewesen. Ein weiterer Brief war an einen Bischof der Inseln gerichtet, der sich wohl auch schon der früheren Mission von 1410 empfänglich gezeigt hatte[136], der dritte an Magister Alexander, bei dem es sich wahrscheinlich um Magister Alexander de Foulertoun gehandelt hatte, der damals möglicherweise in den Diensten des gefangenen Königs Jakob stand[137]. Die Gesandten führten auch Schreiben mit sich, die ganz allgemein an den Adel und die Bischöfe Schottlands adressiert waren[138], und in denen darauf angespielt wird, dass

---

129 AUP II 193; Rotuli Scotiae, London 1814-1819, II 209, 211; RYMER, Foedera IX 157 (Ausgabe des Erstdrucks); FINKE, Acta I 349; vgl. ebd. II 57 hinsichtlich des Bischofs von Lodi (und vgl. St. Andrews Copiale 9).

130 C. JOURDAIN, Index Chronologicus Chartarum pertinentium ad historiam Universitatis Parisiensis, Paris 1862, 232f., Nr. 1083, wo sie mit der von Chatelain vorgeschlagenen korrekten Leseweise auf einem Exemplar im AN Paris zusammengestellt wurden.

131 CUP IV 285f., Nr. 2018; St. Andrews Copiale 244-246.

132 AN Paris MSM.65B, Nr. 79 (1) [nicht gedruckt].

133 Ebd. 78 (1); St. Andrews Copiale 243f., 246.

134 AN Paris, MSM.65B, Nr. 77 (2); vgl. St. Andrews Copiale 246f. Vgl. AUP I 704-706 hinsichtlich der Schilderung dieses Kontaktes aus dem Jahre 1395.

135 WATT, Dictionary 197f.

136 St Andrews Copiale 247; vgl. oben S. 154 Anm. 126.

137 St Andrews Copiale 248, wo auch der König erwähnt wird (vgl. WATT, Dictionary 201f.).

138 AN Paris, MSM.65B, Nrr. 77 (1), 78 (2).

man vom Grafen von Douglas erwarte, dass er auf der Seite der Gesandten stehe. Trotz all der brieflichen Bemühungen scheiterte diese Mission. Man weiß nicht einmal, ob eine ‚Versammlung der drei Stände' zustande gekommen ist, wie man gehofft hatte. Albany und seine Gruppe benedikttreuer Bischöfe konnten nicht von ihrer Linie abgebracht werden. Und Benedikt hatte im August 1413 Bischof Wardlaws neue Universität in St. Andrews selbstverständlich mit den Gründungsprivilegien ausgestattet, die man dort auch erst kurz zuvor, nämlich im Februar 1414, erhalten hatte[139].

Nachdem der römische König Sigismund die spanischen Könige mit dem Abschluss der *Capitula Narbonensia* am 13. Dezember 1415 dazu gebracht hatte, sich von Benedikt abzuwenden, wurde die Nachricht darüber durch den König von Aragón am 21. Dezember von Perpignan aus nach Schottland gesandt[140]. Diese Nachricht könnte allerdings auch durch Bischof Thomas de Butil von Galloway nach Schottland gelangt sein, der bis spätestens September 1415 an der Kurie Benedikts tätig war und der auch in Narbonne gewesen sein soll[141]. Um den 17. März 1416 herum war er wieder in Schottland, als er gemeinsam mit acht weiteren Bischöfen und sechs Äbten auf einer allgemeinen ‚Versammlung der drei Stände', die damals in Perth abgehalten wurde, präsent war. Zustande kam sie wahrscheinlich als Folge dieser „diplomatic revolution" und durch den Druck, der zuletzt auf Schottland ausgeübt wurde, dem Konzil von Konstanz seine Unterstützung zu gewähren[142]. Unter notarieller Aufsicht wurde eine Spezialabschrift alter, von König Edward III. von England im März 1328 abgefasster Briefe angefertigt, durch die Schottland als unabhängiges Königreich anerkannt wurde[143]. Gleich darauf hat wohl der Statthalter den Dominikanermönch Finlay de Albany, der seine Karriere in den Diensten des Herzogs begonnen hatte und nun sein Beichtvater war, nach Konstanz entsandt. Zusammen mit Robert de Prestoun wurde er nach Schottland zurückgeschickt, ausgestattet mit einem Schreiben, durch das eine schottische Abordnung zum Konzil geladen wurde. Diese Gesandtschaft ersetzte aufgrund eines auf dem Konzils getroffenen Entscheids

---

139 ANDERSON, Beginnings 337-342; vgl. 348; CPL Benedict XIII, 276-278; R. SWANSON, The University of St. Andrews and the Great Schism, 1410-1419, in: Journal of Ecclesiastical History 26 (1975) 223-245.

140 FINKE, Acta III 490.

141 WATT, Dictionary 72; doch wird er im dortigen Sitzungsbericht nicht erwähnt, so wie grundsätzlich kein schottischer Vertreter darin erwähnt wird (H. VON DER HARDT, Magnum Oecumenicum Constantiense Concilium, Frankfurt-Leipzig 1697-1700, II 540-555).

142 Was nicht auf die Bitte des Konzils von Konstanz geschah, wie fälschlicherweise in WATT, Dictionary 72, behauptet wird.

143 APS I 587-589; Glasgow Registrum II 307-312.

vom 4. Februar 1416 den Bischof von Lodi, der als Nuntius für Schottland eigentlich dorthin zurückkehren sollte[144]. Ihre aus Konstanz mitgebrachten Briefe machten sie in St. Andrews *presente episcopo et cleri et populi multitudine* – wobei dies keine fömliche Versammlung gewesen sein muss – publik. Der Statthalter, der auf Zeitgewinn spielte, antwortete auf diese Briefe von seiner Burg in Doune/Perthshire aus am 4. November 1416[145]. Irgendwann zwischen dem 25. März 1416 und dem 24. März 1417 scheint der neue Abt von Pontigny als Gesandter des Konzils Schottland besucht zu haben und seine Angelegenheit dem Statthalter und den ‚Drei Ständen' auf einer allgemeinen Versammlung zu Perth vorgetragen zu haben[146]. Er mag damals durchaus ein weiteres Admonitum der Universität Paris mitgebracht haben, nämlich *Ad Scotos*[147].

Letztendlich sollte es nach der Wahl Papst Martins V. am 11. November 1417 in Konstanz noch fast ein ganzes Jahr dauern, bis man in Schottland den formellen Beschluss fasste, diesen Papst als rechtmäßig anzuerkennen. Finlay de Albany wurde am 1. März 1418 zusammen mit Griffin Yonge, dem jüngst für Ross ernannten Bischof, zum Botschafter Martins V. für Schottland ernannt[148]. Am 5. Juli befand sich Yonge immer noch im französischen Troyes[149]. Doch dürfte einer von ihnen, vielleicht sogar beide, auf der allgemeinen Versammlung in Perth am 2./3. Oktober 1418 zugegen gewesen sein, als die große Debatte vor dem Statthalter und den ‚Drei Ständen' stattfand. Zuvor hatte offenbar eine Zusammenkunft (*cetus*) der Prälaten des schottischen Königreiches stattgefunden; es war dies zu einem Zeitpunkt, als die Anerkennung von Papst Martin V. seitens des gefangenen Königs Jakob bekannt geworden war[150] – vielleicht im Juli 1418.

---

144 FINKE, Acta II 57. Dieser Bischof war noch im Mai und vielleicht auch noch im 1416 in Konstanz (ebd. 60f.; L. R. LOOMIS, The Council of Constance. The Unification of the Church, ed. J. M. MUNDY – K. M. WOODY, New York 1961, 63 [Anm. 20], 282f.). Es ist möglich, dass diese Quelle insofern irrt, dass sie diesen dem Dominikanerorden angehörenden Bischof, der ein Magister der Theologie gewesen sein soll, mit Finlay de Albany, dem Dominikaner und späteren Bischof von Argyll verwechselt hat, welcher als Bakkalar ebenfalls einen akademischen Grad in Theologie erworben hatte.

145 WATT, Dictionary 4f.; St. Andrews Copiale 261-263; vgl. ANDERSON, Beginnings 350. Bei ihrer Rückkehr nach Konstanz wird von diesen schottischen Gesandten noch vor dem 30. März 1417 berichtet, dass sie „auf brillante Weise für Benedikt kämpften" (FINKE, Acta IV 68).

146 Chron.Bower VIII 87. Es scheint kaum wahrscheinlich, dass Bower diesen Besuch mit jenem von 1410 verwechselt hat. Vgl. St. Andrews Copiale 9, wo die Reihenfolge der nach Schottland entsandten Botschafter eindeutig durcheinander geraten ist.

147 AN Paris, MSM.65B, Nr. 29, welches in die Zeit zwischen Juli 1415 und Juli 1417 datiert werden kann.

148 CPL VII 6f.; THEINER, Monumenta 370, Nr. 739.

149 St. Andrews Copiale 391.

150 St. Andrews Copiale 18-20; vgl. 27f.

Der Graf von Douglas drängte nämlich in einem wahrscheinlich von Prior James Haldeston von St. Andrews verfassten Brief zu einer Anerkennung des neuen Papstes[151]. Diese Zusammenkunft könnte eine Provinzialsynode gewesen sein, stattgefunden hat sie wahrscheinlich vor dem 9. August 1418, denn zu diesem Zeitpunkt war in St. Andrews bereits bekannt, dass eine ,Versammlung der drei Stände' für Oktober angesetzt war, um sich mit dieser Angelegenheit zu beschäftigen[152]. Die Bischöfe waren jetzt offenbar leichter zu überzeugen, und der Graf von Douglas schlug nun eine Linie ein, die von der des Statthalters abwich. Auf der Versammlung in Perth wurde Benedikts Sache von einem englischen Mönch namens Robert Harding vertreten, der die Gunst des Statthalters genoss. Papst Martin indes erhielt eine wirkungsvollere Unterstützung durch die Vertreter der Universität von St. Andrews, den Mönch und Theologen John Fogo und Bischof William de Lawedre von Glasgow[153]. Es ist nicht ganz klar, ob man damals eine endgültige Entscheidung traf. Doch als Gesandte im August 1419 zu Martin V. nach Florenz geschickt wurden, um ihm den Gehorsam des Königreiches Schottland anzutragen, so ging dies vom Statthalter und den ,Drei Ständen' gemeinsam aus[154].

Damit dürfte klar geworden sein, dass die durch das Schisma in Schottland entstandenen Probleme nicht als durch die Provinzialsynode lösbar betrachtet wurden. Und als dann die Konzilien von Perpignan, Pisa und Konstanz stattfanden, ging es nicht allein um die Frage, welche Prälaten bestimmt werden sollten, um diese Konzilien zu besuchen, bzw. sich darum zu bemühen, Material für die zu behandelnden Tagesordnungspunkte zu sammeln, wie das auf der Provinzialsynode des 13. und frühen 14. Jahrhunderts gehandhabt wurde, sondern es stand nun mehr auf dem Spiel. Indes nahm nicht ein einziger schottischer Bischof an diesen Konzilien teil. Offensichtlich hatte man in Schottland hauptsächlich auf den allgemeinen ,Versammlungen der drei Stände' politisch Stellung gegenüber dem Schisma und den Konzilien des frühen 15. Jahrhunderts bezogen. Das hat vielleicht mit der Tatsache zu tun, dass in dem zur Debatte stehenden Zeitraum

---

151 Vgl. BALFOUR-MELVILLE, James I, 72f. Dies dürfte wenigstens einen oder zwei Monate nach dem 21. April 1418 gewesen sein, als der Graf von Douglas einen Nuntius am Hofe Martins akkreditiert hatte (Calendar of Scottish Supplications to Rome 1418-1422, ed. E. R. LINDSAY – A. I. CAMERON, Edinburgh 1934 [SHS III,23], 8), denn dieser Papst hatte dem Grafen geantwortet, bevor die Zusammenkunft stattfand.

152 St. Andrews Acta 12.

153 St. Andrews Acta 12f.; Chron.Bower VIII 87-89; St. Andrews Copiale 3f., 9f.; vgl. ANDERSON, Beginnings 358-360.

154 Chron.Bower III 435, St. Andrews Copiale 23-29; vgl. CPL Benedict XIII, 376-386, hinsichtlich päpstlicher Gnadenerweise, die zwischen November 1418 und Januar 1419 von Benedikt noch immer noch für Schotten ausgestellt wurden.

größtenteils die Regierungsgeschäfte von einem Statthalter statt von einem König, der aus eigenem Recht handeln konnte, geleitet wurden. Im Klartext heißt dies, dass Albany wohl in Absprache mit den ‚Drei Ständen' zu regieren hatte, was wiederum in Paris und Konstanz von jenen geschätzt wurde, die in diesen Jahren, besonders aber in der Dekade zwischen 1408 und 1418, Gesandtschaften nach Schottland geschickt hatten. Die Provinzialsynode könnte durchaus zwischen 1408 und 1420 weiterhin zusammengetreten sein. Sieht man aber einmal von 1418 ab, so wissen wir nicht, ob dem tatsächlich auch so war. Sicher hatte sie aber ihr Ansehen und ihre Autorität kaum steigern können durch die Art und Weise, wie man mit den durch das Schisma entstandenen Problemen umzugehen pflegte.

Dass das nächste allgemeine Konzil entsprechend dem auf dem Konstanzer Konzil erlassenen Dekretes *Frequens* im italienischen Pavia zusammentreten sollte, war bereits fünf Jahre vor dem 23. April 1423 bekannt, und zumindest in einigen Ländern (wenn auch nicht in Frankreich, England und Spanien) wurden vorbereitende Lokalsynoden abgehalten, um die in Pavia zu beratenden Themen vorzubereiten[155]. Es deutet allerdings nichts darauf hin, dass dergleichen in Schottland stattgefunden hat, obschon es durchaus möglich ist, dass die Provinzialsynode zusammengetreten ist, um die Vorgehensweise auszuarbeiten, wie *in regno Scocie ecclesia Dei magna indigebat reformacione tam in spiritualibus quam in temporalibus*, was speziell als Antwort auf die Einmischung weltlicher Großer in kirchliche Rechte und Rechtsangelegenheiten zu werten ist. So jedenfalls hieß es im Wortlaut der offiziellen Delegation, die relativ spät zu diesem allgemeinen Konzil entsandt worden war[156]. Es war jedoch Murdoch, der zweite Herzog von Albany, der als Statthalter zusammen mit den ‚Drei Ständen' in Abwesenheit des sich noch immer in Gefangenschaft befindenden Königs eine Delegation ernannte, die am Konzil teilnehmen sollte, welches im Juli 1423 nach Siena verlegt worden war. Diese Delegation bestand aus zwei Bischöfen, einem Abt und ‚vielen Doktoren', von denen keiner namentlich genannt wird. Sie begab sich auf ihrem Weg nach Siena im Winter 1423/24 zuerst nach Flandern. Als man aber vernahm, dass das Konzil womöglich bald aufgelöst werden sollte – und in der Tat beschloss man am 14. Februar 1424 ein Nachfolgekonzil nach sieben Jahren in Basel abzuhalten[157] –, entsandte man zwei der Delegationsmitglieder inkognito weiter[158]. Diese

---

155 DELARUELLE, L'église I 223.

156 BRANDMÜLLER, Pavia-Siena II 357.

157 BRANDMÜLLER, Pavia-Siena II 310-313.

158 Brandmüller schlägt vor, dass dem so war, weil sie durch Länder reisen mussten, die von den feindlich gesinnten Engländern und Burgundern besetzt gehalten wurden (ebd. II 358).

reisten gemeinsam mit Andrew de Hawyk, einem Schotten, der bereits als Studentenrektor der Universität zu Siena Mitglied des Konzils war[159], weiter, um dem Konzil die Beglaubigungsschreiben der gesamten Delegation vorzulegen. Am 26. Februar 1424 wurden sie schließlich inkorporiert[160], so dass die drei Delegierten an den Schlusstagen des Konzils bis etwa zum 9. März 1424 teilnehmen konnten[161], während die eigentliche Hauptdelegation nie ihren Zielort erreichte. Es war zwar ein nutzloses Unternehmen gewesen, aber es war auch ein Unternehmen, das die politische Linie der Jahre zwischen 1408 und 1418 fortsetzte, die vom Statthalter und den ‚Drei Ständen' und nicht von der Provinzialsynode vorgegeben wurde. In der Tat führten die Gesandten separate Ernennungsschreiben (*procuratorium et mandatum*) mit sich, die jeweils vom Statthalter und den ‚Drei Ständen' ausgestellt worden waren[162]. Obgleich sie Kleriker waren, wurden sie jedoch von der weltlichen Obrigkeit entsandt, um an einem allgemeinem Kirchenkonzil teilzunehmen.

Zwischenzeitlich war am 16. Juli 1420[163] die gut besuchte Provinzialsynode in Perth zusammengetreten, wobei Perth und der Monat Juli ‚üblicher Versammlungsort und Zeitpunkt' gewesen sein dürften[164]. Wie verhält es sich dann aber mit einer Anspielung auf ein „allgemeines Konzil", welches am 18. Mai 1420 in der Dominikanerkirche zu Perth zusammengetreten sein soll, als Prior James Haldeston von St. Andrews als päpstlicher Kollektor in Schottland eine allgemeine Mahnung ‚an alle Prälaten und alle anderen Personen im Laien- und Klerikerstand des Königreiches' richtete, die noch ausstehenden Zahlungen an den Papst innerhalb der nächsten sechs Monaten zu begleichen[165]? Man nahm bislang an, dass dies wohl eher eine Klerikerzusammenkunft als eine ‚Versammlung der drei Stände' gewesen sei[166] und dass es sicherlich schon früher päpstliche Kol-

---

Die beiden Weiterreisenden scheinen wohl Nicholas de Atholl und William Croyser gewesen zu sein, obwohl der Letztere vielleicht schon in Italien war (vgl. WATT, Dictionary 19, 133).

159 WATT, Dictionary 256-259.

160 BRANDMÜLLER, Pavia-Siena II 356-359. Die drei Delegierten brachten einen eigenen Notar mit. Es war dies Alexander de Castiltarris aus der Diözese Glasgow (ebd. II 400). Ebenfalls nahm ein weiterer Schotte namens Thomas Morow, Abt von Paisley, überaus aktiv am Konzil teil, jedoch als Botschafter König Karls VII. von Frankreich (ebd., ad indicem).

161 BRANDMÜLLER, Pavia-Siena II 392, 394f., 397-400, 430-433. Sie beteiligten sich indes lediglich an der Unterstützung ihres Landsmannes, Abt Morow, der den Antrag der Engländer attackierte, denn man wollte in der Konzilskonstitution als eigene Nation verzeichnet sein. Dies spiegelt die damalige politische Situation wider.

162 BRANDMÜLLER, Pavia-Siena 357.

163 Vgl. oben S. 146f.

164 Vgl. oben S. 149.

165 St. Andrews Copiale 97f.

166 St. Andrews Copiale 440.

lektoren gegeben haben muss, die mit dem schottischen Klerus durch die Institution der Provinzialsynode verhandelt hatten[167]. Doch scheint es eher unwahrscheinlich, dass die Synode zweimal innerhalb von zwei Monaten zusammengetreten ist; außerdem ist die Warnung des Kollektors sowohl an Kleriker als auch an Laien gerichtet. Daher dürfte es geraten sein, diese Zusammenkunft als eine bis dato unbekannte ‚Versammlung der drei Stände' im Rahmen der allgemeinen Versammlung zu betrachten[168] statt als eine exklusives Treffen des Klerus. Beide Stände – Laien wie Klerus – betrachteten es von entscheidendem Vorteil zu kooperieren, so wie sich dies bereits in einem Fall zeigte, der zwischen 1419 und 1424 datiert werden kann. Damals traf man Maßnahmen, um einem Mönch von Dunfermline das Amt des Priors von Coldingham in der Grafschaft Berwick zu sichern, wobei man gegen einen gewissen William Drax vorgehen musste, der von den Mönchen der Kathedrale zu Durham für diesen Posten favorisiert wurde. Der schottische Statthalter ergriff Maßnahmen gegen diesen ‚Eindringling', was – so heißt es – auf zwei Weisen geschah: durch eine allgemeine ‚Versammlung der drei Stände', die die Beschlagnahmung seiner weltlichen Güter bestimmte, und durch ein ‚Klerikerkonzil', welches die Einziehung seiner kirchlichen Einkünfte anordnete[169]. Wie sich daran zeigt, wurden Funktionen, Aufgaben und Machtbefugnisse der älteren Institution nicht einfach der jüngeren einverleibt, denn es gab Platz für beide.

[167] Zum Beispiel geschah dies im späten 13. Jahrhundert (vgl. oben S. 95-100, 104f.; vgl. auch S. 107f.).

[168] Vgl. A. A. M. DUNCAN, Councils General 1404-1423, in: SHR 35 (1956) 132-143.

[169] Chron.Bower VI 71.

10. Kapitel

Die letzten Jahre der herkömmlichen Regelungen (1424-1472)

Die Rückkehr König Jakobs im April 1424 aus der achtzehnjährigen englischen Gefangenschaft leitete einige Jahre überaus aktiver Regierungsarbeit ein, die das politische System grundlegend erneuern und umgestalten sollte. Regelmäßig wurden nun wieder Sitzungen des Parlaments abgehalten – im Gegensatz zu den allgemeinen ‚Versammlungen der drei Stände', welche unter Albanys Regentschaft stattgefunden hatten. Auch kam es zwischen 1424 und 1431 zu einer enormen Intensivierung der Gesetzgebungstätigkeit, die eine große Spannweite von Themenbereiche abdeckte. Die Initiative hierfür ging jetzt vom König und seinen Beratern aus[1]. Jakobs Vorstellung, wie sie von ihm in der Parlamentssitzung im März 1426 entwickelt wurde, war es, dass alle Schotten „be governed under the king's law and statutes of this realm only and under no particular laws nor special privileges nor by any laws of other countries or realms"[2]. In die Richtung dieser Vorstellung wies bereits, dass man jetzt das Parlament als eine für alle Bereiche zuständige Instanz betrachtete. So lässt sich etwa beobachten, dass diese Institution überaus selbstbewusst Gesetze verabschiedete, die die Aktivitäten des Klerus regelte, egal ob das Parlament nun das Vorrecht des Klerus, Schottland für einen Besuch an der römischen Kurie verlassen zu können, einer Kontrolle unterwarf oder ob es sich in dessen Privilegien hinsichtlich der persönlichen Verfügung über dessen Benefizien in Schottland[3] einmischte, oder ob es den Bischöfe befahl, Häretiker energischer und unter Zurhilfenahme des weltlichen Arms aufzuspüren, Krankenhäuser zu inspizieren und Leprakranke auszusondern[4]. Selbstverständlich nahm der Klerus an den Parlamentssitzungen teil, auf welchen diese neuen Gesetze approbiert wurden, und er besaß genauso wie die anderen Stände, zumindest formell das Recht, hinsichtlich der ihn selbst betreffenden Angelegenheiten, konsultiert zu werden. Doch

---

1 NICHOLSON, Later Middle Ages 304f.

2 APS II 9, Kanon 3.

3 NICHOLSON, Later Middle Ages 294.

4 APS II 7, Kanon 3; 7, Kanon 2; 16, Kanon 8.

der König war keineswegs gewillt, ausschließlich mit dem Parlament zu arbeiten. Für ihn machte die Errichtung zusätzlicher Institutionen, die bestimmte Teilinteressen vertreten sollten, Sinn, insoweit deren Aktivitäten im Parlament seinen eigenen untergeordnet waren. So wird beispielsweise angenommen, dass er die Entwicklung des traditionellen „Court of the Four Burghs" (Vier-Burgen-Gericht) zu einem Vier-Burgen-Parlament gefördert hat, das sich aus den Beauftragten aller königlichen Burgen südlich des Flusses Spey zusammensetzte und alljährlich im Monat Oktober zu Beratungen als auch zur Regelung juristischer Streitsachen zusammentrat. Dieses Parlament dürfte somit an der konkreten Ausgestaltung der gesetzlichen Vorschriften, die die Kaufleute und Bürger betrafen, beteiligt gewesen sein, welche möglicherweise von den ‚Drei Ständen' an das Parlament weitergeleitet worden sind[5].

Die altehrwürdige, aus Klerikern zusammengesetzte Provinzialsynode stellt einen Parallelfall für die Versammlung einer anderen untergeordneten Standes- und Interessengruppe im Lande dar, und es gibt ein paar aufschlussreiche Fälle, die zeigen, wie das beschriebene System funktionierte. Im März 1425 verabschiedete das Parlament ein Dekret, welches besagte, dass alle Bischöfe ihre Priester durch ein Rundschreiben dazu anhalten sollten, für den König, die Königin und deren Kinder besondere Gebete zu sprechen[6]. Diese Angelegenheit wurde erneut in der Parlamentssitzung vom März 1426 aufgegriffen, wo, wie man berichtete, der Klerus einer ausführlichen Verordnung zu diesem Thema zustimmte, wobei es ihm gelang, auf einzelne Punkte nachdrücklich Einfluss zu nehmen. Ein jeder Bischof sollte nun seine Priester auf der nächsten (Diözesan-)Synode beauftragen, eine eigene Kollekte für die königliche Familie in allen Messen halten, wobei bei Nichtbeachtung Geldbußen und kirchliche Zensuren drohten. Außerdem kam man überein, dass hierzu auf der nächsten allgemeinen Klerikerversammlung ein allgemeines Statut zu erlassen sei[7]. Offenbar wird hier eine regelmäßige Einberufung von Diözesan- und Provinzialsynoden als selbstverständlich vorausgesetzt, und so mag es sein, dass besagte Versammlung bald darauf im Juli 1426 in Perth zusammentrat, um dieser Anordnung Folge zu leisten. Genaueres über die Verfahrensweise erfahren wir allerdings erst aus dem folgenden Jahr, als wiederum im Juli eine außerordentliche Parlamentssitzung in Perth stattfand. Im Rahmen der ständigen Revision juristischer Verfahrensweisen an den

---

[5] A. A. M. DUNCAN, James I, Glasgow 1976, 11; vgl. NICHOLSON, Later Middle Ages 264f.

[6] APS II 8, Kanon 18; SES I, S. LXXIX.

[7] APS II 10, Kanon 12; SES I, S. LXXX; II 272. Vgl. oben S. 149 und 160f.

verschiedenen Gerichten des Königreiches[8] wurde am 11. Juli eine Verordnung zur Reform kirchlicher Gerichte für solche Fälle erlassen, in denen Laien als Kläger gegen beschuldigte Kleriker *ad parcendum expensis et vexacionibus pauperum* und *ad abbreviandum lites pro expedicione* auftraten[9]. Diesmal dürfte es jedoch nicht der Klerus gewesen sein, der diese Statuten im Parlament vorgeschlagen hat. Es spricht vieles dafür, dass hier ein sich seiner Macht bewusster König mit seinen Beratern zu Werke ging. Entsprechend endet auch der Text des Statuts: *Et quod istud statuatur de presenti auctoritate consilii provincialis.* Hier wird die Provinzialsynode von einer höheren Autorität – folgt man den Vorstellungen und Ideen des Königs – zitiert, um einen königlichen Akt mit Zustimmung der Autorität der Synode in die Tat umzusetzen. Selbstverständlich hat man erwartet, dass die Synode auch zustimmte[10], was dann wohl im Juli in Perth geschehen ist. Man darf jedenfalls davon ausgehen, dass die Provinzialsynode wie üblich zur selben Zeit und am selben Ort einberufen wurde. Allerdings erfahren wir nichts darüber, ob sich irgendjemand aus ihren Reihen diesen Anweisungen widersetzt hätte. Die Kirche erfreute sich stets der ‚Freiheit', die ihr von der weltlichen Macht zugestanden wurde.

Das nächste allgemeine Konzil der Gesamtkirche wurde formal am 25. Juli 1431 in Basel eröffnet und hielt seine erste Plenarsession am 14. Dezember desselben Jahres ab. Schon zu diesem Zeitpunkt gab es Unstimmigkeiten mit Papst Eugen IV., und nach allem Anschein hat wohl eher das Konzil und nicht der Papst am 19./20. Dezember 1431 ein Schreiben nach Schottland gesandt, in dem um die Entsendung von bevollmächtigten Vertretern nachgesucht wurde. Der König wurde aufgefordert, *aliquos insignes viros ... de omni statu vestro et regni vestri plene instructos* zu entsenden[11]. Bischöfe, Äbte und andere Prälaten (*personae ecclesiasticae*) aus Schottland, die *ad generalia concilia de iure et consuetudine venire tenentur,* wurden angewiesen, sich persönlich innerhalb eines Monats auf die Reise zu machen oder an ihrer Stelle eine oder mehrere Personen *pleno cum mandato* zu entsenden[12]. Zweifelsohne wurde über Einladung und Instruktion in Schottland heftig diskutiert, obschon es keinerlei Anhaltspunkte dafür gibt, dass etwa eine Provinzialsynode des-

---

8 NICHOLSON, Later Middle Ages 309-312.

9 APS II 14, Kanon 5; SES I, S. LXXXI.

10 Vgl. BALFOUR-MELVILLE, James I, 152f.; dort werden die Gedanken von HANNAY (in: SHR 15 [1918] 190f.) aufgenommen, wenn der lateinische Text dahingehend ausgelegt wird, dass die Synode bereits ihre Zustimmung zu dieser Satzung gegeben hat. Vgl. auch die Diskussion darüber in SES I, S. LXXXI Anm. 2.

11 St. Andrews Copiale 85-87.

12 St. Andrews Copiale 88f.

wegen einberufen wurde. Tatsächlich wurden Ende 1432 zwei Schotten als individuelle Teilnehmer dem Konzil inkorporiert – es waren dies Abt Thomas Livingston von Dundrennan am 14. November und John Winchester, ein Kanoniker aus Moray, der in königlichen Diensten stand, am 15. Dezember[13]. Daraufhin verschickte der Papst seine eigenen Ladungen zum Konzil, dessen Zusammentritt er mittlerweile zugestimmt hatte. Dies dürfte im Februar 1433 geschehen sein[14]. Am 22. Juni 1433 schrieb schließlich der König an Livingston, um diesem mitzuteilen, dass er seine Gesandten in Kürze abschicken werde[15]. In der Tat ernannte er auch am 31. Juli 1433 eine Delegation *pro nobis et regno nostro*, die aus acht Klerikern bestand und zu der auch Livingston selbst gezählt wurde. Zwei Bischöfe gehörten ihr an, zwei Äbte und vier weitere Würdenträger[16]. Sechs von ihnen, darunter Bischof John Cameron von Glasgow, der zugleich Kanzler von Schottland war, reisten im Januar/Februar 1434[17] tatsächlich nach Basel zu Livingston. Es wird nirgendwo erwähnt, dass sie im Namen der ‚Drei Stände' unterwegs waren, wie dies 1424 in Siena der Fall gewesen war[18]. Es war allein der König, der die Delegation veranlasste, und vermutlich war er auch allein für die Auswahl der Delegierten verantwortlich[19].

Wie aber war die Reaktion des schottischen Klerus, der ebenfalls eingeladen worden waren. Während der Jahre, da das allgemeine Konzil zu Basel tagte, gab diese Frage gewiss Anlass zu gelegentlichen Diskussionen auf der Provinzialsynode, doch scheint die Antwort alles andere als einheitlich gewesen zu sein. Ladungen waren sowohl an Einzelpersonen wie an geistliche Institutionen gerichtet gewesen. Als Einzelpersonen bzw. als Inhaber von Ämtern und Würden, wie da wären Bistümer, Abteien, Kapiteldignitäten und Kanonikate, werden daher auch die meisten der 28 schottischen Kleriker beschrieben, als sie zu unterschiedlichen Zeitpunkten zwischen dem Februar 1434 und dem Februar 1437 dem Konzil inkorporiert wurden[20]. Auffällig ist, dass nur ein einziger weiterer Bischof

---

[13] BURNS, Basle 12f.; vgl. St. Andrews Copiale 431f. (wo ein falsches Jahr für Winchester angegeben wird).

[14] BURNS, Basle, 14; WATT, Dictionary, 134 (Stichwort „William Croyser").

[15] SES II 247; PATRICK, Statutes 218.

[16] SES II 248, korrigiert in: HANNAY, Letter 50, 54; vgl. St. Andrews Copiale 432.

[17] BURNS, Basle 16-20.

[18] Vgl. oben S. 159f.

[19] In Frankreich holte sich König Karl VII. bei einer Synode Anfang 1432 Rat, bevor er entschied, eine Delegation zu entsenden, wobei John de Kirkmichael eine leitende Position einnahm (vgl. Heribert Müller, Die Franzosen, Frankreich und das Basler Konzil [1431-1449], Paderborn u.a. 1990 [= Konziliengeschichte Reihe B, hg. v. W. BRANDMÜLLER] 281-290). Er war als Schotte 1426 auf den Bischofsstuhl von Orléans berufen worden (WATT, Dictionary 311f.).

[20] BURNS, Basle 20-54.

während dieser Jahre persönlich zum Konzil ging; es handelte sich um Bischof Henry de Lychton von Aberdeen. Bischof John Crannach von Brechin entsandte im Januar 1436 immerhin einen Vertreter dorthin. Als einziger Vorsteher eines Klosters ging der Abt von Holyrood persönlich zum Konzil, während der Abt von Paisley sich wahrscheinlich durch seinen Prior vertreten ließ und der Prior von Urquhart vermutlich anstelle des Abts seines Mutterklosters in Dunfermline die weite Reise nach Basel auf sich nahm. Ansonsten waren vier Domdekane, vier Archidiakone, zwei weitere Domprälaten und zehn Domkapitulare bzw. Kanoniker von Kollegiatkirchen auf dem Konzil anwesend[21]. Ein einziger Kleriker, Robert de Essy, wird in den Konzilsakten neben seinem Rang als Benefiziat auch als ein Lizentiat der Theologe hervorgehoben. Wahrscheinlich dürfte er Theologie an der Universität von St. Andrews gelehrt haben, was wiederum dazu führte, dass er als Konzilsteilnehmer zugelassen wurde, was bekanntlich nach den damals geltenden Regeln möglich war[22]. Abgesehen davon waren Würdenträger, die rangmäßig unter einem Dekan oder Archidiakon standen, wohl eher als Prokuratoren ihrer Kapitel anwesend gewesen, obwohl dies nirgendwo in den Konzilsakten eine Erwähnung fand. Und obschon man sehr wenig über die Aufenthaltsdauer dieser weniger wichtigen Personen in Basel weiß, besteht eine gewisse Wahrscheinlichkeit, dass im Falle der Domkapitel von Moray, Ross und Aberdeen entsprechende Repräsentanten nachbesetzt wurden. Doch waren die schottischen Diözesen nicht alle im gleichen Maß und Umfang vertreten. Zum Beispiel gab es keine Repräsentanten der Diözese Argyll oder von den Inseln; sogar die große Diözese St. Andrews konnte keinen entsprechenden Vertreter entsenden, da sie über kein aus Diözesanklerikern bestehendes Domkapitel verfügte[23]. Vielleicht gab es ja auch einen umfassenden Plan, der die Teilnahme am Konzil von Basel koordinierte und für den die Provinzialsynode verantwortlich war; allerdings konnte bis dato ein solcher Plan nicht aufgefunden werden.

Während in Basel die Sitzungen des Konzils stattfanden, musste Schottland die ungewöhnliche Erfahrung einer Visitation durch einen päpstli-

---

21 Möglicherweise kamen auch ein Magister des Bethlehemitenhospitals von St. Germains in Ost-Lothian und ein Augustiner-Chorherr von Holyrood nach Basel (BURNS, Basle 24f.), wo sie hauptsächlich gerichtliche Streitfragen lösen sollten, jedoch wurden sie auch eine Zeit lang unter den Konzilsteilnehmern gezählt, was die eher großzügige Auslegung der damals geltenden Regeln zuließ (vgl. ebd. 32, 55). Ansonsten scheinen die schottischen Kleriker, die aus persönlichen oder anderweitigen Gründen nach Basel gekommen waren, nicht unter die Konzilsteilnehmer aufgenommen worden zu sein (ebd. 41f., 51f., 57-59).

22 BURNS, Basle 32.

23 Vgl. BURNS, Basle 55.

chen Legaten machen. Es handelte sich um die Mission des Bischofs Antonio Altani von Urbino[24], den Papst Eugen im Juli 1436 für diese Aufgabe bestimmte[25]. Seit nun schon fast zehn Jahre dauerten die Streitigkeiten um die königliche Politik gegenüber Klerikern und der Kirche in Schottland, wobei einiges davon sogar bis nach Basel durchgedrungen war. Rein technisch gesehen war es der König selbst, der durch seine Vertreter Bischof John Cameron und Abt Paniter von Arbroath um diese Visitation nachgesucht hatte[26]. Diese beiden waren es auch, die im Jahr zuvor in Brügge eine Anleihe von 1.000 Dukaten aufgenommen hatten, um die Kosten der Legatenvisitation bestreiten zu können. Es ist interessant, dass der Papst in der Ernennungsbulle Altanis die Verantwortung für das geistige Wohl Schottlands nicht nur als eine päpstliche, sondern auch in besonderer Weise als eine metropolitane Verantwortung umschreibt (*specialiter jure metropolitico*). Somit wurden dem Legaten weitreichende Befugnisse zur Reform der schottischen Kirche eingeräumt[27]. Wäre alles wie geplant verlaufen, dann hätte der Legat zweifelsohne in Schottland auch ein Legatenkonzil einberufen, um seine Reformkonstitutionen bekanntzugeben. Sicherlich wäre auch eine Provinzialsynode nötig gewesen, um darüber zu beraten, wie der schottische Klerus zur Begleichung der entstandenen Kosten hätte besteuert werden sollen. Schon im Voraus hatte der Papst zugestimmt, dass dies entweder durch die Erhebung einer Prokurationssteuer oder durch eine karitative Subvention (die wiederum Konsultationen erfordert hätte, in die auch der Klerus miteinbezogen gewesen wäre) hätte geschehen sollen[28]. Doch ist diese Visitation natürlich nicht so verlaufen, wie man das erwartet hatte.

Noch vor Weihnachten 1436 erreichte der Legat Schottland und am 4. Februar hatte er eine vorbereitende Zusammenkunft in Perth, die entweder als Parlamentssitzung oder als eine allgemeine ‚Versammlung der drei Stände' angesehen werden darf[29]. Mitte Februar hatte sich der König mehr oder weniger formell mit ihm ausgesöhnt[30], bevor er am 21. Febru-

---

[24] St. Andrews Copiale 461; vgl. auch die Biographie in: DHGE 2 (1914) 777-779.

[25] CPL VIII 229, 288-290; SES I, S. LXXXVI Anm. 3.

[26] William Croyser nahm für sich das Verdienst in Anspruch, den Papst zur Zustimmung überredet zu haben (WATT, Dictionary 134). Zu Paniter vgl. ebd. 437-439.

[27] SES I, S. LXXXVI; CPL VIII, 229.

[28] THEINER, Monumenta 375; vgl. oben S. 97f. hinsichtlich solcher Steuererhebungen bei den Legatenbesuchen im 13. Jahrhundert, welche für Schottland auch die jüngsten dieser Art gewesen waren.

[29] Chron.Bower VIII 297; vgl. SES I, S. LXXXVII und Chron.Pluscarden I 388f. Vgl. NICHOLSON, Later Middle Ages 301f.

[30] Chron.Pluscarden I 389f.

ar ermordet wurde. Dies führte zum Abbruch der Mission, noch bevor der Legat ein Konzil in Schottland abzuhalten in der Lage gewesen war, obgleich der Papst ihn offensichtlich ermutigte, in Schottland zu bleiben[31]. Wie bzw. ob die zuvor aufgenommene Anleihe für diese Legation überhaupt je beglichen wurde, ist nicht bekannt.

Am 18. September 1437 ließ der Papst das Konzil von Basel in das italienische Ferrara verlegen. Etliche Konzilsväter leisteten ihm auch Gehorsam, aber viele verharrten in Auflehnung gegen seine Autorität in der Konzilsstadt am Rhein. Eugen IV. entsandte daraufhin zwischen Dezember 1437 und April 1438 einen Nuntius nach Schottland[32], der am 9. April 1438 alle Bischöfe und Würdenträger Schottlands aufrief, am Konzil zu Ferrara teilzunehmen[33]. Die Reaktion fiel sehr zurückhaltend aus; dennoch erschienen Bischof James Kennedy von Dunkeld und William Turnbull, ein Domkapitular von Glasgow, in Florenz, wohin in der Zwischenzeit – genauer im Januar 1439 – das Konzil von Ferrara aus verlegt worden war. Sie erreichten Florenz pünktlich zu der berühmten Konzilssession vom 6. Juli 1439, auf der die Union zwischen der Ost- und der Westkirche proklamiert wurde[34]. Eine gewisse Unterstützung für Papst Eugen und sein Konzil sowie gegen die Fortführung des Basiliense gab es am Ende in Schottland auch durch den Grafen Archibald von Douglas, der bis zu seinem Tod im Juni 1439 als Vormund für den jungen König Jakob II. fungierte. Doch wurden auch die schottischen Verbindungen zum Basiliense niemals gänzlich abgebrochen: dort war Abt Livingston inzwischen zu einer Leitfigur geworden, als das Konzil in seiner extrem konziliaristischen Phase am 25. Juni 1439 Papst Eugen absetzte und an seiner Stelle am 5. November Felix V. zum Papst wählte[35].

Nun ging es darum, die rivalisierenden politischen Parteien, die während der Minderjährigkeit des Königs die schottische Regierung unter ihre Kontrolle zu bringen suchten, dazu zu bringen, einen der beiden Päpste zu unterstützen. Dies hatte ganz drastische Folgen in dem Sinne, dass Rivalitäten auch in kirchenpolitischen Ernennungsfragen innerhalb des Landes ausgetragen wurden. Das ‚kleine Schisma'[36] hatte damit für

31 St. Andrews Copiale 146-148; vgl. 138-146; vgl. den nicht datierten päpstlichen Brief in SES I, S. LXXXVII-LXXXVIII, der wahrscheinlich am 5. Mai 1437 verfasst worden war (CPL VIII 230). Altani scheint Schottland im Oktober 1437 verlassen zu haben (EHR 52 [1937] 491 Anm. 6). Vgl. auch die Diskussion darüber in Dunlop, Kennedy 22f.

32 Burns, Basle 59; Dunlop, Kennedy 23 Anm. 1.

33 St. Andrews Copiale 165-169.

34 Burns, Basle 62.

35 Burns, Basle 62-64.

36 Dieser Ausdruck wurde von Nicholson, Later Middle Ages, Kapitel 12, geprägt.

Schottland ungleich größere Auswirkungen, als dies das Großen Schisma (1378-1417) gehabt hatte. Während der Jahre dieses sog. kleinen Schismas war das Land innerlich zerrissen; in etlichen Fällen gab es zwei Anwärter auf einen Bischofssitz, aber auch auf anderen niedrigeren Benefizien, deren faktische Besitzeinnahme vom Auf und Ab der rivalisierenden Parteien abhing, solange der König noch minderjährig war. Ausschlaggebend dafür, ob man nun Eugen und eine Fortführung des Konzils in Florenz oder aber Felix und das Basler Konzil unterstützte, waren persönliche Interessen – ungeachtet des Stands der Dinge in der Auseinandersetzung zwischen den beiden rivalisierenden höchsten Autoritäten. Im Januar 1440 schrieb Felix an die Universität von St. Andrews und an die schottische Regierung, um deren Unterstützung zu erlangen[37]. Möglicherweise war es Abt Livingston persönlich, der für den Basler Papst eintrat[38]. Sir Alexander Livingston von Callendar zählte damals zu den führenden politischen Persönlichkeiten in der schottischen Regierung. Dass irgendeine offizielle Erklärung zugunsten von Felix und des Basler Konzils abgegeben worden wäre, ist nicht bekannt. Jedoch begaben sich vereinzelt schottische Kleriker nach Basel, um sich dort als Teilnehmer am Konzil inkorporieren zu lassen, wie aus den schriftlichen Aufzeichnungen des Zeitraums zwischen April 1440 und Juni 1441 hervorgeht[39]. Diese waren aber nicht die Einzigen, die in diesem Zeitraum von Felix V. Benefizien erhielten[40].

William Croyser, eine bekannte Persönlichkeit auf dem Konzil, quittierte Papst Eugen den Dienst und kehrte zwischen August 1440 und Mai 1441 nach Basel zurück[41]. Croyser war ein Verwandter des Grafen James von Douglas, der seit November 1440 gemeinsam mit Sir Alexander Livingston die Regentschaft führte, und es dürfte in der schottischen Politik dieser Tage begründet gewesen sein, dass Croyser seine eigene kirchenpolitische Orientierung änderte[42]. Gewiss hatte sich der Graf von Douglas darauf festgelegt, die Sache des Basler Konzils zu unterstützen, und in der Tat hielt er bis zu seinem Tod im März 1443 daran fest. Dies bedeutete jedoch nicht, dass in Schottland alles so lief, wie er es wollte. James Kennedy war inzwischen auf den Stuhl der Diözese St. Andrews gewechselt. Im Frühjahr 1441 kehrte er nach Schottland zurück, um sich für Papst Eugen

---

37 St. Andrews Copiale 188-196.

38 Vgl. BURNS, Basle 68.

39 BURNS, Basle 65-77 (mit Kommentar 77). Es gab dort auch noch vor April 1439 eine neue schottische Inkorporation (ebd. 63).

40 St. Andrews Copiale 483.

41 WATT, Dictionary 135.

42 Vgl. DUNLOP, Kennedy 37.

und gegen das Basler Konzil einzusetzen. Auf einer Versammlung der ‚Drei Stände' soll er angeblich eine sog. Mehrheitserklärung veranlasst haben, die zum Inhalt hatte, dass ‚kein Schotte nach Basel gehen dürfe, um am Konzil teilzunehmen, noch diesem Konzil Gehorsam zu leisten'[43]. Es besteht kein Zweifel daran, dass diese allgemeine ‚Versammlung der drei Stände' Papst Eugen Gehorsam leistete, wofür es einen Hinweis am 4. November 1443 gibt[44]. Allerdings ist wohl kaum zu beweisen, dass diese Erklärung schon im Mai 1441 abgegeben sein könnte. Zum einen waren die ‚Drei Stände' erst kurz zuvor am 3. April 1441 zusammengetreten[45], und nichts deutet darauf hin, dass sie ein weiteres Mal im Mai zusammengekommen wären. Auch die Tatsache, dass Bischof Kennedy von der römischen Kurie nach Schottland zurückkehrte, um sich für eine gewisse Zeit an der Regierung von Livingston und Douglas zu beteiligen, kann noch nicht als Beweis einer solch positiven Einstellung auf einer Provinzialsynode zu dem damaligen Zeitpunkt dienen. Umgekehrt scheint der Graf von Douglas in dieser Zeit noch davon überzeugt gewesen zu sein, dass es sinnvoll sei, den eigenen familiären Ambitionen in Basel nachhelfen zu können: Immerhing brachte er Felix dazu, einem seiner Söhne den vakanten Stuhl von Aberdeen zu übertragen[46]. Es ist daher davon auszugehen, dass die Ständeversammlung zu einem deutlich späteren Zeitpunkt zusammengetreten ist. Möglich wäre es sogar, dass sie in Verbindung mit der Provinzialsynode einberufen wurde, die einige Zeit vor dem 31. August 1442 – vielleicht im Juli – zusammengetreten ist. Vier erst kurz zuvor von Papst Eugen ernannte Bischöfe sorgten dafür, dass jetzt eine Erklärung gegen alle Anhänger des Basler Konzils abgegeben wurde. Indes setzte ihnen der Graf von Douglas derart mit Drohungen zu, dass ‚gewisse Prälaten' bei Nacht die Flucht ergriffen und die noch nicht behandelten Angelegenheiten erst einmal vier Monate aufgeschoben wurden[47].

Man darf daraus wohl schließen, dass lediglich eine Minderheit in Schottland Douglas und seine das Basler Konzil favorisierende Politik unterstützte. Am 27. Oktober 1442 versuchte das Konzil noch einmal, an die

---

43 HANNAY, Letter 54. Doch gehen aus dieser Quelle keinerlei Hinweise über die Datierung dieser Erklärung hervor (vgl. DUNLOP, Kennedy 44; NICHOLSON, Later Middle Ages 335). Bischof Kennedy taucht zum erstenmal am 26. Mai 1441 als Zeuge in königlichen Urkunden in Regierungskreisen auf (RMS II 61, Nrr. 266-267).

44 Vgl. unten S. 163.

45 APS II 56f.

46 St. Andrews Copiale 313f. vom 30. Mai 1441; vgl. auch ebd. 311-313, 315-321. Zeitweise war dem Grafen auch Erfolg beschieden, als er die Regierung dazu bringen wollte, seinem Sohn die *temporalia* zu verleihen (ebd. 322).

47 St. Andrews Copiale 322-324, 483f.; vgl. DUNLOP, Kennedy 44.

weltlichen Großen, die die Regentschaft in Schottland ausübten, heranzutreten[48]. Möglicherweise wurde dieser Brief aber überhaupt nicht abgeschickt, da nämlich William Croyser, der ihn nach Schottland mitnehmen sollte, damals in Strassburg im Gefängnis saß[49]. Wie dem auch sei, Graf James von Douglas starb im März 1443, und ohne seine Unterstützung löste sich auch jene schottische Minderheit, die das Basler Konzil unterstützt hatte, sehr bald auf. Die durch dieses Ereignis gestärkte Position der Mehrheit wurde nun auf einer allgemeinen ‚Versammlung der drei Stände' am 4. November 1443 nochmals bekräftigt, nachdem man die Zwischenzeit für ausreichende Beratungen genutzt hatte (ähnlich wie bei der Versammlung von Oktober 1418, als das Große Schisma zuende gegangen war)[50]. Man bezog sich jetzt auf die früheren Verlautbarungen der Ständeversammlung wie der Provinzialsynode, die bereits erörtert worden sind, und beschloss ferner, fest an Papst Eugens Seite zu verharren. Zur Bekräftigung fügte man noch hinzu, dass niemand ohne den ausdrücklichen Befehl des Königs und des Reiches befugt sei, diese Entscheidung zu ändern. Diese Erklärung zeigte nun in der Tat Wirkung, und man hörte fürderhin nichts mehr von den wenigen Klerikern, die die Flagge von Basel aufrecht hielten, bis das Konzil 1449 schließlich aufgelöst wurde. Von Seiten der schottischen Regierung hatte es zu keinem Zeitpunkt mehr eine offizielle Unterstützung für die Basler Position gegeben, seit man dort Papst Eugen IV. abgesetzt hatte, jedoch hatten es die Umstände während der Minderjährigkeit Jakobs II. mehrere Jahre lang unmöglich gemacht, eine einheitliche Politik zielstrebig zu verfolgen. Zwar konnten sowohl die Provinzialsynode als auch die allgemeine ‚Versammlung der drei Stände' ihren Part bei der Festlegung der weiter zu verfolgenden politischen Linie übernehmen, doch dauerte das Schisma faktisch weiter an, weil diese Institutionen nicht über die gleiche autoritative Macht verfügten, wie sie ein volljähriger König besessen hätte, nämlich eine politische Linie eindeutig vorzugeben und diese auch durchzusetzen. Überdies gibt es keinen Zweifel daran, dass zumindest konziliaristische Vorstellungen einen langen Bestand in Schottland hatten, während die Gefolgschaft des Landes für die Sache des Basler Konziliarismus doch eher eine unsichere Sache blieb[51].

[48] Hannay, Letter 54-56. Der Hinweis auf ein königliches Edikt gegen die Teilnehmer am Konzil in Basel könnte auf ein jüngst vergangenes Ereignis hindeuten. Wenn dieses Edikt unter Zustimmung der drei Stände zustande gekommen war, was während der Minderheitsregierung wahrscheinlich ist, dann trat die Ständeversammlung nicht, wie von einigen vertreten wird, im Mai 1441 zusammen, sondern wohl eher im Sommer 1442.

[49] Watt, Dictionary 135; vgl. Burns, Basle 79f.; Dunlop, Kennedy 45.

[50] APS II 33; vgl. St. Andrews Copiale 330-332.

[51] Burns, Basle 85f.

Der erste „Conservator of the Privileges of the Scottish Church", der nach 1420 namentlich bekannt ist, tritt uns am 28. Juni 1445 entgegen. Es war Bischof Johannes de Crannach von Brechin[52], der zusammen mit John Scheves, dem Offizial von St. Andrews, der auch für die Urkunden- und Registerführung zuständig zeichnete, ein offizielles Transsumpt zweier alter päpstlicher Bullen während einer Parlamentssitzung in Edinburgh ausstellte[53]. Die Umstände wirken erstaunlich, sie sind jedoch nicht eindeutig zu erklären. Es war der Bischof von Moray, der im Namen des gesamten schottischen Klerus darum ersuchte, dass diesen Dokumenten über diesen Schritt die Verbreitung gesichert würde. Was den Inhalt anbelangt, haben die beiden Bullen nichts miteinander gemeinsam: bei der einen handelte es sich um eine Bulle von März 1375, die sich gegen die Gewohnheit der schottischen Könige richtete, die Güter eines verstorbenen Bischofs zu beschlagnahmen, während es sich bei der anderen Bulle um Papst Martins V. wichtige Antwort vom Mai 1426 handelte, als König Jakob I. gegen einen verräterischen Bischof vorzugehen verlangte. Beide Angelegenheiten waren offenbar für das damalige Parlament von einem gewissen Interesse; als Zeugen wurden bei dieser Gelegenheit eine große Zahl der Anwesenden aufgeführt, darunter auch Bischof James Bruce von Dunkeld, der Kanzler von Schottland. Man war sich offenbar unsicher über den tatsächlichen Inhalt der beiden alten Bullen, weswegen sie nochmals abgeschrieben wurden, um die Positionen abzuklären. Es kann kaum verwundern, dass sich der Klerus als Ganzes im Parlament ein klares Bild über alte (jedoch vernachlässigte) Bestimmungen, was die Rechte der Bischöfe über ihr persönliches Eigentum testamentarisch frei verfügen zu können betrifft, verschaffen wollte. Tatsächlich wurde dieses Recht damals den Bischöfen durch das Parlament auch formell am 24. Januar 1450 zugestanden[54]. Dagegen hatte es wohl mehr mit einer Intrige zu tun, dass die alte Bulle, die im Zusammenhang mit einem verräterischen Bischof verfasst worden war, wieder hervorgeholt wurde. Man hat in diesem Zusammenhang zeigen können, dass die drei Bischöfe, die besonders hartnäckige Vertreter der Linie Papst Eugens waren, nämlich die Bischöfe Kennedy von St. Andrews, Lindsay von Aberdeen und Tulloch von Ross, in diesem Zusammenhang nicht erwähnt werden[55]. Auch scheint es so, als

52 WATT, Dictionary 118-122.

53 Brechin Register I 98-104; D. WILKINS, Concilia Magnae Britanniae et Hiberniae, London 1737, III 544-547; vgl. APS II 59 hinsichtlich Scheves Aufgabe als Sekretär für Urkunden- und Registerführung in diesem Parlament.

54 APS II 37f., 61f.; RMS II 71, Nr. 307. Vgl. auch die Diskussion bei DONALDSON, Church History 31-39, Kap. 4 „The rights of the crown in episcopal vacancies".

55 BURNS, Basle 83 Anm. 195. Sie waren nicht einmal im Parlament zugegen (APS II 59).

hätte man auf den Konservator, der mit ihren Auffassungen in kirchenpolitischen Fragen weitgehend übereinstimmte, Druck ausgeübt, damit dieser alte Präzedenzfall wieder ausgegraben würde. In gewissem Sinne war es der Bischof von Moray, der sich der Funktion des Konservators bemächtigte, um im Namen des ganzen Klerus zu sprechen. Dieser Vorfall roch natürlich nach Parteitaktik und Intrige: und höchstwahrscheinlich war Bischof Kennedy, der sich – politisch gesehen – auf die falsche Seite geschlagen hatte, zeitweilig die Zielscheibe aufgeheizter Spekulationen darüber, was passieren könne, wenn der Papst Kooperationsbereitschaft zeigte, wenn es darum ging, auf eine königliche Forderung nach Absetzung eines Bischofs zu reagieren[56]. Zweifelsohne konnte man einem „Conservator of Privileges" mitunter seinem Amte entsprechende Aufgaben übertragen, aber man durfte sich kaum große Hilfe erwarten, wenn es darum ging, die Freiheiten einzelner Kleriker zu sichern. So gesehen war es recht problematisch, dass Bischof Kennedy so sehr in die Politik der Regierung für den minderjährigen König involviert gewesen war.

Man weiß von zwei Zusammenkünften der Provinzialsynode, die den Streit um die Frage, ob die Krone Anspruch auf die Ausübung der während der Sedisvakanz eines Bischofsstuhls dem Bischof zustehenden Patronatsrechte erheben könne, wieder aufgegriffen hatten. Schon vor langer Zeit – nämlich 1325[57] – war diese Frage bereits Anlass gewesen, sich mit diesem Problem auf einer Synode genauer zu beschäftigen. Auch auf der Parlamentssitzung vom 24. Januar 1450 stellte diese Frage einen Tagesordnungspunkt dar, wobei erneut zugunsten einer Krone entschieden wurde und zwar im Austausch für Privilegien, welche die Krone im Gegenzug der Kirche gewährte[58]. 1457 wurde auf der Synode zu Perth, die wohl im Juli abgehalten worden war, eine Definition dieses Regalienrechts verabschiedet, welche jedoch ausdrücklich alle die Fälle ausschloss, die unter einem allgemeinen oder speziellen (päpstlichen) Rechtsvorbehalt hinsichtlich der Ernennung von Amtsträgern der Kirche fielen. Als die Synode 1459 – diesmal sicher im Juli – abermals in Perth zusammentrat, schickte der König einen seiner Ritter (Sir Patrick le Graham) und einen seiner Sekretäre (Mag. Archibald Whitelaw), die um eine offizielle Urkunde über all das ansuchen sollten, was 1457 noch eine informelle, vielleicht sogar ungeschriebene Definition gewesen zu sein scheint[59]. Bischof

---

[56] NICHOLSON, Later Middle Ages 342f.; vgl. auch eine weitere Interpretation bei DUNLOP, Kennedy 63f., 307-309.

[57] Vgl. oben S. 121f.

[58] Vgl. DONALDSON, Church History 38f.

[59] Vgl. oben S. 111f.

Thomas Spens von Aberdeen, der wahrscheinlich unmittelbar zuvor, am ersten Synodentag, zum Konservator ernannt worden war[60], protokollierte die Aussagen der Prälaten, die an der Synode 1457 teilgenommen hatten, und zeichnete am 19. Juli, dem letzten Tag der Synode, pflichtbewusst diese frühere Definition dessen, was als »ein altes königliches Gewohnheitsrecht« bezeichnet worden war, auf[61]. Die Zeugenliste ist diesmal nicht sehr lang, jedoch wird in ihr bezeichnenderweise auch Bischof George Schoriswood von Brechin angeführt, der damals als Kanzler von Schottland amtierte. Er wird als einziger hochrangiger Prälat neben vier niederen Klerikern erwähnt[62]. Die Trennung zwischen Staat und Kirche war nie sehr eindeutig gewesen, zumal da ein königlicher Kanzler sogar von Gesetzes wegen zur Teilnahme an einer Provinzialsynode berechtigt war. Auch machte die Regierung davon Gebrauch, als es darum ging, der ziemlich direkten antipäpstlichen Definition hinsichtlich dieser Angelegenheit im Parlament verbale Gestalt zu verleihen, was am 19. Oktober 1462 geschah[63]. Offensichtlich war es der Normalfall, dass die Provinzialsynode den weltlichen Regierungsorganen auf diese Weise zu Diensten war[64].

Normal galt weiter für die Provinzialsynode auch, was allerdings erst 1465 zum ersten Mal eigens Erwähnung fand, dass sie gemäß alter und bewährter Tradition und gestützt auf die päpstliche Autorität alljährlich am 17. Juli sowie an den Folgetagen in Perth zusammentrat[65]. Dieses *obiter dictum* findet sich in einem notariellen Bericht über eine Vereinbarung, die am folgenden Tag, nämlich am 18. Juli, vor dem Rathaus zu Perth zwischen dem Bischof von Dunblane und dem Abt von Arbroath bezüglich bestimmter Zehntabgaben in der Pfarrei Abernethy in der Grafschaft Perth getroffen wurde. Es handelt sich hier um den typischen Fall eines Übereinkommens, welches in der Zeit, in der die Synode tagte, abgeschlossen wurde, ohne dass die Sache selbst Gegenstand des Synodalge-

---

60 Er hat Galloway erst im März 1459 verlassen (WATT, Fasti 3).

61 APS II 83f.; SES II 79f., Nr. 167; PATRICK, Statutes 82f. Vgl. oben S. 148 hinsichtlich einer parallelen Vorgehensweise aus dem Jahre 1420.

62 Man hat hervorgehoben, dass der König selbst auf der Synode zu Perth anwesend war (DUNLOP, Kennedy 190, Nr. 2).

63 APS II 83f.; SES II 282f.

64 Vgl. oben S. 163-165.

65 SES I, S. CCXLV-CCXLVI; vgl. S. CVIII Anm. 3, und A. H. DUNBAR, Scottish Kings, Edinburgh 1906, 350, hinsichtlich der Datierung (die in Zusammenhang gebracht wird mit St. Kenelm); Arbroath Liber II 144f., Nr. 162; vgl. PATRICK, Statutes 235. Vgl. das zeitgenössische Kirchenrecht, welches empfiehlt, dass die Bischöfe alle drei Jahre zur Synode zusammentreten sollen (WINNING, Church councils 311-317, bes. 312). Vgl. auch unten S. 183.

schehens gewesen wäre. Zweifelsohne bot sich der Umstand an, dass die kirchlichen Würdenträger alle versammelt waren. Was können wir nun über die Synode selbst daraus entnehmen? Bezeichnet wird sie als *concilium cleri*, was der 1459 verwendeten Terminologie entspricht, obwohl man damals im Rückblick auf die Versammlung von 1457 jenes als *concilium generale cleri* betrachtete. Es wird außerdem eigens festgehalten, dass diese Institution einmal im Jahr in Perth zusammentrat, was den Erfahrungen zumindest der letzten zwei Jahrzehnte entsprochen haben dürfte. In jedem Fall kann die Provinzialsynode im 15. Jahrhundert als ein wichtiges Instrument kirchlicher Verwaltung in Schottland betrachtet werden, das mit wesentlich größerer Regelmäßigkeit gehandhabt wurde, als sich dies für das 13. und 14. Jahrhundert nachweisen lässt. Dies soll allerdings nicht die durchaus mögliche Annahme entkräften, dass man bereits seit 1225 von jährlich stattfindenden Versammlungen ausgehen kann, jedenfalls solange sich das Gegenteil nicht beweisen lässt. In diesem Zusammenhang ist auch an den Zeitraum von 1418 bis 1443 und die Feststellung zu denken, dass die Provinzialsynode damals wohl tatsächlich ‚am gewohnten Ort und zur gewohnten Zeit' zusammentrat[66]. In der Urkunde von 1465 kann man die Angabe ‚17. Juli und die folgenden Tage' in ihrer lateinischen Form auf die Zusammenkunft der Synode ‚gemäß alter und bewährter Tradition' beziehen, sie kann aber auch als eine Variable allein für das laufende Jahr gelesen werden. Daneben dürfte auch die alte Regel aus den vierziger Jahren des 13. Jahrhunderts immer noch gültig gewesen sein, die besagte, dass die Teilnehmer sich darauf einzustellen hätten, für drei Tage zu kommen[67]. Gab es jedoch ein festes Datum für den Beginn der Synode? Zur Beantwortung dieser Frage können wir noch einmal die Zeugnisse betrachten, die uns für die verschiedenen Synodaltreffen seit 1408 zur Verfügung stehen, soweit sie eine Datumsangabe enthalten[68]. 1408 tagte die Synode an einem Mittwoch, dem 18. Juli, 1420 fand die Eröffnungssitzung am Dienstag, den 16. Juli statt, im Jahre 1459 war Donnerstag, der 19. Juli der ‚letzte Tag' der synodalen Zusammenkunft, 1465 hielt die Synode am Mittwoch, dem 17. Juli ihre Eröffnungssitzung und dauerte bis zum Folgetag, und 1470 tagte die Synode schließlich am Dienstag, dem 17. Juli. Daraus darf man wohl schließen, dass es langjähri-

[66] Vgl. oben S. 149.

[67] SES II 9, Nr. 1 (vgl. oben S. 89). Noch zu Beginn des 16. Jahrhunderts kopierte man diese Statuten (vgl. oben S. 89).

[68] Vgl. die Abschrift der Einberufungsschreiben aus den neunziger Jahren des 14. Jahrhunderts hinsichtlich der Zusammenkunft einer Synode im Oktober (das Jahr wird nicht genannt) (vgl. oben S. 145).

gem Brauch entsprach, dass die Synode etwa zur gleichen Zeit im Monat Juli während der Woche zusammentrat, dass es aber keine Festlegung bezüglich eines bestimmten Wochentags gab, zu dem die Synode einberufen wurde. Es dürfte mithin die alljährliche Aufgabe des im Jahr zuvor gewählten Konservators gewesen sein zu entscheiden, wann die Synode einberufen werden sollte[69].

Die letzte uns bekannte Zusammenkunft unter den seit 1225 üblichen Gepflogenheiten fand in der Dominikanerkirche zu Perth am 17. Juli 1470 statt, welche Bischof Patrick Graham von St. Andrews als „Conservator of the Privileges of the Scottish Church" leitete[70]. Schriftführer auf dieser Synode war der Notar Duncan Yalulok[71], der sich dafür entschied, die Versammlung mit dem älteren Namen *concilium generale cleri Scoticani* zu bezeichnen[72]. Es ist anzunehmen, dass er für die schriftliche Abfassung der Entscheidungen der Synode verantwortlich war – bekannt unter der Bezeichnung „Provincialis Buk", welches ganz nebenbei im darauffolgenden Jahr erwähnt wurde[73]. Lediglich ein weiterer Bischof wird neben dem Konservator noch erwähnt, nämlich Bischof Thomas Lauder von Dunkeld, der womöglich Konservator des vorangegangenen Jahres war und als solcher die Synode einberufen und eröffnet hatte. Im übrigen heißt es, dass das *sederunt* auch ‚andere niedere Kleriker, Äbte, Prioren und sonstige Kleriker' umfasste. Zu den Letztgenannten gehörten interessanterweise auch drei bischöfliche Beamte aus den Diözesen St. Andrews, Dunkeld und Dunblane. Beraten wurde über eine innere Angelegenheit, die die Universität von St. Andrews betraf, wo sich der Rektor und die Professoren einem Versuch des Propstes und der Kanoniker des St. Salvator-Kollegs widersetzt hatten, das päpstliche Privileg vom 25. Februar 1469 in die Tat umzusetzen, das diesen das Recht zugestand, ihre eigenen akademischen Grade zu verleihen[74]. Diese Angelegenheit wurde nun im Sinne der Universität als Ganzes entschieden. Doch ganz offensichtlich war es eine Frage der Interpretation der sich gegenseitig widersprechenden päpstlichen Privilegien, welche der Bischof von St. Andrews, der gleichzeitig

---

69 Vgl. oben S. 88.

70 St. Andrews, University Muniments, MS Registrum Evidentiarum et privilegiorum universitatis Sanctiandree fol. 70v-72v; vgl. J. HERKLESS – R. K. HANNAY, The Archbishops of St. Andrews, Edinburgh 1907-1915, I 36f. bezüglich einer Zusammenfassung dieses Textes.

71 Der erste bekannte Name eines Schriftführers war jener von der Synode im Jahre 1459 (Donald Rede) (APS II 84). Hinsichtlich Yaluloks vgl. St. Andrews Acta S. CLII.

72 Vgl. oben S. 176 bezüglich eines ähnlichen Sprachgebrauchs im Jahre 1459.

73 APS II 99 Nr. 4; vgl. 233; SES I, S. LXVIII. Es heißt, dass dieser Bericht eine Version der laufenden „Bagimond"-Einschätzung kirchlicher Pfründe enthielt.

74 Zum Hintergrund dieses Disputs vgl. St. Andrews Acta S. XXVIII-XXXI.

Kanzler der Universität war, nicht selbst lösen konnte oder wollte. Nun gab es ja die Provinzialsynode, die den juristischen Rahmen abgab, auf dem die streitenden Parteien angehört werden sollten, und die dann kraft ihrer Autorität die Kontrahenten zu einem Kompromiss veranlassen sollte, der dann zumindest zeitweise von beiden Seiten akzeptiert werden konnte. Es ist interessant, dass es ausgerechnet die jurisdiktionelle Seite synodaler Tätigkeit war, die seit Beginn – damals im Zusammenhang mit den spezifischen Umständen des 13. Jahrhunderts – betont worden war[75] und die nun noch einmal in den Vordergrund rückte, als die Synode – als Folge der Erhebung des Bischofsstuhls von St. Andrews zum Metropolitansitz am 17. August 1472[76] – kurz vor ihrer Auflösung stand.

[75] Vgl. oben S. 49f.

[76] THEINER, Monumenta 465-468, Nr. 852.

11. Kapitel

Epilog

Die Erhebung des Bischofsstuhls von St. Andrews zum Metropolitansitz aller Diözesen des Königreichs Schottland wurde sicher zu Recht beschrieben als „on the face of it ... a carefully thought out and sensible solution to the many frustrations then facing both the Scottish church and the crown"[1]. Formal wurde nun auch die Diözese Galloway von der englischen Kirchenprovinz York[2] abgetrennt und der schottischen Kirchenprovinz zugeschlagen, ähnlich wie dies zuvor bereits mit der Diözese Orkney geschehen war, die aus der norwegischen Kirchenprovinz Trondheim herausgelöst wurde, nachdem die Orkney-Inseln ohnehin schon – wie auch die Shetland-Inseln – seit ca. 1468/69 der schottischen Krone verpfändet waren[3].

Die Statusbeschreibung dieser neuen Kirchenprovinz, deren Grenzen dieselben waren wie die des Königreichs Schottland, wurde in Begriffen zum Ausdruck gebracht, wie sie in der ganzen westlichen Kirche gängig waren und die dadurch etwas für sich hatten. Die Schaffung einer neuen Berufungsinstanz, die den Diözesen übergeordnet war und sich in Schottland selbst befand, war sicherlich ein enormer Gewinn allein schon deshalb, weil man sich bei Berufungen nicht mehr unmittelbar an Rom wenden musste, was erheblich Zeit und Kosten sparte. Allerdings tangierte diese grundlegende Reform das austarierte Gleichgewicht zwischen den schottischen Bischöfen, welche nach althergebrachtem Brauch als Ranggleiche auf der Provinzialsynode zusammenzuarbeiten pflegten. St. Andrews Erhebung zum Metropolitansitz stand daher von vornherein unter keinem guten Stern, nicht zuletzt auch deshalb, weil Bischof Graham sie im Alleingang und ohne jegliches Mandat seiner schottischen Mitbischöfe, dazu noch ohne Rückendeckung durch König Jakob III. in Rom ausgehandelt hatte[4]. Dies war natürlich von Anfang an und in jeder Hinsicht inakzeptabel. Obgleich das Abhalten einer Provinzialsynode unter der

---

1 MACFARLANE, Primacy 111-129, bes. 112.

2 Vgl. oben S. 27f., 32, 108f., 138, 147.

3 B. E. CRAWFORD, The pawning of Orkney and Shetland. A reconsideration of the events of 1460-9, in: SHR 48 (1969) 35-53.

4 Vgl. oben S. 48 hinsichtlich der Vorgangsweise, wie die Provinzialsynode mit allgemeiner Unterstützung im Jahre 1225 autorisiert wurde.

persönlichen Amtsgewalt eines Metropolitanbischofs eine deutlich vereinfachte Prozedur gegenüber der während der vergangenen 250 Jahre in Schottland praktizierten Form darstellte, hatte Grahams Vorpreschen zur Folge, dass über 60 Jahre lang keine einzige Provinzialsynode mehr zusammentreten sollte[5]. Als es dann nach 1536 doch wieder häufiger zur Einberufung von Synoden kam[6], hatte sich die Kirche inzwischen den gewaltigen neuen Herausforderungen der Reformation zu stellen, was für einen grundlegend veränderten Kontext sorgte. Charakter wie Wirksamkeit dieser schottischen Provinzialsynoden lassen sich jetzt eher mit Blick auf die seit 1560 bestehende Generalversammlung der aus der Reformation hervorgegangenen reformierten kirchlichen Gemeinschaft betrachten – sozusagen eine Art Vorläufer dieser Generalversammlung – als dass sie als eine Wiederbelebung und Reorganisation einer Institution der mittelalterlichen Kirche in Schottland aufzufassen sind. Aus diesem Grunde sollte man die schottische Konziliengeschichte nach 1472 auch eher als einen ‚Epilog' betrachten, der das Ende einer bestimmten Epoche schottischer Kirchengeschichte markiert, anstatt eine Brücke zu neuen Entwicklungen zu schlagen, die in der damaligen Zeit unvorstellbar waren. So ließe sich an dieser Stelle jener berühmte Ausspruch zitieren, der fiel, als das schottische Parlament 1707 aufgelöst bzw. vielmehr in das neue Parlament von Großbritannien überführt wurde: „Now there's ane end of ane old song"[7].

Was aber war die Ursache dafür, dass die Dinge so gründlich schiefliefen? Mindestens bis zum September 1473 blieb Graham auf dem Festland, zu welchem Zeitpunkt der König finanziellen Druck auf ihn auszuüben begann[8]. Im Februar 1474 verlor er auch die Unterstützung Sixtus' IV., d.h. des Papstes, der St. Andrews zum Metropolitansitz erhoben hatte. Dieser gewährte nämlich kraft päpstlicher Autorität Bischof Thomas Spens von Aberdeen ad personam die Exemtion aus Grahams Jurisdiktionsbereich[9]. Damit setzte eine unglückliche Serie von Angriffen auf die Position des Erzbischofs ein, die sich auf das kanonische Recht stützen konnten. Diese zogen sich über einen längeren Zeitraum hin und verstärkten sich zusehends. Infolge der Belastungen soll Graham schließlich

5 SES I, S. CIX.

6 SES I, S. CXXXIVff.; vgl. unten S. 183f.

7 The Oxford Dictionary of Quotations, London 1953, 370, Nr. 4: Ausspruch des Grafen von Seafield bei der Unterzeichnung der Unionsakte im Jahr 1706.

8 MACFARLANE, Primacy 114.

9 THEINER, Monumenta 473f., Nr. 858. Eine ähnliche Exemtion sollte am 6. Juli 1490 einem späteren Bischof von Aberdeen namens William Elphinsone zugestanden werden (CPL XV 184f., Nr. 377).

einen Nervenzusammenbruch erlitten haben, was dazu führte, dass er nach einer formalen päpstlichen Untersuchung im Januar 1478 abgesetzt wurde. An seiner Stelle wurde nun der von der Krone nominierte Kandidat William Scheves schon im Folgemonat ernannt[10]. Die Regelung von Grahams Nachfolge zeigt, dass Jakob III. die Umwandlung des Bischofsstuhls von St. Andrews in einen Metropolitansitz inzwischen offenbar akzeptiert hatte. Eine offizielle Bestätigung dieser Haltung erfolgte schließlich durch den König am 27. März 1487, als dieser nämlich Erzbischof Scheves, als jener vom Papst die Machtbefugnisse eines Primas und eines *legatus natus* verliehen bekam, seine Unterstützung zusagte. Es handelte sich dabei um Machtbefugnisse, wie sie in England der Erzbischof von Canterbury schon seit langem besaß und dort auch akzeptiert waren[11]. Indes gibt es nicht den geringsten Hinweis darauf, dass Scheves trotz der ihm verliehenen Sondervollmachten irgendeinen Versuch unternommen hätte, seine Mitbischöfe zur Teilnahme an einer Provinzialsynode zu gewinnen. Wahrscheinlich versagten sich nämlich die meisten der Mitbischöfe seiner Führungsposition und dies schon vor der Ermordung seines Gönners, des Königs, am 11. Juni 1488. Immerhin hatten zwei weitere Bischöfe Papst Innozenz VIII. dazu überreden können, ihnen – wie schon dem Bischof von Aberdeen – die persönliche Entbindung von der Amtsgewalt des Erzbischofs von St. Andrews zuzugestehen. Es waren dies Bischof Andrew Stewart von Moray (der Onkel des Königs), der diesen Schritt am 10. April 1488 tat, und Bischof Robert Blacader von Glasgow, der dem Beispiel seines Mitbischofs am 25. Mai 1488 folgte[12].

Aufgrund seiner persönlichen Rivalität zu Scheves zögerte Blacader keinen Moment, aus der politischen Umwälzung, die der Ermordung des Königs folgte, seinen Vorteil zu ziehen. Bei seiner gegen den Erzbischof und dessen Interessen gerichteten Kampagne am römischen Hof erhielt er jetzt auch die Unterstützung der neuen Regierung des jungen Königs Jakob IV. Blacaders Ziel war es, die Diözese Glasgow gleichfalls zu einem Metropolitansitz erheben zu lassen. Dieses Unternehmen wurde schließlich von Erfolg gekrönt, als Papst Innozenz am 9. Januar 1492 Glasgow zur zweiten schottischen Erzdiözese mit den Suffraganbistümern Galloway, Argyll, Dunblane und Dunkeld erhob[13]. Scheves' Proteste gegen diesen Akt verstummten erst, als das Parlament im Juni 1493 die beiden Erz-

[10] WATT, Fasti 295; THEINER, Monumenta 479-481, Nr. 863; CPL XIII 277; vgl. 68f.

[11] CPL XIV 152.

[12] A. J. CAMERON, The Apostolic Camera and Scottish Benefices 1418-88, Oxford 1934, 223; CPL XIV 220f.

[13] THEINER, Monumenta 505f., Nr. 889; MACFARLANE, Primacy 118.

bischöfe dazu zwang, der Aufteilung der schottischen Kirche in die beiden kleinen Provinzen als dauerhafter Einrichtung zuzustimmen[14]. Immerhin war es Scheves wenigstens noch gelungen zu verhindern, dass dem Erzbischof von Glasgow der Status eines Primas und *legatus natus* zugestanden wurde. Dieser blieb allein der Erzdiözese St. Andrews als Privileg vorbehalten. Theoretisch hätte dieser Status dem Erzbischof von St. Andrews das Recht eingeräumt, eine Provinzialsynode für das ganze Königreich einzuberufen; doch nichts dergleichen geschah. Blacader und seine direkten Nachfolger, James Beaton (1508-1523) und Gavin Dunbar (1524-1547) sorgten nämlich dafür, dass ihre gesamte Kirchenprovinz der Amtsgewalt des Erzbischofs von St. Andrews entzogen wurde[15]. Das bedeutete im Klartext, dass die Erzbischöfe von St. Andrews nur in enger Kooperation mit den Erzbischöfen von Glasgow in diesem Sinn aktiv werden konnten, doch blieb eine solche Zusammenarbeit für lange Zeit aus. Noch am 21. September 1531 wurde der Status Glasgows als einer von St. Andrews exemten Diözese ein weiteres Mal vom Papst bestätigt[16].

Mit der Abtrennung der Diözese Dunblane von der Provinz Glasgow am 28. Januar 1500 und ihrer erneuten Wiederangliederung an St. Andrews[17] kam es neuerlich zu einer größeren Veränderung innerhalb der 1492 geschaffenen Strukturen. Gleiches geschah auch mit der Diözese Dunkeld am 25. März 1515 (oder schon vorher)[18]. Bei Glasgow verblieben lediglich die Diözesen Galloway und Argyll als Suffragansitze. Umgekehrt erlitt auch St. Andrews abermals eine territoriale Einbuße, als nämlich das Bistum Moray aus seiner Jurisdiktion exemiert wurde, was unter Bischof James Hepburn um 1516 geschah[19]. Zumindest nach Aussage der Quellen scheint es, dass das Verhältnis der schottischen Bischöfe untereinander es damals weder zuließ, eine Provinzialsynode für das ganze Königreich, noch ‚lokale' Synoden in den jeweiligen Kirchenprovinzen einzuberufen. Dennoch hielt dies die einzelnen schottischen Bischöfe nicht davon ab, gemäß alter Tradition Diözesansynoden abzuhalten. Erzbischof Scheves war beispielsweise in dieser Hinsicht in seiner Diözese St. Andrews durchaus aktiv[20]. Ungewiss ist indes, ob in dieser Diözese im Zeitraum von 1497 bis 1513 irgendwelche Synoden abgehal-

---

14 APS II 232f.
15 DOWDEN, Bishops 344.
16 DOWDEN, Bishops 345.
17 CPL XVII/1, 211, Nr. 333.
18 DOWDEN, Bishops 333f.
19 St. Andrews Formulare I 168f., Nr. 159.
20 PATRICK, Statutes CIX-CXI; vgl. ebd. 228-230.

ten wurden, als nacheinander zwei nachgeborene Mitglieder des Königshauses auf dem Bischofsstuhl saßen. Demgegenüber hat Erzbischof Andrew Forman (1514-1521) mit Sicherheit dafür gesorgt, dass jährliche Synoden stattfanden, an denen der Klerus der beiden Archidiakonate an der Kathedralkirche von St. Andrews und der Abtei Holyrood teilnehmen sollte[21]. Außerdem ist auch eine Sammlung von 27 Statuten bekannt, die er während seiner Amtszeit auf solchen Synoden promulgieren ließ[22]. Auch in anderen Diözesen lassen sich Synoden nachweisen[23].

Selbstverständlich kamen Bischöfe, Äbte und andere höhere kirchliche Würdenträger von Zeit zu Zeit im Parlament zusammen, und es ist durchaus denkbar, dass sie bei dieser Gelegenheit kirchliche Angelegenheiten, die von allgemeinem Interesse waren, erledigten, ohne dass dafür eine offizielle Provinzialsynode einberufen werden musste[24]. Das ändert jedoch nichts an der Tatsache, dass in Anschluss an die Synode von Juli 1470 ungefähr 65 Jahre lang, nämlich bis zum 12. Juni 1535, nicht ein einziger Hinweis auf die Einberufung einer weiteren allgemeinen Synode für das ganze Königreich oder die einzelnen Kirchenprovinzen zu finden ist. Als dann aber Erzbischof James Beaton von St. Andrews bei einer Sitzung des Parlaments nicht zugegen war, verlangten die ‚Drei Stände', vehement unterstützt von Erzbischof Gavin Dunbar aus Glasgow, dem damaligen königlichen Kanzler, dass Beaton ein ‚allgemeines Provinzkonzil für das Königreich' zum 1. März 1536 nach Blackfriars in Edinburgh einberufen solle; ansonsten werde man sich über seinen Kopf hinweg an den Papst wenden[25]. Beaton lenkte ein und erließ die nötigen Instruktionen – die heute nur mehr in undatierter Form vorliegen – für eine solche Kirchenversammlung und wiederbelebte auf diese Weise die traditionelle kanonische Definition über Sinn und Zweck einer solchen Versammlung:

> ‚Da es durch Dekrete und Erlasse der heiligen Väter in so frommer Weise und zum Wohle aller erlassen wurde, scheint es auch angebracht und empfohlen, jährlich oder öfter und unter vollständiger Beteiligung allgemeine Bischofssynoden in allen Provinzen abzuhalten, damit sowohl der Acker unseres Herrn auf besondere Weise kultiviert und gepflegt werden kann, das Gehölz, die Dornen und Disteln der Häresie, des Irrtums und des Schismas entwurzelt, Haltungen

21 Patrick, Statutes 260, 279; vgl. 230-233.

22 SES I, S. CLXXXVI, CCLXX-CCLXXXV; Patrick, Statutes 260-278.

23 Dunkeld im Jahr 1517 (St. Andrews Formulare I 107f., Nr. 96); Aberdeen 1540 (SES I, S. CXCI; Aberdeen Registrum II 323).

24 Vgl. die Teilnehmerliste der Kleriker an der Parlamentssitzung zu Edinburgh im Jahr 1531 (APS II 332) mit dem notariellen Bericht aus dem gleichen Jahr, der über kirchliche Angelegenheiten, mit denen sich sieben Bischöfe befasst hatten, handelte (J. Durkan, Chaplains in later medieval Scotland, in: Records of the Scottish Church History Society 20 [1979] 97).

25 APS II 342.

und Missbräuche korrigiert werden können, Deformiertes reformiert und die reiche Fruchtbarkeit des Weinbergs des Herrn schließlich wieder hergestellt werden kann, als auch Dispute und Kontroversen, welche unter den verschiedenen kirchlichen Rängen entstanden sind, geschlichtet und beigelegt werden können. Eine Nichtbeachtung der Synodenbeschlüsse würde aber gerade die erwähnten Übel nur begünstigen'[26].

Um was es bei dieser Gelegenheit eigentlich ging, wird in der Formulierung ,beunruhigende, den orthodoxen Glauben und das Allgemeinwohl des Königreichs antastende Fragen' deutlich[27]. Es scheint, dass bei den Versammelten ein Konsens darin bestand, den König in seiner Forderung nach Besteuerung des Einkommens von etwa 62 Prälaten zugunsten des neuen königlichen „College of Justice" zu unterstützen, jedoch herrschte keine Übereinstimmung hinsichtlich einer vorgeschlagenen Reform der kirchlichen Finanzen[28]. Folglich war das Experiment der Wiederbelebung eines alten Konsultationsmechanismus des schottischen Klerus wohl nur zum Teil effizient, zumindest wenn man es an den Zielen misst, die sich die Befürworter und Förderer der Provinzialsynode zu erreichen gesetzt hatten. Der Ruf nach einer umfassenden Kirchenreform, der seit den dreißiger Jahren des 16. Jahrhunderts in ganz Westeuropa laut wurde, führte indes dazu, dass dieses Experiment zwischen 1543 und 1559 noch elf weitere Male in Schottland wiederholt wurde. Man kann darin bereits eine Entwicklung angelegt sehen, die schließlich 1560 zum Bruch mit Rom führte[29]. Ganz offensichtlich war die Institution der Provinzialsynode, die im Zeitraum von 1225 bis 1472 sehr zum Nutzen Schottlands gewesen war, nicht mehr geeignet, um in ihrer aktualisierten Form als einer Synode des Erzbischof-Primas auf die bis dahin nie dagewesenen Herausforderungen der Reformation im 16. Jahrhundert angemessen reagieren zu können. Doch steht dies auf einem anderen Blatt.

---

[26] PATRICK, Statutes 238; SES I, S. CCXLVII-CCXLVIII, Anhang XVII. Das Wissen darüber, dass jährliche Synoden einstmals die Regel waren, entstammte jedoch nicht den jüngsten Erfahrungen; allerdings wurden die Informationen darüber in Manuskripten gefunden, die Vorschriften und Bestimmungen früherer Epochen enthielten, wie zum Beispiel das MS Lambeth 167, das in das frühe 16. Jahrhundert zurückdatiert werden kann (vgl. oben S. 60 Anm. 6). Jährliche Kirchenversammlungen waren in den Statuten des 13. Jahrhunderts vorgeschrieben (vgl. oben S. 88).

[27] PATRICK, Statutes 239.

[28] SES I, S. CXXXVI-CXXXVII.

[29] SES I, S. CXLII-CLXXIII; vgl. WINNING, Church councils 311-317, hinsichtlich einer detaillierten Diskussion über diese Konzilien. Man hat behauptet, dass sie einer anderen, neueren Geschichtsepoche der schottischen Kirche angehören (J. DOWDEN, The Medieval Church in Scotland, Glasgow 1910, 226) – eine Ansicht, die auch hier übernommen wird.

Herrscherlisten

Könige von Schottland

Malcolm III. 1058-1093

Donald Bane 1093-1097

[Duncan II. 1094]

Edgar 1097-1107

Alexander I. 1107-1124

David I. 1124-1153

Malcolm IV. 1153-1165

Wilhelm I. 1165-1214

Alexander II. 1214-1249

Alexander III. 1249-1286

Margaret 1286-1290

Johannes (Balliol) 1292-1296

Robert I. 1306-1329

David II. 1329-1371

Robert II. 1371-1390

Robert III. 1390-1406

Jakob I. 1406-1437

Jakob II. 1437-1460

Jakob III. 1460-1488

Könige von England

Edward der Bekenner 1042-1066

Harold 1066

Wilhelm I. der Eroberer 1066-1087

Wilhelm II. 1087-1100

Heinrich I. 1100-1135

Stephan 1135-1154

Heinrich II. 1154-1189

Richard I. 1189-1199

Johann 1199-1216

Heinrich III. 1216-1272

Edward I. 1272-1307

Edward II. 1307-1327

Edward III. 1327-1377

Richard II. 1377-1399

Heinrich IV. 1399-1413

Heinrich V. 1413-1422

Heinrich VI. 1422-1461

Edward IV. 1461-1483

[Heinrich VI. 1470-1471]

Personen- und Ortsregister

Päpste und Könige werden mit der deutschen Namensbezeichnung angeführt, alle anderen Personen in lateinischer oder nationalsprachiger Version. Die lateinisch Angeführten sind unter ihrem Vornamen, die Nationalsprachigen unter ihrem Familiennamen eingeordnet. Konzilien und Synoden sind am Ende des jeweiligen Stichworts in chronologischer Reihenfolge verzeichnet.

An Abkürzungen wurden im Register benutzt:
P. = Papst; Kard. = Kardinal; Ebf. = Erzbischof; Bf. = Bischof; Ebm. = Erzbistum; Bm. = Bistum; Kg. = König; Hzg. = Herzog; Gf. = Graf; Kgr. = Königreich, Gft. = Grafschaft